Graf Zeppelin

Graf Zeppelin im Laufgang des LZ 3 (1908)

Graf Zeppelin

Sein Leben nach eigenen Aufzeichnungen
und persönlichen Erinnerungen

Von

Hugo Eckener

Mit 11 Abbildungen und
1 Tagebuch-Faksimile

EMIL VOLLMER VERLAG

Gesamtherstellung: Millium Media Management
Printed in Germany

ISBN 3-88851-171-2

Vorwort

Dieses Buch war ursprünglich als eine kürzere Gelegenheitsschrift zur Feier des 100. Geburtstages des Grafen Zeppelin geplant und sollte in erster Linie den Angehörigen der Zeppelinwerke als eine Art Festgabe dargeboten werden.

Unter den Händen ist mir daraus eine umfangreichere Arbeit geworden, da die Fülle des Stoffs sich in dem vorgesehenen Rahmen nicht gut unterbringen ließ. Ich glaube, daß an dem Buch, wie es jetzt ausgefallen ist und herauskommt, auch weitere Kreise des deutschen Volkes Interesse nehmen dürften, da es mancherlei bringt, was in den recht zahlreichen, bisher erschienenen Veröffentlichungen über das Werk und das Leben des Grafen Zeppelin nicht zu lesen stand und stehen konnte. Denn die Ausführungen auf den nachstehenden Blättern stützen sich vornehmlich auf die persönlichen Tagebuchaufzeichnungen des Grafen Zeppelin, aus denen bisher wenig oder nichts bekanntgegeben wurde. Überdies hat der vorliegende Versuch einer Charakterzeichnung nicht vornehmlich oder gar ausschließlich das Bild des Grafen zum Gegenstand, wie es uns in seinem heroischen Kampf um das Luftschiff erscheint und dem deutschen Volk vertraut geworden ist. Vielmehr sind es nicht zuletzt die vor seiner späten „Erfinderzeit" liegenden Jahre des reichen und mannigfaltigen Lebens und Wirkens des Grafen, von denen erzählt wird und die uns das vorbildliche Charakterbild eines Großen unseres Volkes zur Anschauung bringen. Daß daneben die an Spannungen und dramatischen Momenten überreiche Zeit des Kampfes um das Starrluftschiff in dem Buch auch den ihr im Rahmen des Ganzen gebührenden Platz finden mußte, ist selbstverständlich. Vielleicht weiche ich in meiner Auffassung und Darstellung hier und da ein wenig von der hergebrachten Meinung, die eine Art Legende geworden ist, ab. Aber man sieht manches anders, wenn man sozusagen aus der Vogelperspektive rückblickend die Ereignisse überschaut. Einstigen Gegnern gegenüber wird man gerechter, und vieles kann man objektiver und reiner beurteilen, ohne sich den Blick durch die Hitze und die Erbitterung des Tageskampfes trüben zu lassen. Was als Dauerndes und ewig Wertvolles bleibt, ist die Kraft und Lauterkeit der Persönlichkeit, auf die es letzten Endes immer als auf das Entscheidende ankommt. –

Ich möchte es nicht unterlassen, hier mit herzlicher Dankbarkeit der wertvollen Mitarbeit zu gedenken, die mir Herr Major W i l c k e gewährte. Diese Mitarbeit beschränkte sich nicht allein auf eine Sichtung des umfangreichen Materials, für dessen vollständige Durcharbeit mir die Zeit gefehlt hätte, sondern lag auch vor in einer trefflichen zusammenhängenden Arbeit über die Leistungen des Grafen Zeppelin als Soldat. Ich habe diese Arbeit mit viel Vorteil bei der Abfassung des Büchleins verwenden können.

Friedrichshafen, 3. Juni 1938

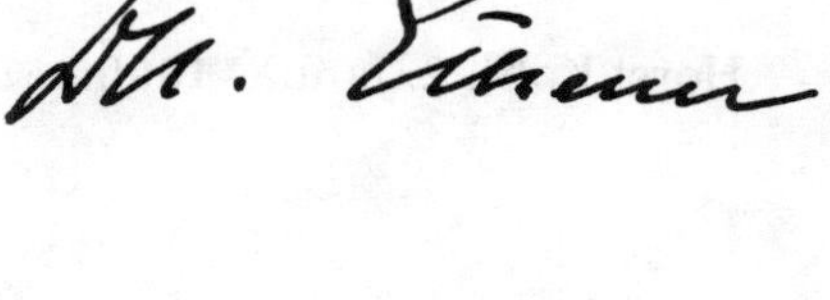

Vorwort zur Neuauflage

Fast 60 Jahre sind nunmehr seit der ersten Auflage ins Land gegangen. Am 8. März 1997 ist Graf Zeppelins 80. Todestag.

Zeppeline werden in Deutschland nach wie vor gebaut und in alle Länder der Erde exportiert. Jedem von uns sind die Werbeluftschiffe eine fast alltägliche Erscheinung. Zusätzliche Einsatzgebiete sind das Transportwesen in Entwicklungsländern (Projekte der Mülheimer Werft in Afrika während der 80er Jahre), wissenschaftliche Projekte u. v. m.

Deutschland hat den 2. Weltkrieg, das Wirtschaftswunder, den Kalten Krieg und die Wiedervereinigung durchlebt. Graf Zeppelins Ideen des Luftschiffbaus mutierten vom militärischen Einsatz zum Transatlantischen Linienverkehr, um schließlich als Werbeträger zum Exportartikel zu werden.

Die von Hugo Eckener 1938 in Zusammenarbeit mit der Familie des Grafen aus dem Nachlaß entstandene Biographie zeigt auf, daß der Visionär Zeppelin wesentliche politische Veränderungen nach Bismarck voraussah, gleichzeitig aber zunächst als „Närrischer Erfinder" von seinen Zeitgenossen belächelt wurde.

Die Entstehungsgeschichte seiner Luftschiffe vom ersten, starren Luftschiff LZ 1 1900 bis zum LZ 129 1936, der „Hindenburg", die in Lakehurst auf tragische Weise verunglückte, ist von Zeppelins Luftschiffer beschrieben. Der von Zeppelin geforderte massive militärische Einsatz etwa gegen England im Ersten Weltkrieg ist als Zeitdokument zu betrachten und verdeutlicht, daß die zivile Luftfahrt oft auf kriegerisch geplanten Entwicklungen basierte. Nur so kam es über die Entwicklung der V1 zur bemannten Raumfahrt und schließlich zur Landung auf dem Mond im Jahre 1969. Man darf gespannt sein, wie sich der Luftschiffbau in weiteren 60 Jahren darstellen wird.

Horst Kohl, 2. Januar 1996.

Herkunft und Wesensart

Graf Ferdinand von Zeppelin entstammte der Ehe des Grafen Friedrich von Zeppelin mit dem Fräulein Amélie Macaire d'Hogguer, die im Jahre 1834 in Konstanz am Bodensee geschlossen war.

Das Geschlecht der Zeppelin hatte seine Wiege in Norddeutschland, in Mecklenburg, wo schon im Jahre 1286 ein Heynrikus de Cepelin urkundlich genannt wird und wo seit fünf Jahrhunderten die Herren von Zepelin Landbesitz haben und sich im slawisch stark durchsetzten Land als deutsche Edle fühlten und betätigten. Sie waren unternehmungslustig und, der Unrast der Zeit entsprechend, etwas unstet und nahmen Kriegsdienste in preußischen, dänischen, schwedischen, englischen, österreichischen und anderen Ländern. Zwei Brüder von Zepelin, Johann Karl und Ferdinand Ludwig, kamen gegen Ende des 18. Jahrhunderts nach Süddeutschland, wo sie in die Dienste des Herzogs Friedrich von Württemberg traten und als Auszeichnung für wertvolle dem Land geleistete Dienste Johann Karl 1792 zum Reichsgrafen und Ferdinand Ludwig 1806, als Kurfürst Friedrich durch Napoleon die Königswürde erhalten hatte, zum württembergischen Grafen erhoben wurde. In der Verleihungsurkunde erscheint zum erstenmal die Schreibweise „Zeppelin", an der die süddeutschen gräflichen Linien festhielten.

Die Familie Macaire kam aus Genf, eine alte Refugiéfamilie, die südfranzösischen Ursprungs ist.

Der Großvater der Amélie Macaire d'Hogguer, Jacques Louis Macaire de l'Or, hatte mit Förderung durch Kaiser Joseph II. auf der „Insel" in Konstanz eine Kattunfabrik errichtet, um die neue Baumwollmanufaktur auf deutschem Boden heimisch zu machen. Sein Sohn heiratete ein Fräulein d'Hogguer aus St. Gallen, und dieser Ehe war das Fräulein Amélie Macaire d'Hogguer entsprossen.

Wenn man sich das allen Deutschen im wesentlichen bekannte Charakterbild des Grafen Zeppelin vor Augen hält, seine zähe Beharrlichkeit und Tatkraft auf der einen und seine geistige Lebendigkeit und liebenswürdige verbindliche Art auf der andern Seite, so ist man vielleicht versucht, seine Art als eine glückliche Mischung nordischer, im steten völkischen Behauptungskampf erworbener Eigenschaften mit mehr gefälligen südländischen anzusehen. Etwa in der Weise, wie Goethe sie bei sich selbst vermutete: „Vom Vater hab' ich die Statur, des Lebens ernstes Führen, vom Mütterchen die Frohnatur, die Lust zu fabulieren."

In der Tat darf man Frohnatur und geistige Beweglichkeit bei der Mutter Zeppelins feststellen. Ihr des öfteren schon veröffentlichter Brief an eine Verwandte über ihre Kinder ist dafür ein Zeugnis: „Ferdinand ist 5½ Jahre alt, ein blauäugiges, blondgelocktes Engelsköpfchen, der Liebling der Onkel und Tanten, wird in auswärtigen Kreisen der Herzkäfer, zu Hause der Knöpfleschwab genannt, welche beide Titel ihm gleich gut anstehen. Ferdinand ist wie sein Vater die Gemütlichkeit selbst. Seine wissenschaftlichen Studien haben noch nicht begonnen, er wendet aber seine ihm angeborenen Geistesgaben beim Kühehüten,

Holztragen, Jäten, Steineführen usw. mit Erfolg an. Er ist auch so ziemlich au fait aller landwirtschaftlichen Arbeiten, weiß immer genau, auf welchem Felde die Knechte beschäftigt sind, interessiert sich ungemein für neue Pflüge und Sämaschinen usw. Er ist selbst stolz darauf, ein Württemberger zu sein und eben sein erstes Paar Stiefel bekommen zu haben."

Man wird dieses Briefchen schon wegen der entzückenden Anmut seines Plaudertons und seines hübschen Humors mit großem Vergnügen lesen. Zugleich aber ist es meisterhaft in der knappen und klaren Charakterisierung, die eine Mutter offenen Auges von ihrem Kind gibt. Man sieht förmlich greifbar den kleinen Kerl vor Augen, wie er sich lebendig um alles kümmert, was um ihn herum vor sich geht, wie er sich damit aber nicht begnügt, sondern bestrebt ist, sich nützlich zu machen und mitzuschaffen, und wie – eine ganz bemerkenswerte Feststellung – technische Gegenstände, wie „neue Pflüge" und „Sämaschinen", seine Aufmerksamkeit erregen. Über beide, über die Mutter ebensogut wie über den Sohn, erhalten wir Aufschluß: Die gleichen offenen Augen und Sinne für die kleine Welt um sie herum, die gleiche Lust am nützlichen Mittun sind offenbar bei beiden vorhanden. Vielleicht, könnte man sagen, legt die Mutter in ihr Söhnchen etwas von der Wesensart hinein, die sie selbst in sich lebendig fühlt. „Du gleichst dem Geist, den du begreifst." Aber so ist es sicherlich nicht! Vielmehr lernen wir hier in der Schilderung des fünfeinhalbjährigen Buben bereits einen Charakterzug kennen, der uns immer klarer als einer der wesentlichen, als der wesentliche an dem Mann entgegentritt: der starke Trieb und Wunsch, sich nützlich in der Welt zu betätigen. Beim Knaben ist es noch die impulsive, spontan aus seiner Natur kommende Regung, sich in das Treiben und den Arbeitsgang auf dem Gutshof zweckvoll einzuschalten. Beim Mann wird dann daraus das immer klarer erkannte und leidenschaftlich betonte Bewußtsein von der Verpflichtung jedes Menschen, mit allen seinen Kräften an den Aufgaben und Zielen seines Volkes und der Menschheit überhaupt mitzuarbeiten. Dieses hohe Pflichtgefühl ist in der Tat der treibende Ansporn, der uns beim Grafen Zeppelin in seinem ganzen künftigen Wirken sichtbar werden wird und der ihn zu einem vorbildlichen deutschen Menschen macht.

Es könnte nach dem bisher Gesagten nun so scheinen, als ob Graf Zeppelin das Beste und Bestimmende in seinem Wesen von der regsamen, lebendigen Mutter habe, und daß der Vater aus seiner schwerblütigeren nordisch-mecklenburgischen Art weniger dazu beigetragen habe. Aber vielleicht wäre das ein voreiliger Schluß. In dem wiedergegebenen Brief findet sich eine ganz bezeichnende Stelle: „Ferdinand ist wie sein Vater die Gemütlichkeit selbst." Damit wird doch wohl in einer sehr anschaulichen Weise das Temperament, oder sagen wir die „Gemütstemperatur", der Grad von Besonnenheit und kühler Gelassenheit, in dem der Knabe sich bewegte und handelte, gekennzeichnet. Und wie der Knabe, so der Mann. Besonnenheit und Bedachtsamkeit wahrte er sich in allen, auch in den kritischsten Lagen. Und dieses war sein Erbe vom Vater her. Der Graf Friedrich von Zeppelin war ein sehr feinfühliger und damit ein bis zur Ängstlichkeit gerecht und rechtlich denkender Mann. Er hatte Sinn für alle Künste, war musikalisch und dichtete selber gelegentlich geschmackvoll und mit Talent. Vor allem aber beseelte ihn ein Sinn für alles Schöne und Gute, und er wurde nicht müde, einen gleichen Sinn seinen Kindern einzuflößen. In rührender Weise wird dieses von seinem großen Sohn des öfteren anerkannt und betont. So schreibt er einmal aus London im Jahre 1862:

„... Hierher gehört dann noch, wie dankbar ich Dir, lieber Vater, für alle die Genüsse bin, nicht allein, weil Du mir erlaubt hast, sie zu erreichen, sondern namentlich auch, weil ich von Dir allein gelernt habe, manche Dinge von ihrer edleren Seite aufzufassen und so erst den wirklichen Genuß zu haben, andere Dinge dagegen zu verwerfen, weil Sie geeignet sind, den Geist in das Gemeine hinabzuziehen und den Sinn für das wahrhaft Schöne zu ersticken."

Die durchaus ethische Grundrichtung, die jegliche Betätigung des Grafen Zeppelin in allen Lagen und zu allen Zeiten bestimmte, ist ihm also in entscheidender Weise vom Vater überkommen. Seinem Urteil und seinem Rat unterwirft er sich noch im reiferen Alter bei allen ernsten Entscheidungen, vor die er gestellt wird. Er tut nichts, was nach seiner Meinung dem Vater mißfallen würde. Er bekannte dem Verfasser einmal in spätem Alter: „Ich habe mich fast immer, wenn ich mit meinem Gewissen bei schwierigen Fragen zu Rate gehen mußte, gefragt: Wie würde dein Vater gehandelt haben? Würde dein Tun seine Billigung gefunden haben?"

Dem Vater seinerseits lag nichts ferner als schroffe Ausübung der väterlichen Autorität und Gewalt. Er war ein väterlicher Freund mit gütigem Ton. So war von Anbeginn an und blieb bis zum Tode des Vaters, der dem Sohn bis zu dessen 48. Lebensjahr erhalten blieb, das Verhältnis zwischen Vater und Sohn ein ungewöhnlich enges und inniges. Der erzieherische geistige Einfluß des Vaters reichte so weit, daß man ihn bis in gewisse Eigentümlichkeiten des Stils (wie eine Neigung zum Gebrauch substantivischer Satzkonstruktionen), ja bis in auffallende Züge der Handschrift beider verfolgen kann.

Vom Vater überkommen ist z. B. auch eine scheue Abneigung des Grafen gegen öffentliche publizistische Erörterung seines Lebens und Tuns – eine Abneigung freilich, die er gegenüber der Macht und Neugier der immer stärker werdenden öffentlichen Meinung auf die Dauer nicht beizubehalten vermochte. Hören wir, was er seinem Freund und ehemaligen Hauslehrer, dem Pfarrer Moser, im Jahre 1876 aus Ulm schreibt! Pfarrer Moser hatte seinem ehemaligen Zögling, einem jetzt durch seinen Patrouillenritt im Feldzug und durch seine mannigfache öffentliche Tätigkeit berühmt gewordenen Mann, zu seinem Geburtstag wie üblich gratuliert und ihm dabei mitgeteilt, daß er über seine Erziehertätigkeit im Hause Zeppelin ein Erinnerungsbuch herauszugeben beabsichtigte. Der Graf antwortete ihm:

„Theurer Freund! Habe herzlichen Dank für den warmen Ausdruck Deiner treuen Liebe! Einige Beschämung freilich willst Du mir immer nicht ersparen, indem Du stets wieder Worte, wie ‚Dank' und ‚Verehrung' u. dgl. verwendest – Worte, die meine Vorstellung von einem Verhältnis verwirren, wo jeder Teil frei geben und frei empfangen sollte …

Die Ankündigung Deines Buches hat mir die Empfindung gegeben, als höbe jemand die Vorhänge meines Hauses, um Vorübergehenden den Einblick zu gestatten – die Ordnung im Innern mag noch so vollkommen sein, die Preisgebung an die Öffentlichkeit tut weh. Ich werde es mit vielen stets verwunderlich finden, daß Bismarck Veröffentlichungen aus seinem Jugendleben aus dem Briefverkehr mit seinen nächsten Verwandten gestatten konnte, wenngleich seine Gestalt durch das Kundgegebene wohl nur noch gewonnen hat. (Diesen letzten Satz hat Graf Zeppelin nur im Konzept, nicht in der Reinschrift des Briefes gebracht. Anmerkung des Verfassers.) – Doch bald überwand ich das peinliche Gefühl mit dem Gedanken, es werde Deine Einsicht und Freundschaft Dir schon selbst in Maaß und Form einen unbedenklichen Weg zeigen …

Nach Hause zurückgekehrt trug ich den betreffenden Inhalt Deines Briefes meinem hier weilenden Vater vor und fand, daß ihm die Herausgabe des Buchs ein ganz ernstlicher Kummer sein würde. Er meint, eine wahre Schilderung unseres intimen Lebens in Girsberg müßte der Welt zu allerlei Glossen Veranlassung geben, umsomehr als Lebenden gegenüber unvermeidliche Rücksichten nicht gestatten würden, manchen ergänzenden Zug, manches erklärende Motiv wiederzugeben. Eine andere Auffassung vermag mein Vater nicht zu gewinnen und so erwächst mir die schwere Pflicht, Dir von seinem Protest Kenntnis zu geben …“

Die Abneigung des Vaters gegen die Veröffentlichung wird also als Begründung der Ablehnung geltend gemacht, aber wer fühlt nicht, daß der Graf durchaus die Auffassung des Vaters teilt!

Wir wissen nun freilich, daß jeder Mensch schließlich seinen eigenen Charakter hat und in seiner Wesensart etwas anderes ist als eine bloße Mischung oder Summierung von Wesenszügen, die sich schon bei seinen Eltern oder Großeltern fanden. Zumal die Großen sind etwas Einmaliges und sind aus besonderem Holz geschnitzt. Das Genie entwickelt sich überraschend nach besonderen Gesetzen und unter Bedingungen, die uns immer unbekannt bleiben, bisweilen aus einem Milieu von scheinbar lauter Mittelmäßigkeiten. Andrerseits aber haben wir eine Wissenschaft und Praxis der Vererbung und Züchtung und wissen, daß Eigenschaften erblich sind. So ist es immer von Interesse und Wert, den Charaktermerkmalen einer Familie nachzuspüren, der ein der psychologischen Beurteilung unterworfenes Individuum entstammt. Oft können sie dazu dienen, verborgene Charakterzüge ans Licht zu ziehen, die man sonst übersehen hätte und die erst eine Erklärung für manche Handlungsweisen der Helden geben.

Unter diesem Gesichtspunkt verdient ein Brief Beachtung, den der Vater im Jahre 1863 an seinen fünfundzwanzigjährigen Sohn schreibt, als dieser um die väterliche Genehmigung zu einer Studienreise nach Amerika gebeten hat. Aus dem sehr langen, fast acht Folioseiten umfassenden Schreiben mögen folgende charakteristischen Stellen wiedergegeben werden:

„Innig geliebter Sohn!

Je plötzlicher – wie ein Blitzstrahl aus heiterem Himmel – Deine Eröffnung wegen der americanischen Reise vor acht Tagen über mich kam, desto greller schnellten in mir die Gedanken auf, die ich gegen Dich und Andere aussprach.

Für Dein Vertrauen danke ich Dir. Wie jetzt die Welt ist, hätte mancher Sohn vielleicht die Pietät nicht gehabt, dem Vater die Entscheidung anheim zu stellen: zu denen gehörst Du nicht. Mein Vaterherz, dem Du seine Pflichten durch Sitten und Tugend stets leicht gemacht, spricht dies mit Rührung aus; es ist mir neu, Deinen Wünschen wegen Nichtübereinstimmung entgegenzutreten, in unser gegenseitiges Verhältnis vielleicht ein neues Stadium heraufzubeschwören.

Du bittest um die Erlaubnis, nach America zu reisen, weil nach Deinen bisherigen Erfahrungen (aus welchen Gründen Dich auch London von allem Gesehenen vorzüglich angezogen habe) das auf einzelnen Punkten der Erde vereinte große Treiben und Schaffen der Menschheit, das Kreisen und Schaffen des menschlichen Geistes an den großartigen Aufgaben und Ideen, gerade an den Hauptsitzen solcher Geburten (gleichsam an der Hauptpulsader, am Herzen des Menschengeistes in seinem Ringen nach Verwirklichung der in denselben vom Schöpfer gelegten Keime und Anlagen) Dich stets mit dem wärmsten Interesse erfüllt habe.

Dies war, wenn ich recht aufgepaßt, sozusagen der allgemeine Theil Deiner Wünsche. Der specielle war mehr ein militärischer: Du wolltest Neues sehen und erleben, was Dir zur eigenen Ausbildung dienen und auch für Deine weitere Ausbildung von praktischem Nutzen für Deinen erwählten Stand werden könnte …

Glaube mir, ich stehe Deinem jugendlichen Standpunkte trotz meiner grauen Haare nicht so fern, als wohl viele Jünglinge unserer Zeit, und Du tust mir auch das Unrecht nicht an, das, was ich einwende, einer philisterhaften Engherzigkeit, einem Zurückbleiben hinter der Neuzeit, einem Nichtbegreifen der Jugend und ihres kühnen Strebens zuzuschreiben. Aber gerade der Umstand, daß ich von frühester Jugend an bis heute americanische Zustände einer Bewunderung und Sympathie gar nicht werth anzusehen gewohnt war und daß nun Deine Wahl auf Land und Menschen fiel, die ich in meiner Anschauung nicht eben hoch (vielleicht auch zu tief) zu stellen gewohnt war, weil mir ihre staatlichen und sittlichen Zustände weit entfernt schienen, eine würdige Rolle in der großen Weltordnung auszufüllen und der göttlichen Idee und Aufgabe der Veredlung der Vervollkommnung auf dieser Erde nachzustreben – kurz, daß ich mich nie zu einem leisen Grade von Begeisterung für sie erheben konnte – gerade dies (vielleicht ein Irrthum von mir) mochte mein Staunen, meine Betäubung, wie ich's genannt, erhöht und mich zu einer vielleicht zu weit gehenden Aufsuchung und Ausführung von Gründen und Zweifeln gesteigert haben. Ich hielt es für heilige Pflicht des Alters, des Vaters, der gereiften Erfahrung, Dir selbst möglichst eine schmerzliche Enttäuschung zu ersparen.

Bezüglich des – wie ich's nannte – allgemeinen Theiles habe ich mich der Hauptsache nach oben ausgesprochen. Hinzuzufügen habe ich hier noch die Frage, ob Dir, trotz aller Empfehlungen, die dort wohl wenig gelten, der Einblick in die große menschliche und staatliche Maschine nur gestattet werden wird? Den speciellen betreffend konnte ich bisher – von meinem Standpunkte als Laie – bei dem schmerzlichsten Bedauern des Menschenfreundes über den Jammer eines Bürgerkrieges, diesem Kampfe, vielleicht weil er mir nach den Berichten von dort von einer geregelten völkerrechtlichen Kriegführung abzuweichen schien, wenigstens keine Bewunderung zollen …

Nun aber prüfe Dich und meine Bedenken darum noch einmal mit voller Gewissenhaftigkeit und dann beantworte Dir und mir die Frage:

‚Habe ich die feste Überzeugung, daß mein Plan mir als Mensch, als Weltbürger und Soldat und dadurch meinem Vaterlande an Belehrung, an Erweiterung meiner Kenntnisse und Erfahrungen, an Bereicherung meines Geistes so großen praktischen Gewinn bieten und bringen würde, daß – eventuell gegenüber den damit verbundenen ungünstigen Chancen, Opfern und Gefahren und der Hoffnung, die die Meinen und mein Vaterland auf mich setzen – ich an ihm festhalte und ihn zur Ausführung bringe?'

Wie die Antwort ausfalle, ich füge mich ihr.

Gott mit Dir und Deinen Gedanken!

Ans treue Herz schließt Dich Dein

Stuttgart, 20. März 1863. Vater."

Nicht ohne Rührung liest man diese Auslassung eines von Sorgen und Zweifeln gequälten Gemüts, das einerseits groß und kühn genug empfindet, um hohe und erhabene Missionen des Menschengeschlechts zu sehen oder zu fordern und um mit fast mystischem Glauben die edlen Antriebe zu bejahen, die ein Schöpfer dem Menschen in die Seele gelegt habe, und das andrerseits zaghaft und ängstlich vor den Konsequenzen seiner Gedanken zurückschreckt und von tausend Bedenken erfüllt ist. Wir wissen, daß der Sohn den hohen ethischen Sinn und den Schwung der Gedanken des Vaters teilte. Wie aber ist es mit den Hemmungen, denen der Vater unterlag, und wie ist es mit den stark religiös gefärbten Vorstellungsweisen, die denselben beherrschen? Vielleicht werden wir festzustellen haben, das unser Graf Zeppelin auch in dieser Beziehung manches – ererbt oder anerzogen – vom Vater hatte und daß dem Helden des trotzigen und hitzigen Kampfes um das Luftschiff mehr Bedachtsamkeit und abwägende Vorsicht zu eigen war, als man gemeinhin annimmt.

Die Antwort auf diese Frage ist ohne weiteres gegeben für den, der den Grafen Zeppelin persönlich kannte. Sie beantwortet sich aber auch für die persönlich mit ihm näher oder vermeintlich näher Bekannten oft in einer geradezug überraschenden Weise, wenn Sie ein Dokument kennenlernen und durchblättern, das der Graf hinterließ: sein Tagebuch. Dieses Tagebuch ist eine ganz erstaunliche Leistung, ist, möchte man sagen, eine Tat, die allein schon genügt, seinen Verfasser als eine ganz außergewöhnliche Persönlichkeit erscheinen zu lassen. Der Fleiß und die Gewissenhaftigkeit, mit der es geführt ist, oft offenbar unter erschwerenden Umständen, verraten zunächst schon eine seltene Willensstärke und ein lebendiges Pflichtgefühl, die mit gutem Bedacht übernommene Aufgabe beharrlich durchzuführen. Dann ist aber auch der Inhalt der Aufzeichnungen sehr bemerkenswert. Wir finden darin in erster Linie die sorgfältig ausgearbeiteten Konzepte aller wichtigen Briefe, die der Graf schrieb, ferner ausgedehnte Erörterungen militärischer, politischer, sozialer Art, dann wieder kurze Notizen von Einfällen und Gedanken, die ihm durch den Kopf gingen, oder Zitate solcher, die ihm besonders gefielen und beherzigenswert erschienen, weiter moralische Betrachtungen über die verschiedenartigsten Zeitfragen, Reiseberichte und Anekdoten u. dgl. m., kurz ein ungeheuer reiches Material, aus dem das Denken und Fühlen, das Streben und Leben des Schreibenden zu einem vollkommenen Bild sich rundet. Er begann die Tagebuchführung im 24. Lebensjahr und setzte sie unermüdlich mit nur gelegentlichen Unterbrechungen bis zum Jahr 1917, also bis kurz vor seinem Tode fort. So wurde daraus ein Stoß von Tausenden von Seiten großen Quartformats. Die Schrift ist meist schön und klar und verrät die Sorgfalt und peinliche Sauberkeit des Schreibers, sie wird flüchtiger und verfällt in eine eigene Art von Kurzschrift, wenn ihn Eile und deutlich erkennbarer Zeitmangel treibt. Der Mann, der dieses Tagebuch führte, ist in dem Ernst und der Gewissenhaftigkeit, mit der er an alle ihn berührenden Fragen des Berufs und des Lebens herangeht, eine bezwingend sittliche Persönlichkeit von reinstem, edelstem Wollen. Wenn nicht seine Taten und Leistungen ihn adelten, so würde das Denkmal, das er in seinem Tagebuch setzte, ihn im reinen Glanz seiner lauteren Persönlichkeit uns zu einem ewig mahnenden Vorbild machen.

Kindheit und Jugendalter

Der Jahre seiner Kindheit und ersten Jugend erinnerte sich der Graf Zeppelin noch in hohem Alter und auf dem Gipfel seiner Erfolge und seines „Glücks" stets dankbar als einer Zeit, die wie ein Traum vollkommenster jugendlicher Fröhlichkeit und sorglosen Erdenglücks ihm vor Augen stand. Wenn es richtig ist, daß die Lebenslust und die Verhältnisse, unter denen ein Mensch aufwächst, in starkem Maße für die Ausbildung seines Charakters und seiner ganzen Art entscheidend sind, so darf man in der Tat sagen, daß die Lebensbedingungen, in denen Graf Zeppelin heranreifte, geeignet erschienen, alle guten Antriebe und Kräfte in ihm zu wecken und eine harmonisch durchgebildete Persönlichkeit von ernstestem Wollen und Streben zur Entfaltung zu bringen. Geboren (am 8. Juli 1838) auf der „Insel" bei Konstanz und mit diesem besonders reizvollen Fleck Erde am Schwäbischen Meer während seiner ganzen Jugend durch die dort wohnenden Großeltern eng verbunden, wuchs er auf in einer Natur, die für das Auge und für körperliche Betätigung aller Art die mannigfachsten Anregungen bot. Das milde Klima gestattete eine fast stetige Bewegung im Freien und ließ des Knaben offenen Sinn vertraut werden mit allen Vorgängen im Wald und auf der Flur so gut wie auf dem still dahinfließenden Rheinstrom und am belebten Seegestade. Das Tun und Treiben der Fischer oder der Schifferknechte auf dem Wasser fesselte sein Interesse ebensosehr wie die Arbeiten auf dem nahe gelegenen Gut der Eltern. Man konnte baden, schwimmen, tauchen und segeln, oder man ritt auf seinem Pony über die Felder

Girsberg, Kanton Thurgau, Schweiz

und machte sich in der Wirtschaft halb spielend, halb ernsthaft-wichtig nützlich. Die Eltern ließen dem Knaben und seinen beiden Geschwistern viel freies Spiel, und der alte Graf Zeppelin dankte ihnen dieses noch in der Erinnerung. Ein naturvertrautes Kind wuchs so heran, und der naturvertraute spätere Luftschiffer wußte, was ihm dieses nicht nur als solchem, sondern auch als Menschen bedeutet hatte.

In der Familie und überhaupt auf dem elterlichen Gut Girsberg, eine Viertelstunde von Konstanz auf Schweizer Boden gelegen, herrschte ein überaus schöner und freundlicher Geist, der alle Angehörigen mit warmer Liebe umfaßte. Der Vater, ein ernster Mann mit strengen Grundsätzen, besorgte, gewissenhaft und selbst überall zupackend, die Verwaltung seines landwirtschaftlichen Betriebes, war sparsam und einfach in seinen Lebensgewohnheiten, aber dabei von weichem Gemüt und gutem Herzen, und hatte allerlei Passionen künstlerischer Art, machte hübsche Gedichte und spielte Geige. „Er ist ein Blumenfreund und ein Dichter (damit meine ich nicht nur einen Versemacher, wohlverstanden!)“, so sagt seine Gattin in einem Brief von ihm. Von dieser, der Mutter, sagt der Sohn selbst: „Wer Sie kannte, weiß ich, rühmte ihre zarte weibliche Anmut und ihre Güte und daneben ihren lebhaften und launigen Geist. Sie galt auch als eine Schönheit. Aber sie war frei von jeder Spur von Koketterie und gab sich immer durchaus schlicht und natürlich.“ Wir haben Sie bereits im vorigen Kapitel aus ihrem Brief an eine Schwägerin kennengelernt. Wir fügen noch einen Ausschnitt aus einem Brief hinzu, der nicht nur für sie und ihre schalkhaft-launige Art, sondern auch für das Verhältnis der Gatten zueinander und damit die ganze Atmosphäre im Elternhaus des Grafen sehr aufschlußreich ist. Die Mutter hatte während einer mehrwöchigen Abwesenheit des Gatten den ganzen Haushalt zu leiten und mit dem Personal dabei einigen Ärger, insbesondere mit dem eventuell zu entlassenden Verwalter gehabt, über den sie dem Gatten in humorvoller Weise eingehend berichtet. Sie möchte die Entscheidung in den entstandenen Fragen dem Hausherrn selbst nach seiner Rückkehr überlassen und schließt deshalb das Schreiben in folgender Weise:

„... Du aber mußt mir subito schreiben, entweder, daß ich unumschränkt regieren könne und nach eigenen Überzeugungen handeln möge, wenn dann auch die Bildung eines neuen Kabinetts (gemeint ist die Ersetzung des nicht ganz zuverlässigen Verwalters durch einen andern. Anmerkung des Verfassers.) in Aussicht stünde, oder – was mir unendlich viel lieber wäre – erlaube mir, Alles zu vertagen bis nach Deiner Rückkehr, die sich, so Gott will, nicht viel über diesen Monat hinaus verschieben wird. Du wirst zwar denken, Du bedankest Dich gehorsamst für diese meine gütige Absicht, Dir gleich mit solchen Lumpereien entgegenzukommen. Du hast wohl recht und ich möchte Dir's umso lieber ersparen, als ich selbst, wie Du weißt, dergleichen Ärger nie tief eindringen lasse und nebenbei das Leben und seine Freuden ganz pomadig genieße. Aber siehst, es müssen hier allerhand Sachen zur Sprache kommen, die für eine Frau gegen Männer kitzlich sind zu berühren. Da dürftest Du wohl barmherzig sein und sie mir abnehmen! Ach, mit welchem Vergnügen werde ich die Zügel der Regierung wieder in Deine Hände geben!

Das Regieren ist nun einmal nicht meine Sache, ich verstehe es nicht, und gehen die Sachen schief, so möchte ich immer nur den Leuten das Scepter an den Kopf werfen und blutige Nasen machen. Ja, wenn ich noch, wie andere Herrscher, Kammern hätte, die ich, wenn ich ärgerlich bin und die Sachen nicht gehen, wie mir's gefällt, für aufgehoben erklären könnte! Wenn ich nur zu sagen brauchte: ‚Meine Herren! Sie sind aufgelöst, wir haben ferner nichts mehr zu schwätzen, leben Sie wohl!' – ich ließe mir's noch gefallen. Aber ich kann bis an den Hals in Verlegenheiten stecken und habe nichts aufzulösen, ja die Verlegenheit selbst kann ich nicht einmal auflösen ..."

Sie wurde, „die beste aller Mütter", den Ihrigen leider frühzeitig durch den Tod entrissen, als der Graf Zeppelin im 14. Lebensjahr stand. Damit wurde der ernstere Vater für die Erziehung des Sohnes allein bestimmend, die liebevolle Verbundenheit mit ihm wurde um so inniger.

Zu den geschilderten glücklichen Umständen, die als freundliche Sterne über der Kindheit des Grafen Zeppelin stehen, kommen nun noch Momente besonderer Art, die seinen Sinn zu weiten und sein Erleben zu bereichern wirksam werden. In der Nachbarschaft von Girsberg, besonders am Untersee, hatten sich eine ganze Reihe von Emigrantenfamilien, meist französischen Ursprungs, angesiedelt. So hatte z. B. im Schloß Arenenberg die Königin Hortense gewohnt, die Schwägerin des Großen Napoleon, Mutter des nachmaligen Napoleon III. Die meisten dieser Familien pflogen Verkehr mit den Eltern und besonders mit den Großeltern des Grafen, und die Girsberger

Kinder, die hierhin und dorthin eingeladen wurden, kamen in eine gewisse Fühlung mit der Großen Welt. Die Mutter erzählte namentlich von dem Prinzen Napoleon, der auf der Hochzeit der Eltern des Grafen in der Uniform eines bernischen Artilleriehauptmanns getanzt hatte und der einmal zum Geburtstag der Mutter einen großen Blumenstrauß in den Wagen reichte, in dem sie mit den Kindern ausfuhr. Alles diese regte natürlich die Phantasie des Knaben gewaltig an und ließ seinen Horizont über die kleine Welt um Konstanz hinauswachsen. In der gleichen Richtung wirkten die Vorgänge des Revolutionsjahres 1848, die sich besonders lebhaft in der Grenzstadt bemerkbar machten, vor der die Schweizer sehr ausgedehnte Maßnahmen getroffen hatten, um sich gegen das Überlaufen der Freischärler zu sichern. Mancherlei politische Betrachungen, die der reife Mann später anstellte, gewannen Farbe aus den Erlebnissen, die sich dem Kind eingeprägt hatten. So vielleicht gewisse Betrachtungen über preußische Politik vor 1866, die wir kennenlernen werden und in die wohl noch unbewußt der Text hineinklang, den der zehnjährige Graf von der Bevölkerung zur Retraite hatte singen hören und sich dem empfänglichen Kindergemüt eingeprägt hatte:

> „Da kommt der Preuß' herein
> Und meint, das Badische Ländle sei sein,
> Gut Nacht, Gut Nacht, Gut Nacht!"

In der bunten kleinen Welt, in die der Knabe hineingesetzt war, behauptete er sich, sehr helläugig und überlegt, schon sehr früh mit bemerkenswerter Selbständigkeit. Er erzählte uns selbst, mit unverkennbarem Behagen, wie er als siebenjähriger Bub einst übernommen habe, eine Herde zu überwachen, während der Senne zum Essen gegangen sei, und wie ihm die Herde dabei auf die Nachbaräcker durchgegangen sei. Er habe sich zwar sofort gesagt, daß er nur die Leitkuh zurückzubringen habe, um dann die ganze Herde hinter dieser nachzuziehen, aber das scheue und störrische Tier sei immer wieder vor ihm weggelaufen, immer wieder in das fremde Feld hinein. Schließlich aber sei es ihm gelungen, die Kuh mit viel List und Tücke in weitem Bogen von hinten zu beschleichen und zu packen, und er habe sie dann trotz des Bockens nicht mehr losgelassen und mit der Herde zum eigenen Feld zurückgebracht.

Im gleichen Jahr sei er einst im Eis eingebrochen, und sein Kamerad sei schreiend davongelaufen. Er habe dann zwar schwimmend allein das Ufer zu erreichen vermocht, hier aber nicht hinaufkommen können, weil das Ufer steil und eisbedeckt gewesen sei. Da habe er den Kameraden gehörig wegen seiner Dummheit und Jämmerlichkeit ausgeschimpft und ihn ermahnt, sich wie ein tüchtiger Bub zu verhalten, sich auf den Bauch zu legen und ihm die Hand zu reichen. So sei er dann glücklich wieder herausgekommen. „Mein Vater“, erzählt der Graf selbst, „hielt mir eine ernste Ermahnung wegen meines Leichtsinns, aber die Freude über meine Selbsthilfe und Rettung überwog doch.“ Daß ein so selbständiger Bub auch seinen berechtigten Stolz haben mußte, ist ohne weiteres klar. Und so fühlte er sich denn sehr gekränkt in seiner Würde, als er mit seinem Vater um diese Zeit eine Bergtour auf den Hohen Kasten machte und sich dabei gefallen lassen mußte, daß ein Senn ihn zur Schonung seiner jungen Beine in einer Tragbutte das letzte Stück hinauftragen sollte.

Die Eltern ließen es sich angelegen sein, dieses Verlangen nach selbständiger und nützlicher Betätigung bewußt zu entwickeln und zu fördern. Graf Zeppelin erzählt darüber: „Wir suchten mit Eifer in kindlichem Spiel in all dem tüchtig zu werden, was wir die Großen ringsum treiben sahen. Jeder hatte sein Gärtchen, das er mit eignem Gerät in Ordnung hielt. Ich selbst zog Gemüse und hatte eine kleine Tragbutte, in der ich dann für die Verwandten und ins freundnachbarliche Schloß mein selbstgezogenes Produkt zum Verkauf trug. Wir hatten eigene Dreschflegel, unserer Größe angepaßt, und haben öfters tüchtig und ausdauern mitgedroschen."

Die Erziehungskunst der Eltern ging also in klugem Bedacht darauf hinaus, in erster Linie auch im Spiel die Charakterbildung der Kinder zu fördern und das Gefühl dafür zu wecken, daß man sich praktisch in die Gemeinschaft mit nützlicher, unmittelbar wertvoller Arbeit einzugliedern habe. Die Aneignung schulmäßigen Wissens kam in diesen Kindheitstagen erst in zweiter Linie. Den ersten Unterricht im Lesen und Schreiben erteilte ein Schweizer Dorfschullehrer. Er kam nur zweimal in der Woche, und Graf Zeppelin rühmt von ihm, daß er „viel zu erzählen und vor allen Dingen gut mit uns Kindern zu spielen wußte". Er lehrte Sie, mit der Armbrust zu schießen und Schwerter und Schilde zu fertigen. Erst als der junge Graf neun Jahre alt war, erhielt er seinen ordentlichen Hauslehrer, einen Herrn Kurz. Aber auch dieser scheint ihm noch nicht den nötigen Respekt und Ernst für die „heilige Wissenschaft" beigebracht zu haben. „Er war ein sehr braver Herr“, erzählte Graf Zeppelin, „aber er paßte doch nicht recht für uns. Namentlich war er körperlich nicht ganz auf der Höhe, was ihm von unserer Seite, die wir ja recht gewandte Kerlchen waren, eine gewisse mitleidige Verachtung zuzog. So bekam ich im Frühjahr 1848 ein gutes, starkes Pony geschenkt, das bisweilen ein recht störrisches Temperament aufwies, das ich aber reiten konnte, wie ich wollte. Herr Kurz wollte das Pony reiten. Die Beine hingen ihm bis auf den Boden, und so ritt er, eine Don-Quichotte-Figur, nach Konstanz hinein, wo gerade ein Töpfermarkt stattfand. Ehe er sich dessen versah, ging es mitten in die Töpfe hinein, und es gab viele Scherben und Lärm und Gelächter. Ganz geknickt führte er das Pferd am Zügel heim nach Girsberg unter großem Jubel von uns mitleidlosen Jungen.“ So mußte Herr Kurz schließlich gehen, weil er sich nicht den nötigen Respekt verschaffen konnte, und es wurde nach einem anderen Lehrer Umschau gehalten. Dieser fand sich im Jahre 1850 in dem jungen Vikar Moser, der lange Jahre als Hauslehrer in der Familie blieb und dem Graf Zeppelin bis zu dessen Tod in freundschaftlicher Zuneigung verbunden blieb. Der goldene eigentliche Kindheitstraum war damit ausgeträumt, eine beneidenswerte, fröhliche Kindheit in schönem Spiel, aber eine Kindheit zugleich, die den Sinn und die Kräfte des Gemüts und des Körpers für das weckte, was das Leben von dem Mann fordert. Dieser Kindheitstage darf man sich erinnern, wenn man sieht, wie Graf Zeppelin als Mann das Leben und seine Probleme mit Ernst und Pflichtgefühl, aber zugleich mit der Liebe und dem warmen und gütigen Herzen anpackt, die unter der milden Sonne einer schönen, freudvollen ersten Jugendzeit, unter der liebenden Fürsorge warmherziger Eltern erwachsen.

Über die Leistungen des jungen Grafen im ordentlichen systematischen Unterricht des Vikars Moser liegt nichts Bemerkenswertes vor. Die Eintragungen in das Zeugnisbuch, das der Lehrer zu führen und dem Vater des Grafen wöchentlich vorzulegen hatte, weisen die verschiedenartigsten Noten auf, teils sehr lobende, teils auch tadelnde. Wir dürfen ruhig annehmen, daß der junge Graf kein „Musterschüler" war. Denn neben dem Ernst und Pflichtgefühl, das ihm vornehmlich vom Vater mitgegeben war, hatte er ohne Zweifel „Temperament", ohne das ein genialischer Mensch nicht denkbar ist, von der Mutter ererbt, die ja, wie wir sahen, den Leuten am liebsten „das Scepter an den Kopf geworfen" hätte, wenn etwas nicht nach ihrem Sinn ging. So dürfen wir uns nicht wundern, wenn es einmal im Zeugnisbuch heißt: „Ferdinand war diese Woche mehrmals unartig und hatte sogar die Frechheit, seinen Lehrer zu hauen." Oder: „Ferdinand ist seit einigen Tagen stockdumm." Man muß lächeln bei dem Gedanken, wie der Schalk, der in dem Jungen steckte, ihn dazu verführte, einmal dem schlichten, ehrlichen cand. theol. Moser eine Komödie vollkommener Begriffsstutzigkeit vorzuspielen. Diesen Schalk konnte auch der alte Graf noch gelegentlich hervorkehren, ein außerordentlich sympathischer Zug, der wirklich Großen oft zu eigen ist und angenehm absticht gegen das gegenteilige Bestreben eingebildeter Größen, Würde und Erhabenheit zur Schau zu tragen.

Alles in allem darf man wohl sagen, daß der Unterricht, den der junge Zeppelin durch den Vikar Moser erhielt, ein recht guter war, wenn er ihm freilich, nach des Grafen späterer Auffassung, an rein schulmäßigem Wissen nicht so viel gab, wie er auf einer ordentlichen Schule erhalten hätte. Der Erziehungsgesichtspunkt stand auch hier, wohl mit Recht, im Vordergrund. Wie stark der Einfluß des Vikars auf seinen Zögling in religiöser Beziehung war, ist schwer festzustellen. In dieser Hinsicht kamen die entscheidenden Einwirkungen ohne Zweifel aus dem Elternhaus und besonders vom Vater her, der ein strenggläubiger Christ war. Sehr interessant und etwas verwunderlich mag es erscheinen, daß der Knabe in seinem 14. Lebensjahr den Wunsch hatte, Missionar zu werden. Der alte Graf meinte später, daß er vielleicht unter dem Eindruck, den der Tod seiner Mutter auf ihn gemacht hätte, auf diesen Gedanken verfallen wäre. Wer weiß es? Das religiöse Empfinden hatte sich hier wohl mit dem Betätigungsdrang einer romantischen Phantasie des aufgeweckten Knaben gepaart. Der Vater leistete energischen Widerstand, und die Idee verflog. „Vielleicht war es auch besser so", meinte der alte Herr nachdenklich, als er uns davon erzählte. Wir hatten die Empfindung, als ob er einen lebhaften Widerspruch gegen dieses „Vielleicht" erwartete, aber blickten ihn nur mit einem ungläubigen Lächeln still an. Und dann lächelte er auch selbst ein wenig verschmitzt.

In der Tat wäre er wohl kein im kirchlichen Sinne guter Missionar geworden. Er blieb zeitlebens ein tief religiös empfindender Mensch, aber mehr und mehr nur in dem Sinne, daß er Ehrfurcht vor dem hohen Unbegreiflichen und das Gefühl einer tiefempfundenen Verpflichtung gegenüber dem Walten einer sittlichen Weltordnung sich bewahrte. Viele Äußerungen in seinem Tagebuch, die er nur für sich selbst machte, beweisen dies. Aber andererseits war ihm jegliche Dogmatik und Buchstabengläubigkeit zuwider, und nichts lag ihm ferner als zelotische Unduldsamkeit. Schon recht früh hatte er sich in dieser Beziehung vom naiven Glauben der Kinderjahre zu einer freieren Auffassung gewandelt, unter inneren Kämpfen. Er schreibt als junger Leutnant einmal an seinen ehemaligen Hauslehrer: „Wie leicht habe ich eben über eine Reihe anderer gesprochen und wie schwer wird es mir, von mir selbst anzufangen. Nenne es in Deiner Herzensgüte ja nicht Bescheidenheit! Es ist vielmehr das innere Widerstreben, sich und andern zu gestehen, daß manches nicht so ist, wie es sein sollte. Ich bin mehr Weltmann geworden! Ich habe vieles anders anschauen gelernt, als ich früher gewohnt war, es zu tun. Zwar bin ich meinen Hauptgrundsätzen treu geblieben, mein evangelischer Glaube steht fest. Herr, hilf meinem Unglauben! Aber ich bin Dein kindlicher Ferdi nicht mehr so ganz!“ Etwas früher schreibt er seiner Schwester aus der Kriegsschule: „Nur zu oft vergesse ich in dem Treiben der Welt, in der Unterhaltung mit meinen Kameraden, die Bedürfnisse meiner Seele. Da tun einem Augenblicke not, wo man still und ungestört über sich nachdenken und wo man beten kann, die Gedanken in die richige Bahn einzuweisen. Ich habe mich daran gewöhnt, gerade da, wo alle meine Sinne für ewas in Anspruch genommen werden, mich zu sammeln und den Herrn zu bitten, daß mir das, was ich sehe oder höre, zum Segen gereichen möge, damit ich es einst anwenden kann zum Nutzen für meine Mitmenschen."

Es ist unverkennbar, wie das sozusagen Metaphysische mehr und mehr aus seinem christlichen Bewußtsein ausscheidet und das Ethische dafür beherrschend an seine Stelle tritt. Echtheit und Ehrlichkeit in seinen Überzeugungen und in deren Vertretung und das aus den gleichen Quellen kommende sittliche Verantwortlichkeitsgefühl vor sich und vor den Mitmenschen, das wird seine – echt „protestantische" – praktische Religion.

Fast vier Jahre lang wurde der junge Graf durch den Vikar Moser unterrichtet, dann kam er im Jahre 1853 auf die „Polytechnische Schule" nach Stuttgart, um nach weiteren zwei Jahren in die Kriegsschule in Ludwigsburg aufgenommen zu werden. Damit hatte er sich für die militärische Laufbahn entschieden. Die Ludwigsburger „Kriegsschule" war eine Anstalt, die im ganzen unseren Kadettenanstalten ähnelte. Außer den eigentlich militärischen Fächern und Übungen wies der Lehrplan der Schule fast alles auf, was sonst an Mittelschulen gelehrt wird, mit Ausnahme der alten Sprachen. Sie unterstand dem sogenannten „Generalquartiermeisterstab", einer militärischen Verwaltungsbehörde.

Der junge Zögling scheint sich nicht besonders glücklich in dieser Schule gefühlt zu haben. Wenigstens schreibt er seinem Vater einmal: „Ich kann nicht für die Schule lernen, ich kann nur für mich selbst lernen." Und an seine Schwester: „Gestern ritt ich den Fuchsen nach Zuffenhausen. Es war ein herrlicher Ritt; ich sang ein paar Lieder aus voller Kehle in die Morgenluft hinaus. Wenn man so die ganze

Woche in einem Käfig gesteckt hat, da kommt einem die Welt so schön und weit vor und man kann Gott so recht von Herzen danken für eine solche Freude." Der in der freien Luft am Bodensee Aufgewachsene kann sich offenbar nicht leicht an die Stubenluft gewöhnen. Durch ausgedehnte Wanderungen in die Schweiz, an den Rhein u. a. m. entschädigt er sich, wenn er die Ferien zu Hause auf Girsberg verbringt. Aber er ist doch froh, als er die Kriegsschule hinter sich hat und im September 1858 als Leutnant in das Württembergische 8. Infanterie-Regiment in Stuttgart eintreten darf. Er kann jetzt wieder mehr nach seiner Neigung und Art leben und – sich bilden. Denn er hat keineswegs eine Abneigung gegen das Lernen und die Bereicherung seines Wissens überhaupt, vielmehr nur seinen eigenen Geschmack und seine eigene Methode. So läßt er sich schon im Oktober zum Besuch der Universität Tübingen kommandieren, zunächst für ein Jahr, und beginnt dort Vorlesungen zu hören. Bezeichnend für die Grundrichtung seiner Interessen ist, daß er in erster Linie Vorlesungen über mechanische Technologie, anorganische Chemie, Nationalökonomie und Geschichte bevorzugt. Nebenher lebt er wie ein normaler Student, treibt Fecht- und Reitsport, besucht die Kneipen des Korps Schwaben, macht die winterlichen Karnevalsfreuden fröhlich und kräftig mit und – schlägt sogar in sorglos-jugendlicher Weise nach gutem Studentenbrauch finanziell ein wenig über die Stränge. Am Ende des Winters muß er dem Vater beichten, „daß zur Regulierung seiner wirtschaftlichen Verhältnisse ein etwas tieferer Eingriff in den väterlichen Geldbeutel dringend von Nöten sei". Er ist eben bei allem Ernst und aller

Solidität seiner Veranlagung nichts weniger als ein Duckmäuser, sondern ein frischer, lebenslustiger junger Mann, der mit Kameraden fröhlich sein kann.

Politische Ereignisse unterbrechen das sorglose Studentenleben vorzeitig: In Italien war es im Frühjahr 1859 zum Krieg zwischen Österreich und Frankreich gekommen. Die mit Österreich liierten süddeutschen Bundesstaaten hielten es für geraten, sich vor Überraschungen zu sichern, und trafen militärische Anstalten. Graf Zeppelin wurde wieder zum Dienst eingezogen. Er wurde nun zunächst zum Ingenieurkorps nach der Festung Ulm versetzt und schon nach drei Monaten von hier in die Ingenieurabteilung des Generalquartiermeisterstabes in Ludwigsburg.

Er blieb hier etwa zwei Jahre. Dann aber trieb ihn sein unruhiger Geist und sein Verlangen, die Welt und das Leben draußen kennenzulernen, hinaus aus dem Bann der „ewig gleichgestellten Dienstuhr", und wir finden unsern Helden in den nächsten drei Jahren fast immer auf Reisen. Freilich stehen diese Reisen durchaus unter dem gleichen Generalnenner, wenn das Wort erlaubt ist: Es sind in der Hauptsache militärische Studienreisen, sozusagen unter der strategischen Idee, auch die Verhältnisse und die Denkweise fremder Nationen kennenzulernen. So ist diese planvoll und bedachtsam ausgefüllte Reiseperiode ein sehr bedeutungsvoller Abschnitt im Leben und Bildungsstreben des Grafen Zeppelin. Er erwarb sich darin neben vielen Kenntnissen und Erfahrungen jene abgeklärte und weltkluge Denkweise, mit der er künftig an alle Fragen von politischer oder allgemeiner Bedeutung herantrat. Seine Reiseberichte geben denn auch Rechenschaft von den verschiedenartigsten Eindrücken, die sich ihm aufdrängen. Er geht nach Wien, wo er größeren Truppenübungen beiwohnen kann und dabei den Vorzug genießt, dem Kaiser vorgestellt zu werden. Er kommt nach Triest, wo er den Kriegshafen und Kriegsschiffe besichtigt. Es folgt Venedig, dessen Kunstschätze ihn begeistern, und das Land Venetien, wo das gespannte Verhältnis zwischen den österreichischen Truppen und den Landesbewohnern ihm auffällt. In Verona lernt er den österreichischen Feldzeugmeister Benedek kennen, aber dieser enttäuscht ihn, weil er es für gut hielt, drei Stunden lang, „in wenig feiner Weise, fast nur von Weibern und von Pferden“ zu sprechen. Dafür kann er dann aber „interessante Übungen der Genietruppen“ sich ansehen.

Er kommt nach Genua und nach Marseille, wo er, der Binnenländer, zum ersten Mal eine lebendige Anschauung vom Leben und Treiben eines großen Handelsplatzes und auch von dem Vorhandensein einer gewissen zweifelhaften und gefährlichen Klasse von Menschen erhält, die wie ein sprungbereites Raubtier an solchen Plätzen immer auf der Lauer liegt. Sein Weg führt ihn schließlich nach Paris, dessen Glanz und großartiges Treiben ihn stark beeindrucken.

In Compiègne ist er der Gast der kaiserlichen Familie. Den Kaiser verbinden noch lebendige Erinnerungen mit dem Schloß Arenenberg am Untersee, wo seine Mutter lange Jahre als Nachbarin der Familie Zeppelin gewohnt hatte. Die Liebenswürdigkeit der „graziösen“ Kaiserin bezaubert den jungen Grafen, und er darf dem Exerzieren des jungen Prinzen Louis zusehen und das Wohlgefallen der Mutter durch seine lobende Kritik erregen. Überhaupt eröffnen sich unserm Reisenden aufgrund seiner ausgezeichneten Empfehlungen und Beziehungen leicht alle Tore, und er kann Einblick tun in Kreise und Verhältnisse, die dem gewöhnlichen Sterblichen meist verschlossen bleiben. So ist die Ausbeute seiner Studien eine sehr reiche, wie die ausführlichen Reisebriefe an seinen Vater zeigen. Er hat Gelegenheit, nicht nur militärische Fragen und Dinge kennenzulernen, sondern er weiß auch von den Menschen und ihren Beschäftigungen, von ihrem Leben auf den Straßen, in der Kirche und im Theater, von ihrer häuslichen Geselligkeit, von der Presse und von den Rechtsanschauungen der besuchten Völker einen Eindruck zu gewinnen und gewissenhaft darüber zu berichten. Amüsant und bezeichnend für den Ernst, mit dem er seine Studien betreibt, ist folgende Stelle aus einem Pariser Brief: „Um die verschiedenen Nationalitäten genauer kennen zu lernen, habe ich auch den Frauen einige Aufmerksamkeit schenken müssen. Nun weiß ich aber erst noch nicht, ob die Italienerin mit dem schönen Auge, dem stolzen Nacken, mit dem festlichen Schleier auf den schwarzen Haaren und den langen Hosen den Vorzug verdient vor der feurigen Französin mit ihrer reizenden Koketterie." Das klingt für einen jungen Mann, der offenbar offene Augen für weibliche Reize hat, fast ein wenig zu kühl – wissenschaftlich, aber bestimmt ist das eine sicher, daß er sich auf seinen Reisen nicht in lockeren Vergnügungen erging, sondern lernen wollte und es auch tat.

Von Paris reist er im Frühjahr nach Hause, aber schon im Herbst finden wir ihn wieder auf Reisen. Diesmal geht es nach Belgien, England und Dänemark. In Brüssel und in Antwerpen hat er sich in erster Linie mit der Besichtigung der Kunstschätze befaßt. Aber er schreibt doch auch etwas später eine recht ausführliche Denkschrift über das Antwerpener Befestigungssystem, das er in Begleitung eines belgischen Artilleriehauptmanns besichtigen konnte. In London verkehrt er im „Athenäum"- sowie im „Army and Navy"-Klub und lernt er eine Reihe von höheren Militärs kennen, die ihm eine Einladung zur Musterung der Grenadiere in Aldershot verschaffen. Mit offenen Augen betrachtet er das System des englischen Heereswesens. Und der Wunsch erwächst in ihm, sich in dieser Beziehung auch einmal den aufstrebenden angelsächsischen Bruder jenseits des Ozeans anzusehen, zumal er in den Vereinigten Staaten, wo der Bürgerkrieg zwischen den Nord- und Südstaaten ausgebrochen war, die Miliztruppe in ihrer Bewährung auf dem Kriegsschauplatz kennenzulernen hoffen konnte.

So erbat er sich vom König alsbald nach seiner Heimkehr einen einjährigen Urlaub für eine Reise nach Nordamerika.

Wir haben im vorigen Kapitel erfahren, daß der Vater dem Wunsch des Sohnes, über das Meer in den Krieg zu fahren, in sehr idealistisch und ethisch gefärbten Gedankengängen zunächst lebhaften Widerstand entgegensetzte. Hören wir jetzt, wie der Sohn in kaum anders gefärbten Ausführungen zu dem Widerstreben des Vaters Stellung nahm. Er schreibt an seine Schwester, die so oft die Vertraute seines Herzens ist, unter anderem ganz pathetisch das folgende: „... Ich habe sie (d. h. den Gedanken einer Amerikareise) zu Grabe tragen müssen – eine schöne Idee, die ich kurze Zeit lieb gehabt habe, wie ein Braut: Sie war die Seele von Allem, was ich unternahm. Wie begierig erfaßte ich die herrlichen Gedanken, die der kleine Mensch aus den Wundern der Schöpfung lesen darf, die dieses erste aller Geschöpfe dem Schöpfer nachzudenken wagt, um damit zu beweisen, daß er Gottes Bild ist. Wie lebten für mich die geistreichen Erklärungen von Burrmeisters Schöpfungsgeschichte bei dem Gedanken, daß ich von den Erscheinungen, auf welche er sich stützt, bald einen großen Teil selbst sehen sollte. Wie freute ich mich, das Walten der göttlichen Liebe und als dessen Rückströmung das Sehnen der Kreatur, die Liebe, die der Schöpfung eingehaucht ist und sie zur unendlichen Liebe hinzieht, auch in dem amerikanischen Wirrwarr zu suchen und zu finden. Ich durfte hoffen, den Gegenstand, den ich mir zum Hauptstudium meines Lebens wählen mußte, den Krieg, einmal mit Händen zu fassen in seiner blutigen Wahrheit, dadurch das Phantom, an dem ich mich bisher abgequält, zu einem lebendigen Wesen geworden wäre. Mit welchem Eifer ging ich an die Erlernung der englischen Sprache – sollte sie doch das Hauptmittel sein, den Menschen dort kennen zu lernen – und nun ist das alles aus! –“ Um den Preis, dem Vater damit Kummer zu bereiten, will er die Reise nicht machen. „Kein Gewinn der Welt ist dieses Einsatzes wert.“

Dieser starke Gefühlsausbruch des vierundzwanzigjährigen Grafen deutet auf lebhafte innere Kämpfe, die ihn in jener Zeit bewegt haben müsen. Der angeborene Trieb und bewußt genährte Wunsch, die Welt und das Leben kennenzulernen, haben eine merkwürdige Vertiefung erfahren. Sie haben eine philosophische, vielleicht etwas mystische Richtung genommen. Und der ganzen Grundrichtung des Zeppelinschen Gemüts entsprechend geht die Fragestellung nicht auf das Metaphysische, sondern auf das Ethische. Es sind dem Jüngling Zweifel gekommen, inwieweit das Walten einer gütigen Vorsehung sich mit den brutalen Tatsachen des menschlichen Lebens in Einklang bringen und ob ein Ausfluß der göttlichen Liebe sich im Menschen und seinem Tun wirklich erkennen lasse. Was sollen diese schrecklichen und blutigen Kriege? Ist auch in ihnen der Mensch als ein von Liebe und göttlichem Wollen getriebenes Geschöpf Gottes zu finden?

Diese Gedankengänge sind in ihm offenbar durch das genannte Burrmeistersche Buch über die Schöpfungsgeschichte angeregt worden, und er muß mit sich vor seinem eignen Gewissen darüber ins klare kommen, ob das „Kriegshandwerk", das er als Beruf erwählt hat, sittlich zu rechtfertigen sei. Es ist, wie wir später sehen können, der letzte entscheidende Kampf, den der einst naiv-gläubige fromme Knabe jetzt mit sich auskämpft. In der Neuen Welt, wo menschliche Leidenschaften und Antriebe sich noch natürlicher und unverfälschter zur Geltung bringen, wo gerade ein „idealer" Kampf um die Abschaffung der Sklaverei geführt wird, hofft er dem Menschen klarer in seine Seele schauen zu können. Er muß hinüber, denn der Gedanke an die Reise „war die Seele von allem, was er unternahm".

Der Vater hatte ihn gebeten, wie wir wissen, sich die Sache noch einmal gewissenhaft zu überlegen. Der Sohn tut es, und der Vater schreibt nun unter anderem: „... Ich sagte Dir, ich wolle besser belehrt sein und ich werde mich belehren lassen. Du hast es getan und hast mich einen Blick in Deine Seele werfen lassen, die bei aller Glut und Begeisterung für ihre Wünsche mir und meiner Besorgnis dieselbe zum Opfer zu bringen freudig bereit war. Dies Opfer glaube ich nicht annehmen zu dürfen; auch Dein Andenken an mich, wenn ich nicht mehr sein werde, muß ich von jeder bitteren Beimischung irgend eines Vorwurfs rein erhalten, Wünsche durchkreuzt zu haben, die Du für Deine Zukunft ersprießlich hältst." Auf beiden Seiten ist das gleiche rührende Bestreben zu erkennen, dem andern nicht weh zu tun. Aber nun ist dem Sohn der Weg offen. Am 30. April 1863 tritt er die Reise mit einem Dampfer der Cunardlinie von Liverpool aus an.

Graf Zeppelin hat selbst in ausführlicher Weise über seine Erfahrungen und Eindrücke in den Vereinigten Staaten berichtet. Wir geben einige Stellen aus diesem Bericht wieder:

„Durch Vermittlung des preußischen Gesandten gelang es mir sehr bald, eine Audienz bei dem Präsidenten Lincoln zu erhalten. Ich hatte dazu feierlich Gehrock und Zylinder angelegt, doch sie verlief ohne besonderen Pomp. Ich wurde im Weißen Hause in das Arbeitszimmer des Präsidenten geführt. Da erhob sich hinter dem Schreibtische eine sehr große hagere Gestalt mit großem Kopf und langem, ungepflegtem Haar und Bart, mit auffallend hervortretenden Bakkenknochen, aber klugen und freundlich blickenden Augen. Auf den Schreibtisch setzte sich dann während der kurzen Dauer der Unterredung der Privatsekretär Reed und ließ seine mit mokassinartigen Schuhen bekleideten, weit aus der Hose heraussteckenden Füße taktmäßig hin- und herbaumeln. Der Präsident sprach seine lebhafte Befriedigung über mein Kommen und meine Zwecke aus und wünschte mir guten Erfolg für mein Studium.

Bevor mir die Audienz gewährt wurde, hatte der Präsident angeordnet, Erkundigungen über mich einzuziehen. Durch die Güte des Herrn von Schleiden besitze ich als wertvolles Autograph ein von Lincoln an den Staatssekretär des Auswärtigen und den Kriegssekretär Stanton gerichtetes kurzes Schreiben, worin er fragt, ob die über mich eingezogenen Erkundigungen die Gewährung meiner Bitte um einen Paß zur Armee gestatten würden. Diesen Paß, der mir volle Bewegungsfreiheit unter den Armeen der Nordstaaten gab, erhielt ich denn auch.

Es galt nun auch, mich beritten zu machen. Ein tüchtiges Pferd besorgte mir der ehemalige preußische Gardekavallerieoberst von Radowitz, der nach Ausscheiden aus preußischen Diensten in die Armee der Vereinigten Staaten eingetreten war. Er war der Hauptlieferant von Pferden für die Regierung und soll dabei ein schönes Vermögen verdient haben. An Stelle der gewöhnlichen englischen wählte ich mir einen amerikanischen Holzsattel aus, wie ihn die Truppe hatte. Diese waren so vorzüglich gebaut, daß Drucke beinahe nicht vorkamen. Die Steigbügel waren nach Art der mexikanischen aus breitem Holz, mit einer Lederkappe über dem Vorfuß. Sie hatten den doppelten Vorteil, gegen Kälte zu schützen und zu verhindern, daß beim reiten durch Gestrüpp Zweige in den Bügel hineinstießen. Ich habe diesen Sattel später dem preußischen Kriegsminister zu Versuchen übergeben, die ein sehr gutes Ergebnis erbrachten.

Auf einem kleinen Dampfer fuhr ich zur Potomac-Armee ab. An Bord befand sich eine sehr heitere Gesellschaft, die über den Sonntag ihre Verwandten und Freunde bei der Armee besuchen wollte, für meine Begriffe eine recht ungewöhnliche Art geselligen Ausfluges. Überhaupt war ja dem geselligen Leben, wie ich in Washington erfahren hatte, wenig Bedrücktheit durch den Krieg anzumerken, was wohl damit zusammenhing, daß das Heer ein angeworbenes und kein ausgehobenes war. Tanz und Fröhlichkeit an Bord des Dampfers wurden nur für eine kurze Weile unterbrochen, als wir unterwegs einem umflorten Schiff begegneten, das Gefallene aus dem Felde zurückbrachte.

Das Hauptquartier war ein riesiges Zeltlager, das in langen Reihen in den gelichteten Wald gestellt war. Eine Orientierung in diesem Chaos Zeltgruppen, über das ich nachher noch etwas sagen werde, schien mir nicht leicht zu sein.

Gleich am ersten Tage lernte ich die Romantik kriegerischen Treibens kennen. Gegen Abend hörte man Geschützdonner vom Rapahanok her, und ein Russe, Kapitän Rasdereshin, forderte mich auf, mit ihm auf einem seiner Pferde dorthin zu reiten. Es war für mich ein eindrucksvoller Ritt: fast plötzlich in die endlosen Wälder Virginiens versetzt, zur ersten Feuertaufe!

Auf dem Gefechtsfelde angelangt, hatte ich eine innere Überwindung zu bestehen: da ziemlich häufig Geschosse in unserer Nähe einschlugen, denen wir uns zwecklos aussetzten, so gewann ich es schließlich über mich, auf die Gefahr hin, als feige zu erscheinen, dem Russen vorzuschlagen, daß wir uns

Jugendbild des Grafen Ferdinand von Zeppelin

Nach dem Gemälde von Th. Schütz

etwas seitlich ziehen möchten, wo wir ebensogut alles übersehen konnten. Ich habe später noch öfter erfahren, daß bisweilen mehr Mut dazu gehört, vor andern einer Gefahr auszuweichen als sich ihr auszusetzen.

Bald war ich im Hauptquartier sehr gut bekannt, was namentlich bei Gelegenheit der ‚Drinks' sich bemerkbar machte, zu denen man die am Zelt vorübergehenden Bekannten gern einzuladen pflegte. Ich muß gestehen, daß ich selten glatt vorbeikam.

Zu den bedeutenderen Offizieren des Stabes, die ich kennenlernte, gehörte der schon erwähnte Generalstabschef Generalleutnant Butterfield. Dieser hatte im bürgerlichen Leben als Postmeister die erste Post nach San Franzisko eingerichet und war wegen seines dabei bewiesenen Organisationstalentes als der geeignete Mann für seinen jetzigen wichtigen Posten angesehen worden. Bei Anordnung der Operationen legte er auf die Kenntnis der Wetterverhältnisse einen ganz besonderen Wert. Dazu verhalf ihm seiner Meinung nach am besten ein ausgezeichnetes Aneroidbarometer, das ich für mein gutes Geld in London mir erworben hatte. Sich von diesem Instrument, das er bei mir gesehen und geborgt hatte, zu trennen, war ihm unmöglich. Er behielt es in immer längeren Zeiträumen bei sich und gab es mir schließlich überhaupt nicht wieder. Als ich später die Armee verließ, erbat ich mir das Aneroid wiederholt zurück und wurde im letzten Augenblick so dringend, daß er in sein Zelt gehen mußte, um es herauszuholen. Da er sehr lange nicht wieder erschien, folgte ich ihm in das Zelt nach, fand es aber leer. Er war mitsamt dem Barometer unter der Leinwand durchgekrochen und nach hinten verschwunden.

Eines Tages ritt ich nach Fairfax Courthouse zu der 11. deutschen Division, die von General Schurz, dem bekannten Befreier Gottfried Kinkels, befehligt wurde.

Schurz hatte in seiner ganzen Erscheinung etwas Theatralisches angenommen. Er liebte es, sich mit seinem Mantel zu drapieren, und war offensichtlich bemüht, sich ein sehr soldatisches Ansehen zu geben. Vielleicht entsprang dieses Bemühen einer gewissen inneren Unsicherheit, denn die militärischen Fähigkeiten und Kenntnisse hielten mit der äußeren Erscheinung wohl kaum ganz Schritt. Jedenfalls schienen die deutschen Offiziere unter Schurz' Untergebenen keine allzu hohe Meinung von dem militärischen Genie ihres Generals zu haben. Folgendes heitere Vorkommnis erschien mir jedenfalls sehr bezeichnend für den recht gemütlichen Ton in der Division:

Schurz nahm mich freundlich auf und lud mich mit den Offizieren seines Stabes zur Tafel. Wie da nun von den militärischen Operationen gesprochen wurde, begann er in etwas pathetischer Weise seine Absichten für die nächsten Tage kundzugeben und seine Meinung darüber zu entwickeln, was seitens der Nordstaaten-Armee jetzt geschehen müsse. Ziemlich entfernt von General Schurz saß da nun ein früherer badischer Militär namens Dilger, der, glaube ich, es daheim nur bis zum Fahnenjunker gebracht hatte und jetzt bei Schurz eine Batterie befehligte. Er hatte sich mit seiner Batterie schon mehrfach hervorgetan, auch durch sein unerschrockenes Ausharren im Feuer auf einem Schimmel, der ihm den Namen des *white horse-Harry* verschafft hatte. Er besaß einen etwas legendenhaften Heldenruf, den er reichlich ausnütze, um überlegene Kritik auch an hohen Vorgesetzten zu üben. Wie nun General Schurz seine Deklamation beendet hatte, rief Dilger trocken über den ganzen Tisch weg: ‚Aber, Herr General, so dummes Zeug werden Sie doch nicht machen!' Mit einem allgemeinen Gelächter wurde diese Bemerkung hingenommen. Schurz war gutmütig genug, mit einzustimmen, und damit war die Sache erledigt.

Eines Tages lief im Hauptquartier die Nachricht ein, daß General Lee, der Befehlshaber der Südstaaten-Armee, sich nach seiner linken Flanke in nordwestlicher Richtung in Marsch gesetzt hatte. Die Potomac-Armee bekam den Befehl, dieser Bewegung auf der inneren Linie zu folgen, um sich immer zwischen dem feindlichen Heere und Washington bzw. Philadelphia und New York zu halten. Bei einem der nun folgenden Märsche hatte das Hauptquartier einmal einen wohl ein paar hundert Schritt breiten Fluß zu überschreiten. Während für die Fußtruppen und die Artillerie eine Brücke aus gefällten Bäumen geschlagen wurde, ritten wir durch das Wasser, welches so tief war, daß stellenweise geschwommen werden mußte. Ich führe das an, weil so etwas als selbstverständlich galt. Der Höchstkommandierende selbst schwamm hinüber. – Nach einem starken Marsche erreichten wir am Nachmittage Fairfax Courthouse. Hier wurde uns gemeldet, daß die feindliche Armee schon nordwestlich bei Manasses Gap festgestellt sei, und es sollte nun dem Kavalleriegeneral Plaesanton, der ca. 35 Kilometer entfernt bei Aldie stand, der Befehl überbracht werden, eine gewaltsame Rekognoszierung vorzunehmen und Näheres über den Feind zu ermitteln. Zur Überbringung des Befehls wurde ein Offizier bestimmt, und diesem als Bedeckung ein Zug Kavallerie unter Führung eines Offiziers beigegeben. Ich bat, mitreiten zu dürfen, und meiner Bitte wurde willfahrt.

Wir ritten erst gegen Abend ab, und bald trat Dunkelheit ein; in dem dichten Wald, durch den ein kaum gebahnter Weg führte, war die Hand nicht mehr vor Augen zu sehen. Man mußte es den Pferden überlassen, sich durchzufühlen, und wir sollten schnell erfahren, wie trefflich sie das verstehen. Als wir einige Zeit geritten waren, kamen wir an eine schwierige Stelle. Zweige schlugen uns ins Gesicht, es ging über entwurzelte Stämme, und nur sehr mühsam kamen die Tiere vorwärts. Bei unserer Rückkehr am übernächsten Tage sollten wir die Erklärung sehen: Wir waren in der Dunkelheit an ein vom Feinde quer über den Weg gelegtes Verhau geraten, und zwar an eins von solcher Art, daß wir es für ganz ausgeschlossen gehalten haben würden, jemals mit Pferden durchzukommen, wenn wir bei Tage darauf gestoßen wären. So haben wir es denn auch bei Tage umreiten müssen.

Wir stießen sehr bald auf den Feind, und die beiderseitigen Kavallerien entwickelten sich unter dem Schutze des Feuers ihrer Batterien. Und nun ging das Attackieren in der Weise los, daß die Regimenter von hüben und drüben unter gellenden Cheers im Trabe anritten und in einer gewissen Entfernung voneinander dann ihre Pferde mit Hilfe des einen Sporns, den sie am linken Stiefel trugen, in einen kurzen Galopp brachten und so auch tatsächlich ineinander hineinritten. Mit den Säbeln schlugen sie nun eine Weile aufeinander los, bis sie gruppenweise sich wieder zurückzogen, um sich aber dann, weil sie nicht verfolgt wurden, sehr bald zu neuem Angriff zu sammeln. An manchen Säbelwunden, namentlich an den Köpfen, ließ sich erkennen, daß man mit großem Mute focht und sich fest ineinander verbissen hatte.

Ich machte die Attacken außerhalb des äußersten rechten Flügels mit, wobei ich einmal zu weit an den Feind geriet und nun durch einen Trupp feindlicher Reiter, vor dem ich natürlich Kehrt machte, verfolgt wurde. Zum Glück war mein Pferd schneller als die meiner Verfolger, sodaß auch die Revolverkugeln, die mir nachgeschickt wurden, mich nicht erreichten. Es war mir das sehr angenehm, denn so gern ich auf irgend eine Weise auch zu den Südstaatlichen gelangt wäre, um auch dort meine Studien zu machen, so war es doch sehr fraglich, ob die Gesellschaft, wenn sie meiner habhaft wurde, mich nicht kurzerhand erschossen oder an einem Baum aufgeknüpft hätte, obgleich ich meinen Säbel nicht gezogen hatte und einen warmen Empfehlungsbrief an den General Lee, von dessen reizender Nichte, die ich in Philadelphia kennen gelernt hatte, heimlich in der Tasche bei mir trug.

Das lustige Angriffsspiel wiederholte sich mehrere Male bis zum allgemeinen Rückzug der südstaatlichen Truppen hinter einen durch einen kleinen Flußlauf gebildeten Abschnitt. Artillerie und Infanterie hielten diesen besetzt und schossen von drüben herüber.

General Plaesanton ging mit seinem Stabe nun bis in eine dem fraglichen Abschnitt gleichlaufende Senkung vor, um von hier aus zu beobachten und eine geeignete Stelle zum Übergang zu erspähen. Einige seiner Offiziere hatte er mit Aufträgen fortgeschickt, und als er nun wieder einen an den Fluß hinunterschicken wollte, um die Übergangsstelle zu erkunden, hatten die übrigen es vorgezogen, sich etwas weiter im Hintergrunde zu halten. Als ich seine Verlegenheit sah, übernahm ich die Ausführung der von ihm gewünschten Rekognoszierung. Ich hatte leider nicht Charakterfestigkeit genug, meine Passion und meinen durch die letzten Vorgänge entfachten militärischen Eifer zu unterdrücken, obgleich ich als reiner Zuschauer bei der Aktion nicht berechtigt war, der einen oder anderen Partei irgend einen Dienst zu leisten. Dem General Plaesanton aber gefiel meine aktive Mitwirkung so sehr, daß er mich direkt und auf Umwegen durch mehrere Personen zu bewegen suchte, in den Dienst der Nordstaaten zu treten und sein Adjutant zu werden." –

Mit recht hohen Erwartungen auf eine Bereicherung seiner militärischen Kenntnisse und Vorstellungen war der Graf Zeppelin nach drüben gegangen. Ob er auf seine Rechnung kam? Seine rein militärischen Erfahrungen waren hinsichtlich ihrer Übertragbarkeit auf europäische Verhältnisse wohl mehr negativer Art. Er äußert sich hierüber in einem seiner Briefe folgendermaßen:

„Nirgends planmäßiges Zusammenarbeiten, kein örtlicher Sicherheitsdienst, keine Aufklärung gegen den Feind, kein Generalstab, keine Karten, keine aus verschiedenen Waffen kombinierten Corps und keine dem Gelände angepaßte Taktik – und diese Mängel bleiben bestehen trotz mehrjähriger Kriegsführung." Nur sogenannte Rides, überfallartige Reiterunternehmungen oft großen Stils, waren beliebt und ein Hauptstück der Taktik, und sie geben ihm auch neue Vorstellungen. Sein Gesamturteil faßte er aufgrund der gewonnenen persönlichen Erfahrungen in der Erkenntnis zusammen, daß das Milizsystem für europäische Verhältnisse unbrauchbar sei.

Für uns und unsere Kenntnis von den Eigenschaften, die Graf Zeppelin selbst als Soldat zeigte oder künftig zeigen sollte, ist seine Studienfahrt in den Sezessionskrieg freilich von großem Wert. Wir lernen ihn kennen als einen Mann von großem persönlichem Mut, der seine Kaltblütigkeit und Ruhe auch in kritischen Situationen nicht verlor. Er hat freilich immer von sich selbst behauptet, daß er sich grundsätzlich nie leichtfertig, ohne zureichenden Grund, persönlichen Gefahren ausgesetzt habe und daß er es vielmehr für töricht und unstatthaft halten würde, tollkühne Streiche zu begehen. Und gewiß: Er hat stets eine große Bedachtsamkeit und Besonnenheit bei allen seinen Unternehmungen und Plänen an den Tag gelegt. Aber er war zugleich auch, wie sich in Amerika zeigte, ein Mensch mit starkem Temperament, der impulsiv darauf losging, wenn der Moment es zu fordern schien. So wurde er wider Willen aus dem bloßen Beobachter, den er bei den Kampfhandlungen abgeben wollte, öfters zum aktiv Handelnden. Er ritt Attacken mit, die ihn unversehens in die vorderste Feuerlinie und ins Handgemenge brachten. Zwar berief er sich zur eigenen Entschuldigung darauf, daß er bei solchen Gelegenheiten nie den Säbel gezogen hätte, aber er wußte genau, daß der Feind gegebenenfalls kaum diese Entschuldigung als stichhaltig angesehen haben würde, und – das schneidige, gefahrverachtende Verhalten bleibt unter allen Umständen bestehen.

Bemerkenswert ist auch für uns, was der Gesandte Rudolf Schleiden über den ihn besuchenden jungen Grafen sagt. Dieser schreibt in seinem Tagebuch aus jener Zeit über ihn: „Gegen drei Uhr führte mir Herr von Davydow den jungen Grafen von Zeppelin zu, der sehr aufgeweckt scheint und einen höchst angenehmen Eindruck macht. Man merkt ihm wenig den jungen Offizier an, aber wohl gute Erziehung und Weltton ... Er ist wirklich ein allerliebster, kleiner Mensch, voll Allgemeininteressen, wie man sie bei einem Cavallerie-Offizier nicht vermutet. Er hat das Glück gehabt, auf dem Lande am Bodensee groß geworden zu sein. Auch die Art, wie er heute seine Ansicht über die Bedeutung und den Beruf des Adels in unserer Zeit aussprach, war sehr vernünftig, liberal und machte ihm Ehre."

Ein Stillstand in den Kriegshandlungen bewog den Grafen, die Armee zu verlassen, und er schloß sich einer „Expedition" an, die zwei Russen unter Begleitung von zwei indianischen Eingeborenen in den noch wenig erschlossenen Nordwesten hinein unternehmen wollten, um womöglich bis zu den unbekannten Quellgebieten des Mississippi vorzudringen. Es war eine recht abenteuerliche Unternehmung, die angesichts der mangelhaften Ausrüstung der Expedition wenig oder überhaupt keinen Erfolg wissenschaftlicher Art versprach. Aber es ist bezeichnend für den ins Weite strebenden Sinn des jungen Grafen, daß er diese Gelegenheit, auch etwas von den noch mehr oder weniger im Urzustand befindlichen Gegenden des Kontinents kennenzulernen, sich nicht entgehen lassen konnte. Denn eigentliche Abenteuerlichkeiten lagen seiner ganzen Art fern. Alles mußte Sinn und Zweck für ihn haben und dazu dienen, seine Welt- und Menschenkenntnis zu erweitern.

Die Unternehmung ging in der Tat ohne bedeutsamere Ergebnisse aus. Sie wurde zu einer Art Trapperleben in der Wildnis für einige Wochen, mit vielen Entbehrungen und mehrfach drohender Gefahr, dem Durst oder Hunger zu erliegen. Der Graf Zeppelin hatte sich in diesen Wochen schließlich so vollkommen an das Leben unter offenem Himmel gewöhnt, daß er in der ersten Nacht, die er wieder unter einem Dach verbringen konnte, unfähig hier den Schlaf zu finden, schließlich seine Decke nahm und sich im Freien bettete. „Wie ich am Morgen aufwachte, sah ich dann die beiden Begleiter neben mir liegen, die auch die dumpfe Hüttenluft nicht hatten ertragen können."

Man kam schließlich nach St. Paul, und hier hatte der Graf Gelegenheit, seinen ersten Aufstieg in einem Ballon zu machen. Es ist aber nicht richtig, daß er damals schon sich mit Gedanken an ein Luftschiff trug oder daß dieser Aufstieg ihn auf solche Gedanken gebracht hätte.

Soldat und politisierender Adjutant

Im November 1863 kam Graf Zeppelin aus Amerika nach Hause und nahm den Dienst bei seinem Regiment wieder auf. Aber er war nach Art und Neigung kaum dazu geschaffen, im Trott des täglichen normalen Dienstbetriebes seinen Weg zu machen, so sehr er sich auch als Soldat und Offizier fühlte und als solcher dem Vaterland zu dienen sich entschlossen hatte. Sein Horizont war durch die Reisen zu sehr geweitet, und seine Interessen waren zu mannigfaltig, als daß er hieran ein völliges Genügen auf die Dauer hätte finden können. Er bemühte sich dennoch nicht selbst, aus dem Regimentsdienst herauszukommen, sondern es geschah ohne sein Zutun, daß er im April 1865 in die Adjutantur des Königs Karl kommandiert wurde. Diese Adjutantur bestand zu der Zeit aus dem, stets im Generalsrang stehenden, Ersten Adjutanten und vier diensttuenden Adjutanten, von denen drei Stabsoffiziere und einer Rittmeister zu sein pflegte. Es war also für den jugen Oberleutnant Zeppelin eine besondere Auszeichnung, in die Adjutantur des Königs berufen zu werden.

Außer den normalen dienstlichen Obliegenheiten der Adjutanten, die ihnen zur Stellungnahme vorgelegten Fragen und Angelegenheiten für das Kabinett zu bearbeiten, waren es natürlich auch die oft und laufend sich ergebenden Gelegenheiten zu Unterhaltungen und zu ernsten persönlichen Gesprächen mit dem König, die von dem jungen Adjutanten benutzt werden konnten, seine Anschauungen vorzutragen und gegebenenfalls in seinem Sinne eine Beeinflussung der königlichen Entscheidungen und Maßnahmen zu versuchen. Daß der König dem schon von seinem Großvater her dem Hofe näher verbundenen Grafen Zeppelin ein gewisses Vertrauen entgegenbrachte und von ihm die Dienste einer freien und offenen Meinungsäußerung zu erwarten schien, sollte dieser bald erfahren.

Er schrieb in sein Tagebuch:

„Ich komme von der Villa zurück, wo ich mein erstes Diner mitgemacht; nach demselben behielt mich der König zurück, um einen Spaziergang im Garten zu machen. Er sagt mir u. a.: ‚Ich wünsche von meinen Adjutanten, daß sie sich mir ganz und von Herzen hingeben; sie müssen mir Viel sein, denn ich habe keine Familie. Die sollen sie mir teilweise ersetzen. Ich spreche mit Ihnen, wie ein Vater nur zu seinem Sohne sprechen kann. Gehören Sie mir so an, daß Ihnen bei mir am wohlsten ist, und meiden Sie Orte, wo ich nicht mit Ihnen hingehen könnte! … Seien Sie offen und bestimmt und unbefangen, so – wie Sie gestern in Untertürkheim beim Herbst gewesen sind. Je mehr Sie mir Ihr Herz geben, destomehr werden Sie das meinige gewinnen. In allen Herzensangelegenheiten wenden Sie sich an mich, im übrigen an Spitzemberg (den Ersten Adjutanten, Anm. d. Verf.). Dieser ist erprobt, wir haben viel miteinander durchgemacht … Ich drücke mich vielleicht nicht ganz deutlich aus, aber bewegen Sie meine Worte in sich; wenn Sie mich genauer, länger kennen werden, so werden Sie mich richtig verstehen. Stoßen Sie sich nicht daran, daß ich häufig rasch und scharf urteile; im Grunde bin ich doch gut. Also geben Sie sich mir ganz – es ist vielleicht egoistisch von mir, das zu verlangen, aber ich bin einmal so – es wird Ihnen für Ihr künftiges Leben von Nutzen sein. Sprechen Sie zu mir nicht mit Ihrem Verstande – ich habe davon übersatt schon bekommen –, sondern lassen Sie Ihr Herz reden!“

Daß diese offenbar ehrliche und freundliche Aussprache des Königs großen Eindruck auf den jungen

Adjutanten macht, ist selbstverständlich. Die Aufforderung, frei und offen mit seinem König zu sprechen, ergeht an einen Mann, der, zum sittlichen Ernst erzogen, es immer schon für seine Pflicht hielt, seine Meinung ohne Scheu mutig auch dem Höchststehenden gegenüber zum Ausdruck zu bringen. Aus seiner jetzigen Stellung und aus seinem Bewußtsein, jederzeit mit allen seinen Kräften nur dem Vaterland und dem allgemeinen Wohl dienen zu wollen, leitet er das Recht ab, seine eigene Meinung jederzeit frei zu äußern, ohne die geringste Rücksicht auf die eigene Person. Er wächst so allmählich mit seinen neuen Aufgaben zu einer Persönlichkeit heran, die in ihrer Lauterkeit sich in steigendem Maße Achtung erzwingt und vorbildlich für weitere Kreise wird.

Zunächst hält er zurück und sucht sich einzufühlen. So manches gefällt ihm nicht in allem, was er rings um sich sieht. Er nimmt Anstoß an dem nach seiner Meinung zu oberflächlichen und leichtfertigen Leben und Treiben der Umgebung des Königs. Er ist bestürzt zu hören, daß der König nie eine Zeitung liest und sich dessen vor Freunden sogar rühmt. Er sieht in diesem „Fehlen eines Kontaktes zwischen Fürst und Volk eine Gefahr für beide; denn auf diese Weise wird der König nur von einigen wenigen Persönlichkeiten unterrichtet, während er wohl von tausend Tagesfragen, die vielleicht leidenschaftlich die Allgemeinheit beschäftigen, möglicherweise überhaupt nichts erfährt!“ In seinem Tagebuch findet sich die in Unmut am 1. August 1865 eingetragene Stelle: „Heut König und Königin hier (Ostende). Der König hat wiederholt Grüße an mich aufgetragen – wenn der gute Mann wüßte, wer ich bin und wie ich denke!“ In einigen Bemerkungen, die er zu dem oben wiedergegebenen Gespräch mit dem König im Garten der Villa macht, finden sich folgende für ihn überaus bezeichnende Stellen: „Der König hat ein wahrhaft gutes Herz. Er beurteilt die Menschen seiner Umgebung außerordentlich scharf und richtig, aber in wie engen Kreisen bewegen sich sein Denken und Fühlen! Sein Haushalt, die Menschen in seiner nächsten Umgebung scheinen ihm wichtiger zu sein als sein Land und Volk ... Ach wie gern – als er klagte, daß er nichts habe, als seinen Haushalt – hätte ich ihm gesagt: ‚Majestät, Sie haben ein gutes Volk!‘ Warum habe ich es nicht gesagt? Ich wollte nicht durch ein vorlautes Wort das noch unbefestigte Vertrauen, das ich vielleicht einmal wirksamer brauchen kann, zerstören.“ –

Es ist eine Zeit der Gärungen und Spannungen, gerade auch für das Land Württemberg. Der nachdenkliche junge Adjutant fühlt ihre Schwere und geschichtliche Tragweite fast mit einer Art Beklemmung und Unruhe, muß sich innerlich mit ihnen auseinandersetzen und hält es für seine Pflicht, seine Gedanken anderen mitzuteilen und damit zu wirken. Vornehmlich sind es zwei Probleme, die ihn beschäftigen: die soziale Frage, die in allen Ländern immer offener und bedrohlicher ihr Haupt erhebt, und die „Deutsche Frage“, die einer Auseinandersetzung zwischen Preußen und Österreich zutreibt und die das Verhältnis Württembergs und der anderen süddeutschen Staaten zu Preußen betrifft.

Der junge Graf ist ein stark sozial empfindender Mensch. Seine vom Vater geleitete Erziehung, die von Jugend auf geübte Gewöhnung an selbsttätiges Mitschaffen in der Gemeinschaft der zu gleichen Zwekken Verbundenen, an bewußte nützliche Betätigung für das Gemeinwohl, haben irgendwelche Standesdünkel und Gefühle der Überheblichkeit niemals in ihm aufkommen lassen. Gewiß, er ist stolz auf seine Familie und in gewisser Weise auf seinen Adel, und er vermerkt einmal in seinem Tagebuch den ihm aus der Lektüre eines damals vielgelesenen Romanes aufsteigenden Gedanken: „Immerhin ist es sehr anerkennenswert, daß ein Dichter im gegenwärtigen Zeitpunkt es über sich vermocht hat, ein Buch zu schreiben, das für die Berechtigung des Adels in die Schranken tritt." Aber er trägt in den gleichen Tagen die Bemerkung ein: „Sehr richtig empfindet Sternberg den Wert des wahren Adels, den er in Gegensatz zum Wappenadel stellt, wenn er sagt: ‚Titel und Wappen können uns geraubt werden, der Adel bleibt.'" Wie er das meinte, geht aus einer Redewendung hervor, die wir öfters aus seinem Mund hörten: „Das Privileg des Adels besteht darin, daß er das Gefühl der Pflicht gegenüber dem Gemeinwohl in besonders starkem Maße haben muß!" In seinem hohen Sinne vermeint er, daß die Leistungen und die Stellung der Vorfahren jedem anständigen, ehrliebenden Familienmitglied Verpflichtungen auferlegen. *„Noblesse oblige."* Und er ist sehr oft ungehalten, wenn er sieht, wie man in weiteren Kreisen seiner Standesgenossen diesen Verpflichtungen nicht nachkommt. Er schreibt für sich in seinem Tagebuch über die sich geltend machenden Bestrebungen jener Tage im August 1865 folgende, zum Teil sehr modern klingenden Gedanken nieder:

„Zu den wichtigsten Erscheinungen der Gegenwart

gehören unstreitig die Arbeiterbewegungen, die Coalitionen jeder Art. Nachdem Freizügigkeit, Gewerbefreiheit, möglichste Annäherung an den Freihandel, zu den Errungenschaften der Völker gehören, gibt sich als Reaktion gegen das Einzelstreben des Individuums, welches sich in seiner Vereinzelung halt- und machtlos sieht, ein Streben nach Coalition, nach politischer und wirtschaftlicher Gruppierung in den Kreisen der Arbeiter kund. Dieses Zusammenstreben ist gesund, es entstammt einem natürlichsten Bedürfnis; es will das Zerfahrene sammeln, den Einzelnen durch Ordnung, durch gemeinschaftliches Bedürfnis, durch unbeweglichen oder schwererbeweglichen Besitz an eine Körperschaft, an deren Vorschriften, an den Ort, an das Gewerbe etc. fesseln – seine Grundidee ist durchaus konservativer Natur.

Woher kommt es nun, daß die Ausgeburten dieses an sich gesunden Strebens in der Wirklichkeit sich meist als weit vom Stamm gefallene Ungeheuer erweisen? Höherer Bildung, gewandter Rede, der Erfahrung in der Leitung und Anordnung von Vereinen usw. wird es nicht schwer, dem noch unklar in der nur halbgebildeten Masse arbeitenden Streben bestimmte Richtung und Ausdruck zu geben. Der Charakter, der Wert, der Nutzen der entstehenden Coalitionen wird daher abhängig sein von den Eigenschaften derjenigen, die denselben die Form gegeben haben …

Nun ist es traurige Wahrheit, daß alle mehr conservativen Elemente in den Kreisen der staatsmännisch und volkswirtschaftlich Gebildeten sich gegenwärtig einer unverzeihlichen Untätigkeit hingeben – stumm und dumpf der vor ihren Augen sich auftürmenden Gefahr entgegensehen, ohne einen Zug zu tun, ihr zu entgehen oder sie zu mindern. Dagegen finden wir das gebildetere Proletariat in voller Rührigkeit; es kann im Sturme nur gewinnen und will gewinnen.

So ist es denn ganz naürlich, daß wir sehen, wie die Arbeitervereine ihre wirtschaftlichen Interessen in den Hintergrund drängen gegenüber den politischen Zwecken, denen man sie zu dienen lehrt. Schon will die gewerbliche Arbeit nicht mehr ein Glied im Staate sein, sondern die alleinige lenkende Macht. Wenn diese Dinge zur Reife gelangt sein werden, dann kann man den heute noch regierenden Kreisen, die sich dann die Haare ausraufen werden, nur zurufen: ‚*Tu l'as voulu, George Dandin.*' Wie leicht war ihnen ihre Aufgabe gemacht! Statt die Bewegung zu unterdrücken, durften sie ihr nur Luft und Licht und Wärme zur natürlichen, gesunden Entwicklung geben und die kräftigen Gebilde, die entstanden wären, hätten sie zum Dank für diese Himmelsgaben aus dem Sturme gerettet."

Zeppelins charaktervolle Persönlichkeit und im höchsten Sinne mannhafte Haltung beginnt Aufmerksamkeit zu erregen. Ein Freund bittet ihn, die Erziehung seines Sohnes überwachen zu wollen. Er macht dazu folgende Eintragung in sein Tagebuch im November 1865:

„W. bittet mich, geistiger Vormund seines Sohns zu werden. Ich werde es annehmen, wenn er meine Anschauungen, im Folgenden zusammengefaßt, billigt:

In Zeiten, in denen das Hergebrachte, Bestehende von Dauer zu sein versprach, war es Aufgabe sich mit dem Plane des Meisters bekannt zu machen und in seinem Geiste fortzubauen an dem begonnenen Tempel der Periode. – Heute leben wir in einer Zeit der Veränderung, die alten Ordnungen stürzen in sich zusammen, aber noch ist Alles verworren und unklar, noch ist die Absicht der Zukunft nicht geoffenbart. Heute darf ein Mann, der die Absicht hat, ein brauchbares Glied der gegenwärtigen Gesellschaft zu werden, sein Herz an keinerlei Institution hängen, und wenn er sich nicht eben berufen fühlt, ein Meister in einer Wissenschaft zu sein, so darf er sich nicht mit dem Studium des Einzelnen befassen. Gerade in der rationalistischen, skeptischen, auflösenden Zeit muß der rechte Mann vorzüglich sein Herz bilden. Nicht vom Standpunkte der Partei oder der Teilwissenschaft soll er die Vorgänge beurteilen, sondern er soll suchen, einen Überblick zu bekommen, er soll sich üben, aus der Betrachtung des Gesamtverlaufes der Geschichte, aus der Zusammenfassung der Naturerscheinungen die ewigen Gesetze herauszulesen, – dann wird er zu denjenigen gehören, die nicht hilflos und verlassen dastehen, wenn die Säulen brechen, die bisher eine Stütze gewesen ..."

Man müßte die „göttliche Absicht für die nächste Zukunft zu erkennen suchen".

Aber es ist nicht festzustellen und vielmehr ein wenig zu bezweifeln, ob er mit seinen Anschauungen größeren Eindruck machte gerade auf die Kreise und Persönlichkeiten, bei denen er gehört zu werden wünschte. Wir werden später darüber zu berichten haben. Vorerst drängte die Zuspitzung der politischen Verhältnisse ihn dazu, seine Gedanken und seine Arbeit als persönlicher Adjutant des Königs in erster Linie auf die „Deutsche Frage" zu richten.

Die Schleswig-Holsteinische Frage harrte noch ihrer definitiven Lösung. Die Zuteilung der Verwaltung der Dänemark abgenommenen Herzogtümer an Preußen und Österreich konne nur als ein unhaltbares Provisorium gelten. Preußens Politik ging ganz offenbar dahin, sich die Provinz einzuverleiben. Die von einer „großdeutschen Idee" beseelten Vertreter der Rechte und Interessen des Deutschen Bundes strebten, in Abneigung gegen eine Machtvergrößerung des mit Mißtrauen betrachteten Preußen, eine Hereinnahme der Herzogtümer in den Bund an. In den süddeutschen Staaten und insbesondere in Württemberg war diese Bundestreue die politische Einstellung fast aller Gebildeten. Der Graf Zeppelin fühlte sich in dieser Beziehung damals noch ganz als Süddeutscher, vielleicht, im Einklang zu seiner Stellung, mit etwas partikularistischen Neigungen zu Gunsten seines Geburtsstaates und seines Königs. Er ging also mit der vorwiegenden öffentlichen Meinung, wenn er Preußens Politik verurteilen zu müssen glaubte. Bemerkenswert und auf den ersten Blick kaum verständlich ist aber die Schärfe, mit der er dies tat. Sein Temperament und seine allen Halbheiten abgeneigte Natur kommen klar dabei zum Ausdruck. Er war in seinem innersten Wesen und mit idealistischer Entschiedenheit und Zielsetzung Deutscher oder, sagen wir, Großdeutscher und kehrte sich mit Zorn und heiligem Eifer gegen alle Tendenzen, die seinem Ideal eines geeinigten Gesamtdeutschland nach seiner Auffassung abträglich waren. Bevor der Gegensatz zwischen Österreich und Preußen in einer Art und Gründlichkeit, die eine ganz neue Basis für die Lösung der Deutschen Frage schuf, ausgetragen war, konnte er also Preußens egoistische Politik nicht gutheißen.

Er schreibt im Juli 1865 folgende Betrachtungen nieder:

„Überall wird wiederholt, daß jeder Verständige nichts dagegen einzuwenden haben könne, wenn Kiel zu einem preußischen Kriegshafen gemacht werde, wenn die Einrichtung getroffen würde, daß die Matrosen der Herzogtümer für die preußische Marine gewonnen werden etc. Ich kann mich nicht zu den ‚Verständigen' zählen: ich sehe im Gegenteil in der Ausführung der gedachten Vorhaben, statt eines Vorteils, eine große nicht zu unterschätzende Gefahr für Deutschland. – Wer vom deutschen Standpunkte aus die Vergrößerung der Macht Preußens auf Kosten der Machterweiterung Gesamtdeutschlands wünscht, geht wohl notwendig von der Ansicht aus, daß Preußen das allgemein deutsche Interesse vertreten könne und wolle. Daß Jenes nicht der Fall ist, zeigt überzeugend die Geschichte, zumal in ihrer allerjüngsten Entfaltung: vertritt die Bismarck'sche Politik in der Herzogtumfrage etwa das Interesse Deutschlands? …

… Wem wird in jedem solchen Falle der Löwenanteil zufallen? Mit Recht: Preußen; denn es wird zuverlässig am meisten geleistet haben. Dieser Anteil wird aber das Verhältnis der Mehrleistung naturgemäß auch weit überschreiten. Die unglückliche Schöpfung einer Großmacht im Verbande mit Staaten zweiten und viel geringeren Rangs wird stets traurigere, stets gefahrdrohendere Ausmaße annehmen …

Einen Löwenanteil sich zu erobern, steht Preußen im Begriff und stützt sein Anspruchsrecht, wie zum Hohn, auf seine Freimachung der Herzogtümer – wo es sich doch das Recht, diese schöne Tat auszuführen, vom Deutschen Bund geraubt. Es stützt sein Anspruchsrecht darauf, daß es sich eine Flotte schaffen müsse, um Deutschland zu schützen, während ganz gleichzeitig sein Verhalten gegen die Herzogtümer und gegen den Deutschen Bund zeigt, daß es mit seiner Stärke in der Tat nur preußisches Interesse verficht, und kaum sich herbeiläßt, mit schönen Worten des übrigen Deutschlands zu gedenken."

Die Verhältnisse spitzen sich weiter zu. Im Mai 1866 lesen wir folgende erregten Eintragungen in das Tagebuch:

„Nur in jüngster Zeit wird meine Aufmerksamkeit ungeteilt auf die Vorgänge im Vaterlande gezogen. Wir sind durch die traurige Raubritter-Politik Preußens in eine Lage geführt worden, daß der drohende Krieg beinahe wünschenswerter erscheint, als die unbestimmte Verlängerung durch auf die Dauer unhaltbarer Zustände ...

Der Leiter dieser Politik des Berliner Kabinetts ist Graf Bismarck.

Der Sinn für das Edle und Rechte scheint in diesem Manne wenig ausgebildet zu sein; er ist nicht fein, aber rücksichtslos und gewalttätig. So ausgerüstet steuert er auf sein Ziel los: Zerschlagung Österreichs und Gründung der Preußischen Suprematie in Deutschland auf dem Wege der Gewalt ...

So ist es denn gekommen, daß heute beide Staaten bis unter die Zähne gerüstet einander gegenüberstehen, daß ein Krieg zwischen den mächtigen Bundesgliedern auszubrechen droht. Der Bund ist es, welcher in erster Linie den Mittel- und Kleinstaaten Schutz gewährt, ihre Selbständigkeit garantiert; der

Bund besteht zu Recht, nur seine Gesetze müssen seinen Gliedern heilig sein. Diese schreiben vor, gegen ein Bundesglied, das den Bundesfrieden bricht, mit Waffengewalt einzuschreiten. Wer bricht im vorliegenden Falle den Bundesfrieden? Derjenige, der den ersten Schuß feuert, oder derjenige, welcher durch seine Politik die Dinge so auf die Spitze getrieben hat, daß der Schuß gefeuert werden mußte? – Die Antwort kann nicht zweifelhaft sein, es ist Pflicht des Bundes, gegen Preußen einzuschreiten."

Es ist ein glänzendes Zeugnis für die Objektivität und den klaren Blick des Grafen Zeppelin, daß er, der in seiner Sorge um Deutschlands Geschick so scharfe Worte gegen Preußen fand, sich rückhaltlos und mit der gleichen Energie, wie wir sehen werden, zum Fürsprecher eines Anschlusses an Preußen machte, als der Gang der geschichtlichen Ereignisse ihm dies geboten erscheinen ließ. Seine Anschauungen über die einzuschlagenden Wege wechselten, sein Ziel war stets das gleiche: ein starkes, einiges Deutschland!

Der Feldzug gegen Preußen

Der Krieg zwischen Preußen und dem Deutschen Bund bricht aus. Graf Zeppelin, der im März zum Hauptmann befördert ist, wird zum Stab des Führers der württembergischen Felddivision kommandiert. Der Soldat in ihm erhält nun das Wort. Er hat zwar keine Gelegenheit, sich als Führer eines Truppenverbandes zu betätigen, aber er gewinnt dafür besseren

Graf Zeppelin als Flügeladjutant
1869

Einblick in die militärischen Vorgänge und kann ein Urteil über die Kampfkraft des württembergischen Kontingents gewinnen. Dieses Urteil fällt nicht günstig aus. Zu Anfang teilt er die Begeisterung der ganzen Truppe. Bald jedoch überzeugen ihn die ihm dank seiner Sonderverwendung im Generalquartiermeisterstab möglichen Einblicke in die Dinge bei Freund und Feind davon, daß die württembergischen Truppen hinsichtlich Geist und Disziplin hinter den preußischen zurückstehen. Er erkennt sehr klar, daß der Grund hierfür in der württembergischen Rekrutierungsart, dem sogenannten „Einstehersystem" liege, durch das die intelligenteren und gebildeteren Volkskreise dem Heeresdienst entzogen werden. Und er klagt auch über das Versagen der obersten Führung in den Rückzugsgefechten. In einem an den Ersten Adjutanten des Königs gerichteten Brief vom 8. Juli berichtet er, „daß er in der letzten Woche Tag für Tag siebzehn Stunden im Sattel gesessen sei und meist nur wenige Stunden im Wald oder in schlechtem Bett genächtigt habe"; berichtet er „über die bedenkliche Mißstimmung bei der Truppe, der bei den Märschen riesige Anstrengungen zugemutet würden. Im Korps-Hauptquartier herrsche österreichische Gemütlichkeit und ein leichtgefälliger Ton, der im scharfen Kontrast stehe zu dem furchtbaren Ernst der Lage. Vor allem fehle es an der richtigen Befehlsgebung." In einem späteren Brief vom 27. Juli klagt Graf Zeppelin, daß all das Blut umsonst geflossen sei, daß wegen Unfähigkeit noch vieles umsonst vergossen werden müsse.

Graf Zeppelin schließt den Brief resigniert: „So haben wir die Wahl zwischen Flucht und Kapitulation.

Also entweder andere Kommandanten oder – mit Wut und Verzweiflung spreche ich es aus – um Gottes Willen Frieden, ehe tausende die blutigen Opfer solch' kopflosen, verräterischen Handelns werden!"

Am 30. Juli schreibt er ebenfalls an den Ersten Adjutanten:

„Auch ich bin tief durchdrungen davon, daß für eine verlorene Sache kein Blut mehr vergossen werden soll, aber ich komme auf eine andere Schlußfolgerung als der Herr Kriegsminister. Ich sehe, es muß mit aller Wärme und Dringlichkeit bei unserem Bundesgenossen auf Frieden gerungen werden; wenn aber hierzu alle möglichen Mittel angewandt wurden und doch kein Ziel erreicht ist, dann erfordert es die Ehre nicht der Armee allein, sondern des Staates, daß Treue vor Klugheit geht. Dann ist es Pflicht, aufs neue den Kampf aufzunehmen – mögen diejenigen das Blut verantworten, die es gefordert. Gestern Abend hat sich unter den Truppen die Nachricht von dem Abfall der Badener verbreitet. Heute haben wir sie von uns wegmarschieren sehen. Mit Verachtung für die, die gerne gingen, mit tiefem Bedauern für die widerwillig Ziehenden haben wir ihnen nachgeschaut und manch' bittere Verwünschung ist den Treulosen gefolgt. Nun droht auch uns nah und furchtbar der Moment, wo uns die schimpfliche Schuld treffen soll; denn General von Hardegg, in seinem Zustand völliger Abspannung, hat sich schon lange mit solchen Gedanken getragen, als daß er der ihm verliehenen Ermächtigung, nach Gutdünken zu schalten, auch nur einen Moment eine andere Deutung geben könnte, als die, dem Beispiel der Badener zu folgen. Sollten dies nicht vorherrschende Dinge sein, welche Se. Majestät der König untergelegt wissen möchte, so beschwöre ich Sie als unseren mit uns fühlenden Kameraden, veranlassen Sie schnellstmöglichst eine Detaillierung des Befehls im erwünschten Sinne.

Anders ist es freilich, wenn im Herzen des Königs das Gefühl der Menschlichkeit, die Liebe zu seinen Kindern die Oberhand über die Motive gewonnen hätten, die für die Anschauung der Armee bestimmend sind. Das würde ein herber Schmerz für uns Soldaten sein, gesenkten Hauptes würden wir die ruhmlose Straße zur Heimat ziehen – aber wir würden die Beweggründe, die Se. Majestät geleitet haben, anerkennen und ehren und nicht weniger warm rufen: ‚Es lebe der König.'" –

Nach dem, was wir vom Grafen Zeppelin über sein Verhalten im amerikanischen Krieg wissen, ist es unnötig, besonders zu betonen, daß er bei jeder Gelegenheit höchsten persönlichen Mut an den Tag legte. Erwähnenswert ist aber doch folgendes hübsche Geschichtchen, das er bei einer späteren Gelegenheit in einem Brief an seinen Vater erzählt. Er war auf seiner Reise von Berlin nach Ostpreußen und berichtet darüber unter anderem:

„Anderntags ging es an den Ostseestrand, wo ein Bataillon des 44. Regiments Preisschießen abhielt. Hier brachte mich der Oberst des Regiments in die Lage, mich unter Erröten für eine hochherzige Handlung von ihm bedanken zu müssen. Er kommandierte anno 1866 ein Bataillon des 55. Regiments, welches die Lisière von Trauberbischofsheim besetzt hatte. Nun erzählte er: ‚er habe einen Offizier durch die Weinberge herunterreiten sehen, ganz ruhig, obgleich von seinen Leuten auf das heftigste beschossen. Da habe er Befehl gegeben, den Mut zu ehren und nicht mehr nach dem Offizier zu feuern. Er habe dann später Erkundigungen eingezogen, wer der Offizier gewesen sei, und da habe man ihm den Grafen Zeppelin genannt.‘ – In der Tat erinnere ich mich noch genau des Augenblicks, wo das Schwirren der Kugeln aufhörte, als ich zu den Jägern hinritt.“

Bekannt ist die Episode, wie der Graf in Gefahr gerät, im Main zu ertrinken:

Am Tage des Gefechts bei Aschaffenburg hatte Graf Zeppelin den Auftrag bekommen, die Verbindung zwischen der württembergischen und der auf dem linken Mainufer befindlichen hessischen Division herzustellen. Die Brücken bei Aschaffenburg und Stockach waren vom Feind besetzt. Nach anstrengendem Ritt in großer Hitze, der die Kräfte seines Pferdes völlig erschöpft hatte, mußte er ohne dieses in voller Uniform mit hohen Stiefeln und schwerem Säbel den Strom durchschwimmen. Ewa auf halben Weg verließen ihn die Kräfte, er mußte sich auf den Grund sinken lassen, von dem er sich aber wieder abstoßen konnte, um über Wasser etwas Luft zu bekommen. Nach mehrmaliger Wiederholung dieses Manövers gelang es dem Grafen schließlich, dem Ufer so nahe zu kommen, daß er, noch im Wasser sitzend, sich erholen konnte. Auch den Rückweg mußte er nochmals durch den Fluß nehmen. –

Der Krieg ist beendet. Österreich liegt völlig am Boden. Bismarck entfaltet seine geniale Staatskunst, die Konsequenzen im Sinne einer Lösung der „Deutschen Frage“ zu ziehen. Er geht mit Klarheit und Entschiedenheit, aber zugleich mit weiser Mäßigung vor.

Schleswig-Holstein, Hannover, Hessen-Kassel, Nassau und Frankfurt werden einverleibt, den übrigen norddeutschen Staaten wird eine sehr mäßige Kriegsentschädigung auferlegt. Der Norddeutsche Block ist fertig. Als Napoleon, der den günstigen Moment verpaßt hat, eine „Kompensation" auf deutschem Boden verlangt, kann Bismarck ihm in Hinblick auf die gerüstet bereitstehende preußisch-norddeutsche Kriegsmacht mit Hohnlächeln entgegentreten, und Napoleon gibt nach. Unter dem Eindruck dieser entschiedenen Haltung, die auch in allen deutschschlagenden Herzen Süddeutschlands ein mächtig aufkommendes Nationalgefühl und große Begeisterung weckt, kann Bismarck bereits im August 1866 mit den süddeutschen Regierungen ein Geheimabkommen treffen, aufgrund dessen ihre Truppenmacht im Falle eines Kriegs mit Frankreich dem preußischen Oberbefehl unterstehen. Dieses Abkommen bildet die Grundlage einer wirklichen Einigung Deutschlands, aber es bedarf namentlich im Hinblick auf die dadurch bedingten militärischen Vereinbarungen noch der Genehmigung durch die Kammern.

In Württemberg machen sich lebhafte Widerstände gegen die „Verpreußung" bemerkbar. Die starke demokratische Partei im Bunde mit dem Zentrum betreibt die schärfste Opposition, indem sie eine untragbare Belastung des Volkes durch den uferlosen „Militarismus" geltend macht. Graf Zeppelin, der ehemalige schroffe Gegner Bismarcks, wie wir sahen, gehört zu den ersten, die sich der erkannten überragenden Größe des Staatsmannes und den politischen Forderungen und Notwendigkeiten beugen. Er nützt nun sein vertrautes Verhältnis zum König und seine dienstliche Stellung als Adjutant desselben unablässig aus, auf die Notwendigkeit eines engeren Anschlusses an die Nachbarstaaten und an den Norddeutschen Bund und einer Reorganisation des Heeres, insbesondere der Einführung der allgemeinen Wehrpflicht, hinzuweisen.

Aber die innerpolitische Lage in Württemberg spitzt sich immer mehr zu. Das Land scheidet sich in zwei Lager, in diejenigen, die die Zukunftsmöglichkeit und eine Lösung aller Schwierigkeiten nur in einem engen Anschluß des Südens an den Norden unter preußischer Führung sehen, und diejenigen, die Süddeutschland und insbesondere Württemberg vor Preußen und seinen vermeintlich reaktionären Methoden und Machtgelüsten bewahren und einen süddeutschen Bund gründen möchten. Wild toben die Parteikämpfe, und bedenkenlos ist das Intrigenspiel verantwortlicher und unverantwortlicher Ratgeber um die Person des schwankenden und unentschiedenen Königs. Die Verfassungsgrundlagen und die Institution der Monarchie selbst scheinen in Gefahr zu geraten. Mit welchem Freimut der junge Adjutant in dieser Situation vor seinen König hintritt und ihn zu einer klaren Entscheidung beschwört, zeigt ein Brief, den er im Februar 1868 an ihn richtet. Er lautet, unter Weglassung einiger Belanglosigkeiten, folgendermaßen:

„Euer Königl. Majestät haben mich an einem unvergeßlichen Abend auf der Villa aufgefordert, nicht mit meinem Verstande, sondern aus meinem Herzen zu E. M. zu reden.

Meine innersten Gefühle – Dankbarkeit, Ergebung, Treue gegen meinen König – machen es mir heute zu einer heiligen Pflicht, E. M. auf Gefahren aufmerksam zu machen, die nach meiner innersten Überzeugung der Hoheit und Würde und der Sicherheit des königlichen Thrones drohen.

Die untrügerischen Anzeichen dieser Gefahren werden nur von denjenigen wahrgenommen, die mit dem Sinn für das Verständnis derselben ausgerüstet zugleich Gelegenheit haben, die Urteile weiterer Kreise kennen zu lernen.

E. M. haben die Gnade gehabt mir Ihre Wünsche und Absichten für die Verhandlungen mit den Nachbarstaaten sowie die Hoffnungen auszudrücken, die E. M. an dieselben knüpfen.

Soweit die Kenntnis dieser zur Richtschnur der Regierungsorgane bestimmten Gedanken durchgedrungen ist, wurden dieselben mit hoher Freude begrüßt. Diese ebenso weisen als edlen Gedanken sind nicht, wie sie es doch hätten sein sollen, die Richtschnur für das Verhalten der Minister gewesen, welche vielmehr anstatt gleich E. M. opferbereit für die Erreichung des Ziels – aufrichtige vollständige Einigung mit den Nachbarn – zu sein, nur in den selbstverständlichen Dingen sich verträglich gezeigt haben, während sie überall da, wo sie wähnten, daß ihre Machtsphäre beeinträchtigt werden könnte, sich freie Hand gewährt, d. h. gegen eine Vereinbarung sich gesträubt haben. In Folge davon sind die auswärtigen Minister enttäuscht abgezogen, ist für Württemberg die Beeinflussung auf die Art der Detail-Ausführung der allein vereinbarten Umrisse verloren worden und zugleich der zum Sieg gegen die Opposition im eigenen Lande fast unerläßliche Vorteil, sich bei Einbringung der Regierungsvorlagen auf das detaillierte Einverständnis mit den Nachbarn berufen zu können.

Solange E. M. in der Güte Ihres Herzens den flunkerhaften Phrasen Ihrer gegenwärtigen Minister Glauben schenken anstatt dieselben zu nötigen, entweder stricte nach E. M. eigenen Überzeugungen zu handeln oder ihre Portefeuilles abzugeben – solange geht es mit dem geringen Vertrauen, das im Lande noch zur Regierung herrscht, mehr und mehr abwärts, verlieren auch die Nachbarn und Preußen den Glauben an die Redlichkeit der diesseitigen Kundgebungen, und wenn die in der nächsten Umwälzung unausbleibliche Stunde kommt, wo der Fortbestand der Dynastie von dem gegenseitigen Vertrauen zwischen Fürst und Volk, von dem Glauben aneinander der durch gleiche Interessen verbundenen Länder abhängig sein wird, dann werden E. M. die bittere Enttäuschung erfahren, sich von Allen verlassen zu sehen."

Diese erstaunlich offene Sprache eines kaum dreißigjährigen Adjutanten gegenüber seinem König scheint ihren Eindruck nicht zu verfehlen. Sie führt eine regelrechte Krise herbei oder trägt doch zu einer solchen bei. Es kommt einige Tage später zu einer Unterredung des jungen Grafen mit dem Monarchen. Über den Verlauf derselben wissen wir nur, was der Graf darüber in seinem Tagebuch sagt. Er klagt sich an, er sei, „die Größe der Kluft zwischen der Anschauungsweise des Königs und seiner eigenen nicht kennend, zu gewaltsam, zu schroff und, dies gewahrend, ungeschickt" geworden. So sei die Unterredung geschlossen gewesen, als er „mit dem, was er sagen wollte, gerade begonnen habe". Und der König läßt sofort seinen Ersten Adjutanten, den Obersten von Spitzemberg, rufen und spricht erregt zu diesem von seiner Absicht, abzudanken.

Bestürzt und tiefunglücklich über den unerwarteten Ausgang der Aussprache ist der Graf zunächst ratlos, was für ihn nun zu tun sei. Er philosophiert darüber, was er seinem König noch alles hätte sagen wollen: „So weit war das erreichte Ziel von dem gewünschten! Ich hatte den König nur mißtrauisch, unzufrieden mit sich selbst gemacht, anstatt in seine Seele einen Funken von Glauben an die eigene Sache, von Vertrauen auf seinen eigenen Charakter zu werfen!"

Und hören wir, was er weiter hätte sagen wollen:

„Oh, hätte ich fortfahren können, um ihm zu zeigen, wie er geschaffen wäre, um der Träger echten Deutschtums in dieser dasselbe in seinen Grundvesten erschütternden Zeit zu sein ... Die Nation, nachdem sie solange nur das Herz sprechen ließ, arbeitet jetzt allein mit der Faust. Sein Gewissen hat jeder Einzelne inzwischen gut eingeschnürt und ruft jedem, der daran rühren will, ein abwehrendes *Noli me tangere* zu. – Oh, wenn Einer käme, der diese Gewissen wieder löste, indem er dem deutschen Volke zeigte, wie sich auf innerem Wert der Einzelnen und auf äußerer Macht der Gesamtheit wie auf zwei ebenmäßig gewachsenen Beinen vorwärts marschieren läßt. Wie würden diesem, wie vom Alp gelöst, die Herzen zufliegen. Dieser Eine, Majestät, könnten Sie sein vermöge der Grundzüge Ihres Charakters und als der Regent eines rein deutschen Stammes, die Älteste unter den Souveränen der nicht zum Norddeutschen Bund gehörenden Staaten!"

Diese Worte wurden nicht gesprochen und sollten nie gesprochen werden. Sie zeigen uns aber, wie glühend im Herzen des Grafen Zeppelin der Wunsch und die Hoffnung lebte, daß es gelingen möchte, das „Volk der Dichter und Denker" zu einer wahrhaften Nation zu machen, ohne daß das deutsche Gemüt dadurch Schaden litte. War es ein törichter Traum des jungen Grafen? Nun, dann war es ein Traum, den ein Menschenalter später so viele ernsthaft denkende Deutsche teilten, wenn sie beklagten, daß das sich breitmachende materialistische Denken weiter und führender Kreise in einer Epoche des äußeren Machtbewußtseins den echten Idealismus der deutschen Seele ausgetrieben habe. Wir lesen die sorgenvollen Klagen des jungen Grafen heute fast wie prophetische Worte. –

Nach kurzem Schwanken zieht der Graf die ihm einzig möglich erscheinenden Konsequenzen aus der von ihm selbst geschaffenen Lage. Zwei Tage nach der unglücklichen Unterredung mit dem König bittet er um Enthebung von seinem Adjutanturdienst und um Rückversetzung in die Armee.

Rührend lesen sich die resignierten Betrachtungen, die er darüber einträgt:

„Morgen wird General von Wagner Sr. Majestät Vortrag über meine Versetzung aus der Adjutantur, sei es in die Reiterei, wie ich gebeten, sei es in den Generalstab, erstatten. Zwei Betrachtungen sind es vorzugsweise, die mich zum Entschlusse geführt haben, Se. Majestät um Entlassung aus meiner gegenwärtigen Stellung zu bitten: Das bischen militärische Studien, die ich in den letzten Jahren getrieben habe, wiegt den Mangel an praktischer Übung nicht auf …

Und dann beginnt mein Charakter Not zu leiden, wenn ich zu lange noch in dieser Stellung verbleibe. Meine Freunde müssen glauben, ich sei in meinen Grundsätzen schwankend geworden, wenn ich durch mein äußeres Leben gewissermaßen Ja zu tausend Dingen um mich herum sage, die ich doch nicht billige. Endlich habe ich auch noch ein glühendes Streben in mir, nützlich zu sein: Hier bin ich Nichts mehr; seit ich vergeblich Sturm gelaufen, bin ich geistig tot. – Als Soldat glaube ich meinen bescheidenen Platz ausfüllen zu können; unter Umständen würde ich, wie ich glaube, auch im Felde etwas mehr als das Gewöhnliche leisten."

Der König entspricht dem Gesuch und enthebt ihn am 14. März seiner Stellung als Adjutant unter gleichzeitiger Versetzung zur taktischen Abteilung des Generalquartiermeisterstabes und Verleihung des Rechts, den Titel und die Uniform eines königlichen Adjutanten weiterhin zu tragen. So wird er in hohen Gnaden entlassen.

Was nun? Der Graf Zeppelin müßte nicht er selber sein, wenn er nicht an seinen Überzeugungen und Ideen festhielte und unbeirrt versuchte, für sie zu wirken. Seit Anfang des Jahres 1868 sind bei den württembergischen Truppen die preußischen Vorschriften durchgehend eingeführt und werden württembergische Offiziere nach Preußen kommandiert, um das dortige Heereswesen besser kennenzulernen. Graf Zeppelin stellt den Antrag, auf die Dauer von sechs Monaten zur taktischen Abteilung des Großen Generalstabs nach Berlin kommandiert zu werden. Hier wird er sich aus eigener Anschauung näher über das preußische Militär, aber zugleich auch über den

Geist des Volkes unterrichten können, dem weite Kreise seiner Landsleute eine so heftige Abneigung entgegenbringen, und hier kann und wird er mit seiner vornehmen und weltklugen Art Sympathien für württembergisches Wesen wecken, an dem es andrerseits in Berlin fehlt. Seinem Wunsch wird entsprochen, und so reist er Anfang April nach Berlin ab. Es beginnt für ihn ein neues Kapitel seiner Wirksamkeit.

Zwischenspiel in Berlin

Das Mißtrauen, mit dem weite Kreise in Württemberg das übermächtige Preußen und seine Politik betrachten, wir in preußischen Kreisen und hier besonders in der Armee vielfach mit einer gleichen Einstellung gegenüber Württemberg beantwortet. So haben die nach Preußen kommandierten württembergischen Offiziere in gewissem Sinne eine politische Mission zu erfüllen und werden an ihren Takt und ihr Auftreten besondere Erwartungen geknüpft. Gewisse Äußerungen aus ministeriellem Mund und in der offiziösen Presse Württembergs haben den Zweifeln an der Redlichkeit der Württemberger in der Deutschen Frage gerade in der letzten Zeit wieder neue Nahrung gegeben, und man kann, wie Graf Zeppelin in seinem Tagebuch sagt, preußische Offiziere unverhohlen aussprechen hören, daß sie überzeugt seien, Württemberg würde gegebenenfalls die Verträge brechen und sich auf die Seite Frankreichs stellen. Graf Zeppelin klagt aus Berlin, daß diesen Stimmungen nicht immer in der richtigen Weise Rechnung getragen werden. Er schreibt in einer Tagebuchbetrachtung: „Anstatt einer gemeinsamen, ruhigen, vertrauenerweckenden Haltung, protestieren Leute, wie Graf H., nicht nur gegen solche Äußerungen, sondern schreien schon am dritten Tage in den Wirtshäusern herum: ‚I bin a Schwob, jetzt sieh i erst jede Stund meh, was mir für famose Kerle send!'" Er selbst findet das Entgegenkommen der preußischen Offiziere durchaus artig, zuweilen herzlich, obgleich er an dem überall zutage tretenden Zweifel an der Vertragstreue Württembergs leidet. Seinen Sorgen und Beobachtungen gibt er Ausdruck in einem Bericht am 1. Mai 1868 an den General von Spitzemberg. Er schreibt unter anderem:

„Seit drei Wochen schon schlürfe ich Berliner Luft und genieße ich preußische Art zu denken und noch fühle ich mich vollkommen nüchtern. Und in der Tat Berauschendes, Begeisterndes liegt in dem kalten politischen Calcül dieser Leute nicht – sie wollen uns noch nicht annektieren, weil sie uns nicht verdauen können; wir sollen also vorläufig nur ganz beruhigt sein – lange natürlich lasse sich der Lauf der Geschichte nicht aufhalten. Das Schmerzliche an dieser Rechnung ist ihre absolute Richtigkeit, so lange wir mit kleinlichem Partikularismus in Verbindung mit Elementen (demokratischen und anderen) gegen dieselben ankämpfen, die uns selbst am gefährlichsten sind. So machen wir notwendig den Eindruck, geringe Menschen zu sein, die weder einer großen nationalen Idee fähig sind, noch irgend etwas an Stelle derselben zu setzen haben. Mit Recht werden wir belacht und verurteilt. Und wie fähig wären wir, wie berufen dazu, die Träger der unverfälschten, rein deutsch-nationalen Idee zu sein – wir, die weniger deutschen Staaten, an denen nicht der Fluch des Bundesbruches liegt ... Müßte nicht der preußische Partikularismus vor der nationalen Gesinnung der übrigen deutschen Staaten errötend die Segel streichen; während jetzt kaum ein Tag vorübergeht, wo wir Offiziere nicht genötigt wären, uns den Anschein zu geben, als hätten wir manche stichelnde Rede nicht gehört, oder eine schwach genug fundierte Replique auf eine solche zu machen. Gewiß ist mit den Verträgen bereits das Wesentliche geschehen; aber wir begeben uns des erlangten Vorteils wieder, indem wir zulassen, daß Presse, Wahlergebnisse und selbst Ministerreden uns erscheinen machen, als wären diese Bündnisse uns eine unliebe bei nächster Gelegenheit abzuschüttelnde Last. Da nun nirgends die nationale Fahne hochgehalten wird, so betrachtet man die preußische als solche und diejenigen, welche ihr nicht zu folgen vermögen, als undeutsche Menschen, unfähig und unwürdig, die Geschichte des großen Vaterlandes mitbauen zu helfen. Wenige glauben an unsere unbedingte Vertragstreue, kein Offizier an die Möglichkeit, wenn unsere Truppen für einen auswärtigen Krieg zur Verfügung stehen, dieselben wie norddeutsche Divisionen gleich verwenden zu können. Zwar wird die Kriegstüchtigkeit unserer Contingente unterschätzt, allein nach welchen Richtungen hin bleibt letzteres Urteil wahr? Gestatten Sie mir, Herr General, nur den einen heute so wichtigen Faktor Geschwindigkeit der Aufstellung und Konzentration hervorzuheben. Wie sollte eine Truppe, bei welcher in dieser Beziehung fast nichts vorgesehen ist, mit einer anderen konkurrieren können, deren Mobilmachung gleichsam nur auf den Druck an einer Feder wartet, um sich sofort in allen kleinsten Teilen wie mechanisch von selbst zu vollziehen. Es wird mit zur Aufgabe der hierher kommandierten Offiziere gehören, sich in den Stand zu setzen, zur allmählichen Überwindung dieser Mängel verwendet werden zu können, und damit einige Schollen in die Kluft zu werfen, welche Preußen 1866 fluchwürdigerweise zwischen Süd und Nord gerissen."

Graf Zeppelin ist sich aber völlig darüber klar, daß zu seinen idealistischen Gedanken über die Art, wie Deutschlands Einigung erfolgen müsse, die Anschauungen hochstehener Kreise hierüber wenig passen. In seinem Tagebuch findet sich unter dem 27. November 1868 eine Bemerkung über den Bericht des Kronprinzen von Preußen „Aus meinem Tagebuche im Feldzuge 1866". Diese Bemerkung lautet:

„Dieses Tagebuch des Kronprinzen ist einfach, aber wenig bedeutend. Nur Eines liest sich überall heraus: ‚Deutschland unter Preußens Führung!' Seiner Königlichen Hoheit kommt es so wenig in den Sinn, als den meisten Menschen hier, daß die deutsche Sache so gefaßt für alle Nichtpreußen einen unleidlichen Zustand nach sich führt. Preußens Führung muß erbeten, erwählt sein, nicht durch Preußen selbst aufgedrungen!"

Um diese Randbemerkung zum kronprinzlichen Tagebuch, die wie ein Seufzer aus tief beunruhigtem und beklemmtem Herzen klingt, richtig zu verstehen, dürfte ein näheres Eingehen auf die Denkweise und politische Einstellung des jungen Grafen am Platze sein. Es ist selbstverständlich, daß das Problem der

Einigung Deutschlands ihn schon sehr früh auf das lebhafteste beschäftigte. Seine glühende Vaterlandsliebe und der sein ganzes Sein und Handeln stets beherrschende Trieb, sich im Dienst der Volksgemeinschaft mit allen seinen Kräften nützlich zu betätigen, mußte ihn in jenen heißen Jahren der sich überstürzenden politischen Ereignisse und der offensichtlich nahenden Entscheidung zu einem temperamentvollen Verfechter der von ihm als richtig erkannten Ideen machen. Wir sahen, wie er sich nicht scheute, selbst zu seinem König als junger Adjutant mit ungewöhnlicher Offenheit, ja mit Schärfe zu sprechen. Er trägt in diesen Jahren einmal in sein Tagebuch den „vortrefflichen Spruch" des heiligen Ambrosius ein: „Nichts ist gefahrvoller vor Gott und nichts ist schmerzvoller vor den Menschen, als wenn der Mann im entscheidenden Momente nicht seine volle Überzeugung auszusprechen imstande ist."

Er war, wie wir feststellten, vor dem Deutschen Krieg stark süddeutsch-partikularistisch und gegen die Methoden Bismarcks eingestellt gewesen, hatte aber nach dem Krieg, in klarer Erkenntnis der realen Verhältnisse, eine innere Schwenkung zu Bismarck und Preußen hin vollzogen. Er blieb aber dabei immer sich und seiner innersten Denkweise in der Weise treu, daß er Härten vermeiden und dem geschichtlich Gewordenen in schonender Weise Rechnung tragen wollte. Wie sehr ihn die Liebe zum Menschen und maßvolle Rücksicht auf das Empfinden der andern bei allem Temperament und aller Entschiedenheit leiteten, mag ein kleiner Vers in seinem Tagebuch zeigen, den er beim Tod des streitbaren David Friedrich Strauß für sich eintrug:

„Vom Kampfe nun ruhender Geist, sympathisch
verehr ich Dein Streben;
Hättest Du liebend geschont, flöge mein Herze
Dir zu."

Wir finden in seinem Tagebuch im Jahre 1867, also vor seinem Berliner Aufenthalt, eine kleine geschichtsphilosophische Betrachtung, die hier interessiert. Er schreibt darin unter anderem:

„Die Reformation hat die physische Kraft der deutschen Nation als solcher latent gelegt. Sie hat vollends den Sinn des Deutschen auf das eigene Innere gerichtet – den Individualismus ausgebildet – den Samen des Demokratismus ausgestreut. Das Individuum wurde über die Gesellschaft gestellt – das kleinere Gemeinwesen zum Nachteil des großen Ganzen vorzüglich gepflegt. Dabei wurde alles das geformt und weiter gebildet, worauf heute das deutsche Volk stolz sein kann, was seine so bedeutenden Vorzüge sind, daß es, trotz deren einseitigem Wesen, doch die bedeutendste Nation der Erde ist: Höhe der mittleren Bildungsstufe im Allgemeinen, gründliche Gelehrsamkeit insbesondere, Biederkeit und Treue. Vernachlässigt wurde der Sinn für Volksgöße, für Waffenruhm, für nationale Ehre etc. Das Reich zerfiel. – Die Zeit deutscher Erniedrigung, die Verallgemeinerung des Studiums der Geschichte und der Kenntnisnahme von den jeweiligen Zeitereignissen, endlich das durch den Handel hervorgerufene Bedürfnis nationaler Repräsentation hat den schlummernden Nationalsinn geweckt – und so mächtig regt er sich heute, daß er alle Schranken überspringen will. Früher und kräftiger entwickelte sich dieser Geist in Preußen, durch einzelne Männer, die von Zeit zu Zeit unter den Leitern dieses Staats sich fanden und die für ihr Tun in diesem Geist günstigeren Boden fanden bei den norddeutschen Stämmen, die, auf flachem Boden lebend, den das Germanentum allein angreifenden Reibungsflächen des Westens fernergerückt, konfessionell weniger zerklüftet, den Individualismus vielleicht überhaupt nie ebenso scharf ausgeprägt haben, als Rheinländer, Franken, Schwaben usw. ... So ist in demselben Preußen wiederum in Bismarck im entscheidenden Moment einer jener Männer aufgestanden, die das nationale Bedürfnis gleichsam als das einzige fassen ...“

Der Aufenthalt in Berlin gab dem Grafen Zeppelin eine willkommene und von ihm erbetene Gelegenheit, sein Wissen und seine Weltkenntnis, auf deren Vermehrung er ja unausgesetzt bedacht war, zu erweitern. Und zwar geschah dieses nicht nur in militärischer Beziehung, wofür eigentlich und formell seine Kommandierung zur taktischen Abteilung des Großen Generalstabs bestimmt war, sondern auch, und vielleicht in noch stärkerem Maße, in Beziehung auf seine politische und Welt-Erfahrung. Ein groß und genial angelegter Mensch beschränkt sein Interesse nie auf sein Spezialfach, mag er auch ein Soldat mit Leib und Seele sein.

So sah und lernte der Graf in Berlin als ein deutscher Mann mit seinen auf das Ganze gehenden nationalen Interessen, und er suchte und fand Gelegenheit, seinerseits auch zu lehren und im vaterländischen Sinn andere zu beeinflussen, da ihm Fühlungsnahme mit allen Kreisen geboten wurde. Vom ausgestreuten guten Samen findet immer etwas den fruchtbaren Boden, auf dem er aufgeht, wenn es auch schwer zu bestimmen sein wird, wie weit die Wirkung von ausgestreuten Gedanken in einer bewegten Welt widerstreitender Ideen und Interessen reichen mag. Wir sind indessen versucht, die Wirksamkeit einer Persönlichkeit, wie der des Grafen Zeppelin, auf dem moralisch-politischen Gebiet überhaupt und besonders während seiner Berliner Zeit und auf die dort mit ihm in Berührung kommenden Kreise für ihn als eine wertvolle und bedeutsame Leistung zu verbuchen, so sehr man sonst geneigt sein mag, seine Verdienste und seine Bedeutung auf ganz anderem Gebiet zu suchen. Vielleicht fühlt man hier die Versuchung in sich aufsteigen, der gewichtigen Frage nachzuhängen, ob vorbildliche Charaktere oder ob große besondere Leistungen für ein Volk von größerem Wert sind. Jedenfalls dürfen wir feststellen, daß der junge Graf sehr bald durch seinen König eine hohe Anerkennung und Auszeichnung erfuhr, die durchaus seinem Charakter galt:

Im Oktober 1868 hätte Graf Zeppelin nach Beendigung seiner Kommandierung nach Stuttgart zurückkehren sollen. Er erhielt über den Abschluß seines Kommandos folgendes Dienstschreiben von seiner vorgesetzten militärischen Behörde aus Stuttgart:

„In einer unter dem 29. November an das K. Kriegsministerium gerichteten Zuschrift hat der Chef des Generalstabs der Armee, General der Infanterie Freiherr von Moltke, Exzellenz in sehr anerkennender Weise über Ihre Leistungen bei dem K. Preußischen Generalstab während der Zeit vom April bis Oktober d. J. sich ausgesprochen …“

Im Anschluß an dieses Kommando zum Generalstab wurde er nun sofort zum 1. Garde-Dragoner-Regiment in Berlin kommandiert. Er blieb gern in der Reichshauptstadt, um den ihn interessierenden Fragen allgemeiner politischer Art weiter nachzugehen. Er berichtet unter anderem an seinen General über einen Diskussionsabend, im Anschluß an einen Vortrag über Bayerns Armeeverhältnisse:

„Der Grundton war (wie bei allen Preußen, die nicht gerade sagen, man muß die Kerle an die Köppe hauen): wir lieben unser deutsches Vaterland, wir lieben unsere deutschen Brüder, wir fordern Gegenseitigkeit dieser Gefühle – was sie dann so verstehen, daß man sich ihnen mit Leib und Seele ergeben soll. Graf Bismarck und mit ihm nur wenige denken wohl gemäßigter ...“

Sicherlich hätte der Graf gern für längere Zeit eine Kommandierung beibehalten, die ihm die Möglichkeit gab, seine Studien in militärischer wie in politischer Hinsicht fortzusetzen, aber sein König hatte es anders mit ihm beschlossen.

Schon vor seiner Kommandierung nach Berlin hatte dieser den Wunsch ausgesprochen, der Graf möchte die Stelle eines militärischen Begleiters beim Prinzen Wilhelm, dem präsumtiven württembergischen Thronfolger, übernehmen. Das war um so bemerkenswerter und ehrenvoller, als, wie wir sahen, der Graf Zeppelin seine Stellung als Adjutant des Königs nicht in vollster Harmonie mit seinem Hohen Herrn niedergelegt hatte und als der Prinz Wilhelm ein etwas schwieriges Problem war, das dem König einige Sorge bereitete. Dem Prinzen, einem jungen Mann von einundzwanzig Jahren, gefielen nämlich die politischen Zustände und Wirren im württembergischen „Ländle" so wenig, und er bezeigte eine so geringe Neigung, sich mit ihnen näher einzulassen, daß er unverholen den Wunsch aussprach, mit der „zweifelhaften Ehre der Königskrone" verschont zu werden. Er zöge es vor, außer Landes zu leben und in preußische Militärdienste zu treten.

Graf Zeppelin hatte sich damals Bedenkzeit ausgebeten und inzwischen eine Fühlungnahme mit dem Prinzen angestrebt. Darüber findet sich eine interessante Aufzeichnung im Tagebuch, die er für sich eintrug, als jetzt im Frühjahr 1869 die Angelegenheit vom König wieder aufgenommen und akut wurde. Er schreibt:

„Die Unterredung, die ich im November 1868 mit S. K. H. dem Prinzen gehabt, hat mir einen peinlichen Eindruck hinterlassen. Der Prinz zeigte eine unnatürlich gereizte Stimmung gegenüber allen heimischen Verhältnissen und Personen, über die er sich erhaben und von welchen er sich unabhängig dünkt. In diesem Sinne will er den ‚freien' Entschluß gefaßt haben, überall, nur nicht in Württemberg zu leben; irgend eine andere höhere Auffassung scheint er seiner Kommandierung nach Preußen nicht zu geben – ein greller Widerspruch zu der übertriebenen Bedeutung, welche dem Schritte hier von allen Seiten beigelegt wird. Übrigens ist der Prinz bereits auf eine Klippe gestoßen, sofern die Äußerung seiner Gesinnung sofort die Einleitungen zu dem von ihm gewünschten vollständigen Übertritt in die preußische Armee zum Stillstand brachte …"

Unter diesen Umständen war die Betreuung des Grafen Zeppelin mit einer Art Mentorstelle beim jungen Prinzen ein Zeichen großen Vertrauens von seiten des königlichen Onkels. Es lag darin ohne Zweifel die Erwartung, daß es der Persönlichkeit des Grafen schon gelingen werde, dem jungen Herrn sozusagen Räson beizubringen. Es war klar, daß Graf Zeppelin dem an ihn ergebenden Ruf nun glaubte Folge leisten zu müssen. Und ebenso klar war es, daß der Graf es zu seiner Ehrenpflicht machte und, wie immer bei allem, was er unternahm, alle Kräfte einsetzte, seine Aufgabe und die in ihn gesetzten Erwartungen zu erfüllen. Wie gut ihm dies gelang, zeigt einerseits die Liebe und Verehrung, die der spätere König Wilhelm als pflichtbewußter und schlicht-vornehmer Herrscher bei seinem Volk gewann, und andererseits das geradezu freundschaftliche Verhältnis, das zwischen dem König und dem Grafen damals angebahnt wurde und zeitlebens bestand.

Leicht ist dem Grafen, der mit seinen dreißig Jahren selbst noch ein junger Mann war, seine Aufgabe sicherlich nicht geworden. Die Lebensauffassungen des, wenn man so sagen soll, Schülers und des Lehrers gingen zu weit auseinander. Der Graf Zeppelin ist ganz Betätigungsdrang, Wille, Energie und vor allem Plfichtgefühl, mit dem feurigen Verlangen, sich für sein Land und Volk nützlich zu betätigen. Der Prinz ist damals lahm, skeptisch und ohne klares Ziel und Streben „von des Gedankens Blässe angekränkelt“. Am liebsten liest er Romane und bemüht sich, die unbequemen Gedanken und Gefühle, die die krausen politischen Zustände in ihm wachrufen, über einer Phantasiewelt des poetischen Scheins zu vergessen. Dabei ist er aber keineswegs hochfahrend und von hartem oder bösem Charakter, vielmehr gut und weich und so schlicht und bescheiden in seinem

Auftreten, wie ihn später sein Volk als König kennen- und schätzenlernte. Er ist, kann man sagen, eine Art Hamletnatur, die vor der Größe der Aufgaben, die ihrer wartet, zurückschreckt und zaudert. Bezeichnend für ihn und ehrend zugleich ist eine Äußerung, die er seinem Mentor einmal auf dessen Mahnungen entgegenwirft: „Kein Mensch kann durch seine Geburt allein berufen sein, über andere Menschen zu herrschen!“

Dem Grafen Zeppelin, der sich nichts Besseres zu denken vermag als eine Möglichkeit und Stellung, in der man sich bedeutsam für das Allgemeinwohl regen kann, ist eine solche Auffassung natürlich völlig unverständlich. „Es ist kaum zu fassen!“ schreibt er am 3. Mai, vier Wochen nach Übernahme seiner neuen Tätigkeit. „Ein gesunder, kräftiger Mann von rund einundzwanzig Jahren, in dessen Adern das Blut eines stolzen Fürstenhauses rollt, zum Könige über ein selten begabtes Volk bestimmt – dieser Mann ohne einen Funken von begeistertem Erfassen der hohen, herrlichen Aufgabe, zu der sein Gott ihn berufen hat! Der Prinz nennt es ein trauriges Geschick, König sein zu sollen, und hat daher gar kein Interesse daran, sich für diesen höchsten Beruf auszubilden. Anstatt rastlos Alles zu ergreifen, was ihn zum Aufschwung auf eine höhere Stufe zur Erfüllung seiner Aufgabe dienen könnte und in diesem Streben höchste Freude und Genugtuung zu finden, tut er nichts als das, was ihm unter dem Unvermeidlichen am bequemsten erscheint …“

Diese und ähnliche Auslassungen geben eine ebenso vortreffliche Charakteristik des Grafen Zeppelin selbst wie seines Schutzbefohlenen, und es sei deshalb weiter einiges beigebracht aus einem Schreiben, das der Graf an die Mutter des Prinzen, die Prinzessin Katharina von Württemberg, richtete:

„Euer K. Hoheit gnädigstem Befehle, Bericht erstatten zu dürfen, komme ich jetzt erst nach. Zu der Erzählung der Vorgänge im täglichen Leben kann ich nunmehr schon einige Betrachtungen reihen, zu welchen mich das bisherige Zusammensein mit Sr. K. H. geführt hat …

Nicht gegen mich allein erweißt sich der Prinz freundlich, sondern gegen die meisten Menschen hier, sodaß er allenthalben gern gesehen ist … Die Ehrenbezeugungen aller Art sind Sr. K. H. lästig und Hochdieselben fühlen sich umso wohler, je harmloser die Menschen sind oder sich ihm geben. Zu ernstlichen Ausschweifungen scheint der Prinz keinen Drang, vielmehr Widerwillen gegen grobe Unsittlichkeit zu haben. Ich schätze mich daher glücklich sagen zu können, daß die Charaktereigenschaften des Prinzen gute sind. Aber mit tiefem Kummer muß ich auch die Kehrseite zeigen. Nicht wie mit seinem Charakter ist es mit seinem Temperament bestellt und hierin entwickelt sich tagtäglich das traurigste Bild vor meinen Augen."

Folgt der oben zitierte Satz, an den sich eine längere Schilderung der „Temperamentlosigkeit" und des Mangels an ernstem und höherem Streben anreiht, worauf das Schreiben schließt:

„So denkt sich nun der gnädigste Herr, er werde einst die dargebotene Krone nicht annehmen. Aber eine andere Aufgabe im Leben hat er sich auch nicht an Stelle der ihm natürlich zufallenden gesetzt. Er strebt weder in der Wissenschaft noch in einer Kunst noch in irgend Etwas eine Leistung zu Nutz und Frommen der Menschen zu haben, sondern verhält sich rein negativ. Was Wunder nun, daß ihm alles langweilig und lästig ist!“

Wenn „Feuer mit Wasser sich mengt“, so brodelt und zischt es, und wir wissen, daß der Graf Zeppelin mit aller Offenheit und Rücksichtslosigkeit immer wieder Erörterungen und Zusammenstöße herbeizuführen suchte. Aber er schreibt etwas resigniert darüber in sein Tagebuch:

„Nicht einmal zu einem ordentlichen Zorn auf mich, der ihm immer seine Gemütlichkeit stören will, kann er sich aufschwingen, sondern er behandelt mich nur umsomehr mit tändelnder Liebenswürdigkeit, damit ich nur wieder gut sein soll. Ja, wenn er gleich einen Andern zur Hand hätte, der ihm bequemer wäre, oder gar ohne einen solchen Kerl sein könnte, dann wäre es mit der Liebe zu mir bald aus – nur insgeheim achten würde er mich doch!“

Graf Zeppelin geht bei seinen Versuchen, in dem Prinzen eine Sinnesänderung anzubahnen, recht schonungslos und, wie uns scheint, psychologisch geschickt vor, indem er dessen Argumentationen kurzerhand als leeres Gerede bezeichnet, da ihm ja doch der Mut zur Ausführung seiner angeblichen Absichten fehlen würde. Er schreibt:

„Ich kam auf die letzte Ursache für die Gleichgültigkeit des Prinzen gegen Alles, was ihm dienen könnte, seinen Regentenpflichten nachzukommen, nämlich darauf (zu sprechen), daß er überhaupt nicht daran denke, diese Pflichten übernehmen zu wollen. Die Verpflichtung hierzu erkennt er nicht an: ‚er könne gerade so gut nicht vorhanden sein, sterben oder verrückt sein'. Diese kleinseeligen Ausflüchte über den Haufen werfend, sprach ich ihm den Mut ab, im entscheidenden Moment zu sagen: ,Ich will nicht König werden' – weil er von der Wahrheit seiner Argumentationen nicht durchdrungen, geschweige denn vom leidenschaftlichen Glauben an dieselben beseelt sei. So werde er also die mit der Ablehnung verbundenen Widerwärtigkeiten nicht auf seine bequem gewöhnten Schultern nehmen wollen.

Dann sagte ich ihm auch, daß er schon garnicht dazu berechtigt sei, sich so leichtsinnig vorzunehmen, er wolle einmal nicht König werden, sondern, wenn er einen solchen Eingriff in die bestehende Ordnung wagen wollte, der von so einschneidendem Einfluß auf die Geschicke vieler sei, so habe er vor seinem Gewissen die Pflicht, rastlos mit allem Ernste durch Forschen in der Geschichte, durch Prüfung der Bedürfnisse der Gegenwart, durch Untersuchungen dessen, was nachkomme, wenn der regelmäßige Lauf gestört werde, sich Gewißheit darüber zu verschaffen, daß seine Ansicht die richtige sei. Und sollte er bei seinem Entschlusse bleiben, dann müsse er den Mut der Überzeugung haben und seine Meinung und Absicht heute aussprechen, damit nicht König und Volk glaubten, an ihm einen Thronfolger zu haben."

Es ist natürlich schwer, genau festzustellen, einen wie stark bestimmenden Eindruck solche Vorstellungen auf den jungen Prinzen machten. Sicherlich können sie nicht spurlos an einem jugendlichen und weichen Gemüt vorübergegangen sein. Wir wissen, daß der elegische moderne Hamlet seine pessimistischen und kleinmütigen Jugendanwandlungen überwand und sich dazu verstand, ein pflichtbewußter

König zu werden. Und wir wissen, daß er dann dem Grafen Zeppelin bis an dessen Ende eine warme und dankbare Freundschaft hielt. Die ganze Episode aber ist ungemein bezeichnend für die sittliche, tiefernste Persönlichkeit unseres Helden.

Andererseits werden die Erkenntnisse und Erfahrungen, die Graf Zeppelin während seiner Berliner Zeit und auch als Mentor eines heranzubildenden Königs sammelte, für seine eigene Charakterbildung und die Klärung seiner Weltanschauung dienlich und wertvoll gewesen sein. Unbewußt handelt er stets nach dem Goetheschen Wort: „Es bildet ein Talent sich in der Stille, sich ein Charakter in dem Strom der Welt." Gereifter und innerlich bereichert kehrt er in seine schwäbische Heimat zurück, unbeirrt seinen Weg weiterzugehen, wie ihn sein Genius trieb. –

In die Berliner Zeit fällt die Vermählung des Grafen Zeppelin mit der Freiin Isabella von Wolff aus dem Hause Altschwanenburg in Livland, die er im Sommer 1869 als Gattin heimführte.

Er war einunddreißig Jahre alt, als er diese Ehe einging. Es mag auffallen, daß er sich so verhältnismäßig spät vermählte. Seine äußere Erscheinung, seine soziale Stellung und wirtschaftliche Lage, seine ebenso liebenswürdige wie starke Persönlichkeit, die hohe Schätzung, die er bei Hofe und in der Gesellschaft genoß – alles wird ihn ohne Zweifel in den Augen mancher Schönen in seinem großen Bekanntenkreis schon längst als einen begehrenswerten Gatten haben erscheinen lassen, und der lebensfreudige, temperamentvolle junge Mann, der gesund und frisch in seinem ganzen Fühlen und Denken war, sollte doch wohl auch sein Herz schon früher haben sprechen hören, so möchte man annehmen.

In der Tat war es nicht seine erste Liebe, die den Grafen Zeppelin zur Verehelichung mit der Freiin von Wolff führte. Es war eine „unglückliche Liebe" vorausgegangen, eine sehr tiefe Neigung, die er in jungen Jahren zu einer liebenswerten Cousine gefaßt hatte. Bei seiner warmherzigen, feurigen Veranlagung, die alles, dem er sich zuwandte, ernst und mit voller Herzenskraft umfaßte, ist es von vornherein fast gewiß, daß seine Neigung die Form leidenschaftlichen Gefühls angenommen hatte. Wir werden es bestätigt finden.

Wie stark und ob überhaupt die Erkorene die Gefühle ihres Anbeters je erwiderte, ist nicht mit Bestimmtheit auszumachen, aber es kam aus anderen Gründen zu einer Ablehung der Bewerbung durch die Mutter derselben, der er sich zuerst, den geltenden Anschauungen gemäß, eröffnet hatte. Das war im Jahre 1865. Welches diese Gründe waren, ist nicht ganz klar. Er schreibt etwa vier Jahre später einmal darüber in gegebener Veranlassung:

„Ich habe früher eine Cousine mütterlicher Seite geliebt. Als ich um sie werben wollte, trat mir ein Vermächtnis des früh verstorbenen Vaters des Mädchens als unangreifbares Hindernis in den Weg."

Es ist zu vermuten, daß der Vater der Auserwählten, der die aufkeimende Neigung seines Neffen sah, in grundsätzlicher Gegnerschaft gegen Heiraten unter nahen Verwandten, ein testamentarisches Veto gegen die Ehe seiner Tochter mit ihrem Vetter eingelegt hatte. Wie dem nun auch sei, jedenfalls traf die Ablehnung des werbenden Neffen durch die Tante diesen wie ein vernichtender Schlag. Er ist völlig verzweifelt. Er trifft einige Wochen später mit seiner Cousine zusammen und schreibt darüber an deren Mutter:

„Meine teure Tante! Die Tage des süßesten, furchtbar herben Schmerzes (beim Zusammentreffen) sind vorüber und nur die alte Wunde brennt noch in erneuter Stärke nach ... Für die eben stattgehabte erste kurze Begegnung mit A. habe ich gewiß in Deinem Sinn gehandelt, wenn ich keinem Worte und keinem Blicke den inneren Aufruhr zu verraten gestattete. Aber, liebe Tante, sollte mir das herbe Glück künftigen längeren Zusammenseins mit A. zu Teil werden, so würden mir – und es ist meine Pflicht, Dir das zuvor zu sagen – meine geistige, wie meine moralische Kraft nicht ausreichen, die Brust ebenso starr verschlossen zu halten; auch würde es gegen meine Art gehen, eine unnatürliche Zurückhaltung, die die Vermeidung jedes offenen und ernsten Gespräches in sich schlösse, länger als notwendig durchzuführen. Mißverstehe mich nicht! Es fällt mir nicht ein, der A. von meiner Liebe und deren Qualen sprechen zu wollen; jede Werbung um ihre Liebe würde mir unter den vorliegenden Verhältnissen als höchste Gewissenlosigkeit, als ein Verbrechen gegen sie erscheinen. Ich möchte nur ihr Freund sein dürfen, soweit sie mir ihre Freundschaft geschenkt hat. Aber bei den Gesprächen (wirst Du vielleicht sagen) könnte sich möglicherweise die Wärme meiner Empfindung für sie verraten! Du wirst mit mir einverstanden sein, daß dieses nicht zu befürchten ist. Ich würde es selbst nicht tun, wenn ich es nicht für ungefährlich hielte; denn es ist von dem kräftigen Geist meiner A. nicht anzunehmen, daß er einer heute nicht vorhandenen Liebe aufzukeimen erlauben würde, deren Hoffnungslosigkeit im Vorhinein gegeben ist. Hoffe ich doch vermittelst dieser unseligen Gewißheit meine schon seit langem so mächtig flammende Liebe in das Bett der Freundschaft eindämmen zu können – diese Liebe, die so stark und kühn war, daß sie mir den unumstößlichen Glauben verlieh, ich könnte die ungenommene Festung, der A. Herz, damit gewinnen."

Der Graf verschließt die Gefühle für die Cousine tief in seinem Busen, jedenfalls gegenüber Dritten, sehr wahrscheinlich die Wärme derselben auch vor dieser. Aber im Herbst des nächsten Jahres, als er durch seine Schwester Eugenie erfährt, daß die Verlobung der Angebeteten bevorstehe, bricht er in folgende rührende Klage aus:

„Ich armer Tor schrieb die geringere Heiterkeit, die zeitweilige Zerstreutheit des Mädchens, von der mein Onkel Wilhelm berichtet, in erster Linie dem Weggange ihrer Schwester und dann zum kleinen Teile ihrem Denken an mich zu. Jetzt, wo sie einem andern angehören soll, fühle ich recht, wie ich eben doch immer noch gehofft habe … Eine unüberwindliche Lust habe ich, hinzugehen und den Menschen selbst zu prüfen und meine treue A. zu beraten. Aber wie ungeschickt wäre ich hierzu: natürlich müßte der arme Mensch ganz ungewöhnlich vorzüglich sein, um vor mir zu bestehen, und wenn ich ihn nicht absolut loben würde, so würde man das meiner Eifersucht zuschreiben …"

Er trägt dazu folgende Verse, die er irgendwo findet, in sein Tagebuch ein:

„Mein Herz, wie warest du so kühn,
Zur höchsten Schönheit aufzustreben!
Dein Leben ist's, für sie zu glüh'n,
Dein Tod ist's, ohne sie zu leben. –
Mein Herz, wie warest du so kühn?
Verlorene Liebe, geh' zur Ruh!
Die Sonne schwand aus meinen Tagen –
Was, ohne Hoffnung hoffest du?
Dein Heil ist's, allem Heil entsagen.
Verlorene Liebe, geh' zur Ruh!"

Einige Tage später, am 16. September 1866, erhält er die Mitteilung von der wirklich vollzogenen Verlobung, und er schreibt folgendes nieder:

„Verlorene Liebe, geh' zur Ruh!

A..., meine A... hat sich verlobt! Also mich hat sie garnicht geliebt! Und die Nachricht kommt mir zu durch Eugenie über Eßlingen: Sie haben's also nicht gewußt, nicht verstanden, nicht gefühlt, daß sie noch heute mein Alles ist! ..."

Er überwindet sich, am 17. September diesen Glückwunschbrief an die Cousine zu schreiben, dessen Text er nach seiner Gewohnheit im Tagebuch niederlegt:

„Meine liebe Cousine! Durch Eugenie erfahre ich, daß Du Dich verlobt hast. Bravo! Offengestanden ich hätte nicht sehr hoch gewettet, daß Du einmal Ja sagst. Bravo! aber auch für meinen künftigen Herrn Vetter – der verdient es noch viel mehr als Du, denn er hat eine starke Festung genommen, während an Dir nur zu loben ist, daß Du Dich hast besiegen lassen.

Wie Du zu diesem Entschluß gekommen bist, wünsche ich mit ungeteiltem Herzen, daß er Dir reichlich Glück und Segen bringen möge.

Deinem Bräutigam, den ich begierig bin kennen zu lernen, Deiner guten Mutter und Deinen lieben Geschwistern meine herzlichen Grüße und Glückwünsche von Deinem treuergebenen Vetter."

Von ganz eigenartigem Reiz ist aber ein anderer Brief, den er an der gleichen Stelle aufzeichnet. Er fand diesen Brief, wie er schreibt, unter seinen „Ausmarschpapieren" und hatte ihn am Vorabend der ersten Gefechte (bei Wundheim und Tauberbischofsheim), die er mitmachte, geschrieben und in seinem Tornister mit sich getragen, damit er eventuell bei ihm gefunden und der Adressatin nach seinem Tod übermittelt werden sollte. Der Brief lautet:

„Hauptquartier Großrinderfeld an der Straße von Tauberbischofsheim nach Würzburg. 22. Juli 1866.

Meine teure, geliebte A...!

Ich habe Dein Bild mit mir in mein Soldatengrab genommen. Es ist der Schmerz meines Lebens gewesen, daß ich Dich nicht besitzen durfte. – Möchte Dir diese Versicherung das Gefühl von Bitterkeit, welches Du schon gegen Dein Geschick empfunden, benehmen; möchte sie Dir den Glauben stärken an die hohen und liebenswürdigen Eigenschaften, mit denen Dich der Schöpfer so reich ausgestattet hat; möchte sie Dir Vertrauen erwecken zur Treue in der Liebe und Hingebung der Männer. – Liebe A..., meine letzte Bitte an Dich ist, wenn ein Anderer kommen sollte, um Dein Herz zu werben, weise ihn nicht ungeprüft von Dir; Dein Prüfen sei ernst und gewissenhaft (wie könnte es bei Dir anders sein!), aber lasse dabei der Stimme des reinen weiblichen Herzens ihre Berechtigung! Verzeihe vorstehende Lehre dem Toten, der Dich um ein liebevolles Andenken bittet.“

Die romantische Episode im Liebesleben des Grafen war damit zu Ende. Sie hatte ihn tief ergriffen, und sie war die einzige wirklich starke und echte Leidenschaft, war das Herzenserlebnis seines Lebens, wie es Naturen seiner Art und Prägung allein beschieden wird. Graf Zeppelin hat nie in Liebesangelegenheiten leichthin getändelt; sein Leben ist in dieser Beziehung ungewöhnlich rein und lauter von ihm gelebt worden. Ein leiser Nachklang an sein Liebesglück und -leid tönte in einem innersten Winkel seines Herzens wohl bis in sein spätes Alter nach. Wir erinnern uns, wie Graf Zeppelin im Jahre 1908, auf der Höhe seiner ersten Erfolge als Luftschiffkonstrukteur, den Besuch von Verwandten aus der Schweiz erhielt. Darunter war als Hauptperson eine liebenswürdige, freundliche alte Dame, Frau F., die Jugendliebe des Grafen. Es war lieblich anzusehen, mit welcher zartbesorgten, rührenden Ritterlichkeit sich der alte Herr um diesen seinen Gast bemühte, wie er mit strahlenden Augen ihre Gestalt umfing und mit ihr sprach. Wir mußten bei uns im stillen an den Horazschen Vers denken:

Quo semel est imbuta recens, servabit
odorem Testa diu.
(Der Duft, mit dem der Krug zuerst
durchtränkt ist, bleibt lange haften.)

Die Zeit, die ja selbst die schmerzlichsten Erlebnisse der Seele mit ihren wundertätigen Schleiern dem Bewußtsein des Menschen allmählich zu verhüllen und schließlich ganz zu verdecken weiß, zeigte auch beim Grafen Zeppelin schließlich ihr heilsames Wirken. Zwar schreibt er noch im Frühjahr 1869, als man auf eine ungeschickte Weise versucht hatte, ihn mit einem liebenswerten Mädchen zusammenzubringen, daß es „bei meinem Herzenszustande natürlich längerer Zeit bedürfte, um mich selbst durch ein so vortreffliches, liebenswürdiges Mädchen fesseln zu lassen". Aber im Mai des Jahres fühlt er doch, daß sein Herz wieder von einer Neigung berührt ist. Es ist die Freiin von Wolff, die Cousine der Frau seines Bruders, für die er ein Interesse zu fühlen beginnt. Er ist zunächst offenbar nicht ganz klar über seine Gefühle, und wir finden eine für ihn ganz charakteristische Bemerkung in seinem Tagebuch unter dem 15. Mai 1869:

„Sieh segnend auf mich herab, verklärte Mutter! Laß Deinen reinen edlen Geist mich durchdrängen und wache über mir zu dieser Zeit, wo auch ich daran denke, um die Liebe eines Mädchens zu werben! Möchte die Seele derer, die ich auserkoren, der Deinigen ähnlich sein, möge ihr derselbe unentweihte Duft anhängen!"

Es ist eigenartig, wie dieser Mann, der sonst so genau weiß, was er will, der seinem König und seinem Prinzen gerade in die Augen blickt und ohne Scheu sehr deutliche Worte zu sagen weiß, wie der zaudernd und unsicher zu seinen verehrten Eltern aufblickt, ob er in seinen eigensten Angelegenheiten das Rechte tue, ob sie es billigen. Denn er schreibt nun auch an seinen Vater, und zwar eine Charakteristik der Erwählten:

„... Ein äußerst einfacher, dabei von aller Spießbürgerlichkeit freier Sinn, frische Auffassung, Nettigkeit der Gedanken, Mut und Ausdauer in Ertragung von Leiden, ein heiteres, freundliches Wesen, Eifer und Erfahrung in der Hauswirtschaft, eine Gesamterscheinung ‚hübsch wie ein Reh', machen das Mädchen für mich höchst reizend, lassen mich glauben, daß es eine tüchtige, brave Frau für mich abgeben würde, mit der ich glücklich werden könnte. Ob Fräulein von Wolff etwas von mir wissen will oder nicht, davon habe ich keine Ahnung, aber es kommt mir, wie wenn ich sie bald einmal fragen möchte, und wenn sie nicht ‚nein' sagt, bitte ich Dich auch ‚Ja' sagen zu wollen."

An das Konzept dieses Briefes schließt er dann den für sein noch zwiespältiges Innere bezeichnenden Ausruf:

„Also dahin ist es mit mir gekommen! Herr Gott, sei mir gnädig! Amen!"

Das große Herzenserlebnis, das ihn in seinen innersten Tiefen erschüttert hatte, wirkt offenbar noch nach und läßt ihn sehr bedachtsam und zögernd und fast etwas zaghaft seine Gefühle und den beabsichtigten Schritt prüfen. Aber die Ehe, die im Spätsommer 1869 geschlossen wird, wurde eine wirklich glückliche, eine durch gegenseitige Neigung und Gleichklang der Seelen in allem Wesentlichen immer harmonischer sich gestaltende echte Lebensgemeinschaft, die sich selbst unter den härtesten Prüfungen, die die Zukunft brachte, bewährte.

Kurz nach der Vermählung wurde der Graf seines

Kommandos beim Prinzen Wilhelm enthoben, und er siedelte mit der jungen Gattin nach Stuttgart über, wo er wieder in dem Generalquartiermeisterstab den Dienst aufnahm.

Im Deutsch-Französischen Krieg

Im Juli 1870 wurde gegen Frankreich mobil gemacht, und der Hauptmann Graf Zeppelin wurde dem Stab der württembergischen Kavalleriebrigade zugeteilt, die unter dem Generalmajor Graf Scheler stand. Der entscheidenden Bedeutung, die der Zusammenstoß mit Frankreich für Deutschlands fernere Geschichte haben mußte, vollauf bewußt, zog der Graf mit der für ihn selbstverständlichen Entschlossenheit ins Feld, mit ganzem Sein und Können, dem Vaterland zu dienen. Das Glück wollte es, daß er gleich zu Beginn des Krieges eine heroische persönliche Leistung vollbringen, ja, man kann fast sagen, den Krieg mit einer solchen eröffnen sollte: mit seinem berühmten Patrouillenritt zum Schirlenhof, der seinen Namen in weiten Kreisen und später im ganzen deutschen Volk bekannt macht.

Es ist viel über diesen Patrouillenritt geschrieben worden, der mit verwegenem Mut 40 Kilometer weit in Feindesland getragen wurde. Aber es dürfte doch interessieren, wenigstens auszugsweise zu hören, was Graf Zeppelin selbst darüber, Jahre später, in einem Vortrag sagte, den er vor dem Offizierskorps seines Regiments, des Schleswig-Holsteinischen Ulanenregiments Nr. 15, hielt:

„Ich war am 23. Juli mit Anordnungen für Fertigung und Legung von Torpedos zur Absperrung des Rheins oberhalb der Brücke von Maximiliansau beschäftigt, als mir abends etwa 9 Uhr vom badischen Generalstabschef Oberstleutnant von Lescinsky der Auftrag wurde, durch Rekognoszierung zu erfahren, ob Mac Mahons Truppen sich zu offensivem Vorgehen gegen die Lauter anschickten, insbesondere wo sich die 3. Division des Mac Mahonschen 1. Korps befand ... Kavallerie zeigte sich schon längs der Lauter. Eine gewaltsame Rekognoszierung war durch die Verhältnisse ausgeschlossen.

Oberstleutnant von Lescinsky frug mich, wie stark an Offizieren und Leuten ich meine Patrouille haben wollte. Ich wünschte einen Offizier und 3 Leute auf möglichst guten Pferden. Ich fand, als ich am 24. Juli früh von Durlach nach Hagenbach kam, 4 Offiziere und 7 Dragoner, die ich alle mitnehmen mußte."

Der Vortragende schildert dann, wie er die französische Brückenwache bei Lauterburg einfach überraschend überritt, jenseits des Städtchens die Telegraphendrähte durchschnitt, um telegraphische Meldungen vom Durchreiten der Patrouille wenigstens zu verzögern, um dann in hügeligem Gelände nach Westen vorzudringen und im Notfall seine Patrouille durch das Hardtgebirge im Norden in Sicherheit zu bringen, wenn sie nicht durchzubringen sei. Er fährt fort:

„Es war bald festgestellt, daß sich entlang dem Nordsaum des Hagenauer Waldes nur ein dünner Cordon von Kavallerie befand, verstärkt durch schwache Infanterie-Abteilungen an den Hauptausgängen des Waldes. Die Kavallerie patrouillierte ziemlich regelmäßig zwischen Hagenauer Wald und Lauter; die stärkste Patrouille, die wir erkundeten, war 8 Pferde stark. Berittene Gendarmen, von einzelnen Reitern begleitet, zogen regelmäßig von den Maires die Neuigkeiten ein. Eine solche Patrouille fingen wir bei Crottweiler. Mein Pferd, das infolge einer Verwundung starken Blutverlust hatte, ersetzte ich durch das Gendarmenpferd, und als dieses keinen Graben springen wollte, mußte ich das noch geringere Lanzierpferd nehmen."

Also der Graf begnügt sich selbst mit dem geringwertigen Lanzierpferd, um nicht einem seiner Leute dessen besseres zu nehmen, und dieses inmitten feindlicher Patrouillen, die offenbar das ganze Gelände durchstreifen! Er erzählt dann weiter, wie er gegen Abend einen Offizier mit zwei Reitern zurückgeschickt habe, um das bisher Erkundete sicher zu überbringen, und wie er darauf mit den übrigen Leuten (3 Offizieren und 5 Mann) ein Biwak in einem Wald bezogen habe. Es heißt dann:

„Am 25. Juli mit Tagesanbruch machten wir uns wieder auf den Weg, den wir, die Ortschaften vermeidend, entlang der Straße Soultz–Wörth nahmen. Die französische Kavallerie ritt fleißiger Patrouillen; wir konstantierten den Wechsel der Regimenter, welche den Sicherungsdienst übernahmen. Der Sauerbach konnte nur auf einem Wegübergang überschritten werden; um großen Umweg zu vermeiden und um weitere Erkundigungen einzuziehen, beschloß ich, durch Wörth zu reiten, das nach Angabe der Einwohner vom Feinde nicht besetzt war. Im Walde jenseits Elsaßhausen, gegen 11 Uhr, erschien mir die Ermattung des Pferdes zu groß, um sich dem fast unvermeidlichen Zusammentreffen mit dem Feinde auf der Straße Hagenau–Bitsch auszusetzen. Die badischen Offiziere waren einstimmig anderer Meinung. Sie glaubten, daß uns die Pferde noch bis ins Gebirge wegtragen würden und baten mich dringend, von meinem Plane (die Straße zu meiden) abweichen zu wollen. Ich mußte umso mehr willfahren, als ich allein auf einem schlechten Pferde saß(!). Etwas später dagegen waren sie einverstanden, daß vor Annäherung an die Straße eine Rast zum Füttern, namentlich auch zum Tränken zu machen sei. In der ganzen Gegend war nur aus Brunnen in Ortschaften Wasser zu bekommen. Damals lag uns der Schirlenhof nahe und erschien als ein großer Bauernhof, weil die meisten Häuser des kleinen Weilers in Bäumen versteckt waren. Ich beschloß, das Gehöft für die Rast zu wählen.

Nach meiner Berechnung konnte eine uns überlegene Reiterabteilung, welche durch einen fahrenden oder reitenden Bewohner in der nächsten größeren Station benachrichtigt worden wäre, nicht vor einer Stunde da sein; gegen die regelmäßigen Patrouillen von höchstens 8 Pferden waren wir stark genug und waren zur Abwehr einer solchen die Rollen verteilt. In weniger als einer Stunde sollte demnach meine Gesellschaft wieder im Sattel sein. Um dieses möglich zu machen, war ein gleichzeitiges Füttern aller Pferde notwendig. Sie wurden in der Scheune des Wirtshauses am Ortseingange zusammengestellt. Die Pferde waren bereits getränkt und hatten Futter vor; eben hatte man für uns eine Schüssel dampfender Kartoffeln aufgetragen, als der Posten sein ‚Raus' schrie mit dem durchdringenden Tone des äußersten Schreckens. In vollem Galopp jagten mehrere stärkere feindliche Reiterabteilungen in den Hof. Sofort entspann sich ein lebhaftes Gefecht, indem wir erst zu den Pferden zu gelangen suchten, wofür etwa 8–10 Schritte über den Hof zu machen waren, und uns hernach beschränkten, die Hauseingänge zu verteidigen. Einer der ersten Schüsse verwundete den badischen Leutnant Winsloe tödlich; auch 2 Dragoner wurden verwundet. Die Franzosen hatten Verlust: 1 Unteroffizier tot, 3 Mann, 4 Pferde verwundet. In der Absicht, mich zu überzeugen, wie die Lage hinter dem Hause war, lief ich, nachdem ich für die sichere Verteidigung des vorderen Eingangs gesorgt hatte, nach der Hintertür. In der Nähe derselben hielt ein Bauernweib ein französisches Kavalleriepferd am Zügel. Mit zwei Sätzen war ich im Sattel. Gleich darauf stürzte Leutnant von Wechmar, gefolgt von 2 Dragonern, aus derselben Hintertür. Durch Zurufe und durch Winke suchte ich ihn nach einem Bache zu lenken, der durch Hopfenpflanzungen mit dem nahen Walde in Verbindung stand. Einen Augenblick noch konnte ich unbemerkt verweilen, hoffend, daß noch mehrere von uns aus dem Hause entkommen würden. Bald aber wurde ich bemerkt und von einem ganzen Trupp angehetzt, den ich möglichst mitnahm, um seine Aufmerksamkeit von Wechmar und den Dragonern abzulenken. Zum Glück war mein Pferd gut. Ein kleines Gehölz brachte meine Verfolger von mir ab; kaum war ich in ein zweites Gehölz hineingeritten, als dicht vor mir ein Chasseur vorbeigaloppierte, gefolgt von einem zweiten und dritten; und nun wurde lange Zeit das Waldstück nach allen Richtungen umritten. Nach ein paar Stunden wurde es ruhig. Im ganzen brachte ich 5 Stunden in und nahe dem kleinen Gehölze zu, bestrebt mit dem Einen oder Anderen meiner Gefährten in Verbindung zu kommen oder über deren Schicksal etwas zu erfahren. Dann mußte ich mich entschließen, den Weg zur Grenze anzutreten, um meine Nachrichten – ich hatte mich noch zuvor überzeugt, daß Mac Mahons Divisionen an der Linie Hagenau–Bitsch echeloniert waren – zur Meldung zu bringen. Der Ritt war traurig, beschwerlich und gefährlich. Meine Karten, mit denen ich eben beschäftigt war, hatte ich auf dem Tisch liegen lassen. Ich mußte Weg und Ortschaften vermeiden, durch rauhes Waldgebirge mich durchsuchen, einen mir gestellten Cordon durchbrechen. Heftiges Gewitter trat ein mit der anbrechenden Dunkelheit; in tiefer Nacht gelangte ich nach Sulzthal, der Behausung eines Quäkers, einsam im Walde gelegen; alle Umstände gestatteten mir dort die Nacht zu verbringen.

Die Steilhänge des Lautertales nötigen mich, am nächsten Morgen durch das Dorf Niedersteinbach und eine Strecke weit auf der stark von feindlichen Patrouillen begangenen Straße Bitsch–Weißenburg zu reiten. Bei Schönau traf ich auf die deutsche Grenze und auf bayrische Vorposten, noch nahe an 8 Meilen von Karlsruhe entfernt, das ich am Abend des 26. Juli erreichte.

Gestatten Sie mir noch zu erzählen, wie es gekommen, daß meine, wie ich glaubte, untrüglichen Berechnungen mich nicht vor dem Überfalle sicherten: Als wir durch Wörth geritten waren, hatten sich zwei berittene Gendarmen in den Sattel geworfen und waren mit der Meldung über uns nach Reichshofen zu General Bernis gejagt, der sofort das 12. Chasseur-Regiment aufsitzen ließ, um in ganzen Eskadrons nach uns zu suchen. Die Schwadron, bei welcher sich der General selbst befand, war dem Schirlenhof schon nahe, als wir erst dahin ritten.“

Damit war der vielbesungene Schirlenhofritt beendet. Graf Zeppelin kehrte (ohne die schon am ersten Abend zurückgeschickten drei Personen) allein von ihm zurück, sozusagen mit einem nassen und einem lachenden Auge, befriedigt, daß er die gewünschten Nachrichten bringen konnte, betrübt, daß er seine Kameraden verloren hatte. Es mag heute verwunderlich erscheinen, daß dieser Ritt zu seiner Zeit in Militärkreisen sehr verschiedenartiger Beurteilung unterlag. Man wollte insbesondere tadeln, daß der Graf am Schirlenhof nicht genügend gesichert habe. Merkwürdig erscheint es auch, daß die württembergischen Vorgesetzten des Grafen diesen zu keinerlei Berichterstattung, weder zu einer mündlichen noch zu einer schriftlichen, aufforderten und er im Gegensatz zu seinen Begleitern, die das Eiserne Kreuz bekamen, damals keine Auszeichnung erhielt. Der Grund für alles dieses liegt wohl darin, daß nicht nur der Auftrag von einer badischen Kommandostelle, der die württembergische Brigade zugeteilt war, ausgegangen war, sondern daß überdies Gerüchte in Umlauf waren, der Graf Zeppelin habe den „tollen, von vornherein zum unglücklichen Ausgang verurteilten“ Ritt auf eigene Faust unternommen. Graf Zeppelin vermerkt in seinem Tagebuch im Jahr 1895 (!), daß auch der Feldmarschall Graf Moltke zuerst dieser Ansicht gewesen sei:

„General von Zingler fragte gestern nach der Hoftafel, er habe an mich beim Durchlesen seines Kriegstagebuches gedacht. Er habe Dienst bei Moltke gehabt, als die Meldung von meinem Ritt eintraf. Moltke sei ärgerlich gewesen über ‚den Durchgänger', in der Meinung, ich sei ohne Befehl geritten. Als dann Lescinsky berichtete, daß ich auf Befehl eine ordnungsmäßige Patrouille geritten, habe er (Zingler) seinem Tagebuch eine bezügliche Bemerkung ‚zur Steuer der Wahrheit' beigefügt."

Diese Gerüchte und kritischen Beurteilungen geben den besten Maßstab für die Größe des Wagnisses und der Gefahren, die mit dem Ritt verknüpft waren. Sie geben zugleich einen Maßstab für die Höhe des Mutes und des Pflichtgefühls des Patrouillenführers, der die ihm gestellte Aufgabe durch einen 40-Kilometer-Ritt mitten in die feindliche Kavallerie hinein trotz seines schlechten Pferdes in einer so kaltblütigen und verwegenen Weise ausführte. Mag der militärische Wert der Nachrichten vom Feind, die auf diese Weise hereinzubringen waren, sein wie er will – eines ist sicher: Diese bravouröse Soldatentat gleich zu Beginn des Krieges stellte ein Beispiel und Vorbild vor aller Augen auf, das in seiner hohen moralischen Wirkung nicht leicht zu überbieten war. Es wiegt unter Umständen den Wert einer gewonnenen Schlacht auf!

Als Kuriosum mag vermerkt werden, daß der französische Überfall auf die im Schirlenhof überraschten deutschen Reiter französischerseits für die Jugend als eine glänzende französische Waffentat verherrlicht wurde. Während des Weltkriegs erhielt der Graf Zeppelin ein in einer französischen Ortschaft aufgefundenes Schulheft zugesandt, auf dessen Umschlag sich unter der Überschrift: *„Récits patriotiques sur la guerre 1870/71, Reconnaissance de Schirlenhof*

Graf Zeppelin (x) und Generalfeldmarschall Graf Haeseler im Kaisermanöver 1913

25. 7. 70“ eine Abbildung und eine begeisternde Beschreibung der „Sieger“ im Schirlenhof befand.

Graf Zeppelin fand noch manche Gelegenheit, sich während des Krieges auszuzeichnen, ohne daß es ihm bei seiner verhältnismäßig bescheidenen Stellung im Stab einer württembergischen Kavalleriebrigade natürlich möglich gewesen wäre, etwas von größerer Bedeutung zu leisten. Er erfüllte die ihm gestellten Aufgaben mit Umsicht und Mut und erhielt verschiedene Auszeichnungen. Bei Wörth führte er mit Schneid die Avantgarde der von General Graf Scheler befehligten Eskadronen. Bei Sedan löste er mit Geschick und Bravour die Aufgabe, eine Bahnlinie zu zerstören. Vom Schlachtfeld dort schreibt er an seine Frau unter anderem:

„... Es ist ein Großes, den größten Tag des Jahrhunderts miterlebt zu haben! fühle mit mir die Eindrükke! Ich ritt zur Höhe hinan, wo der König von Preußen stand. Die sinkende Sonne sandte ihre letzten Strahlen herauf. Unten lag die malerische Feste; drinnen dicht gedrängt die zertrümmerte Armee Frankreichs; in weiten Kreisen ringsumher die deutschen Heere, jetzt ruhend vom blutigen Ringen und ausbrechend in unendlichen Jubel: ‚Der Kaiser ist gefangen!‘ Die Adjutanten jagen, die Musikchöre fallen ein und die Batterien mit donnernden Salven schreiben nieder Weltgeschichte – Deutschlands Größe! Den andern Morgen, liebe Frau, da habe ich Gottes Strafgericht gesehen, da saß der niedergeschmetterte Imperator vor einem Häuschen und dabei standen gewaltige Gestalten, preußische Gardekürassiere, mehr zu Napoleons III. Schutz als zu seiner Bewachung. Gottes Wege sind wunderbar!“

Nach der Schlacht bei Sedan rückte die Brigade Scheler mit den übrigen württembergischen Truppen vor Paris, um an der Einschließung teilzunehmen. Auch hier hatte der Graf Zeppelin mehrfach Gelegenheit, sich rühmlichst auszuzeichnen, wofür er das Offizierkreuz des sächsischen Albrechtsordens erhielt. Als charakteristisch für Zeppelinsche Art und Denkweise darf vielleicht folgende kleine Episode aufgezeichnet werden:

Es war zwischen dem Grafen und seinem Kommandeur im drückenden Einerlei des Zernierungsdienstes mehrfach zu kleinen Reibungen gekommen, die aus Kompetenzfragen entstanden waren, und schließlich war die Spannung so groß geworden, daß der Graf beschloß, um Enthebung von seiner Stellung als Generalstabsoffizier nachzusuchen. Er beklagt sich in seinem Enthebungsgesuch vornehmlich darüber, daß seine wiederholten Meldungen über grobe Verfehlungen einzelner Offiziere, die „gegebene Befehle nicht vollzogen und da und dort eine ihre Truppe geradezu gefährdende Kopflosigkeit gezeigt hätten“, gänzlich unberücksichtigt geblieben seien und daß er bei Fragen, die die Sicherheit des Dienstes betroffen hätten, öfters umgangen sei. Er schließt sein Gesuch mit folgenden Worten:

„Es ist gewiß nicht meine Sache, das Verhalten des Herrn General zu beurteilen, und wenn ich vorstehend meine Ansicht auszusprechen mir erlaubte, so geschah es nur, um meine wiederholte Bitte zu begründen, es möchte der Herr General meine Ablösung aus einer Stellung beantragen, die ich weder mit meinem militärischen noch mit meinem persönlichen Charakter länger in Übereinstimmung bringen kann.“

Dieses Schriftstück ist ein echter Zeppelin: In dem Bewußtsein, jederzeit seine ganze Persönlichkeit für die Erfüllung seiner Pflicht einzusetzen, ist er empfindlich gegen jede unverdiente Mißachtung und Zurücksetzung. Was wird aus dieser Beschwerde? Sie liegt unterzeichnet auf seinem Schreibtisch, als die Franzosen gerade einen Ausfall machen, wobei der Graf Scheler vor den Augen seines Generalstabsoffiziers im heftigsten Feuer eine bewundernswerte Ruhe und Kaltblütigkeit an den Tag legt. Graf Zeppelin ist begeistert und – reißt sein Gesuch in Stücke, um seinem Chef, der seine Hochachtung gewonnen hat, „keinen Kummer zu bereiten". Eine vom Grafen erbetene mündliche Aussprache stellt das gute Verhältnis wieder her.

Die „Kaiserproklamation" in Versailles, am 18. Januar 1871, wurde natürlich vom Grafen Zeppelin als die seit vielen Jahren mit heißem Herzen ersehnte Einigung der deutschen Stämme zu einem machtvollen Reich mit Freude und begeisterter Zustimmung begrüßt. Freilich befriedigte ihn die Art, wie sie zustande kam, nicht vollkommen, da er die Belange und Wünsche der schwächeren Staaten, insbesondere Württembergs und seiner Bevölkerung, dabei nicht genügend und richtig berücksichtigt fand. Er schreibt seine Betrachtungen darüber in einem Brief an seine Gattin nieder, in dem wir wieder den Gedanken begegnen, die er schon in seiner Berliner Zeit zum Ausdruck gebracht hatte. Wir entnehmen dem Schreiben einige markante Stellen:

„Du weißt, ich halte dafür, daß man immer nach vorwärts, der Zukunft entgegen, leben soll; woraus folgt, daß mir der Einzelne sowohl, wie die Völker nur nach ihrem Charakter, der bestimmend für ihr Verhalten in der Zukunft ist, Wert haben (während ihre Vergangenheit mir nur zum Verständnis ihres Charakters dienen kann). Wenn ich demnach hier Klage führe über das, was ich als ein Versäumnis bei dem herrlichen Werke der Neugestaltung Deutschlands erachte, so geschieht dieses nur, um mir klar zu machen, was in den nächsten Jahrzehnten noch erstrebt werden muß.

... Der Weg, auf dem das Ziel erreicht wurde, ist nicht für die verschiedenen deutschen Stämme derselbe gewesen, während doch der Wunsch, zu diesem Ziele zu gelangen, überall gleichmäßig sich vorfand. (Dieser Satz wird mir von Vielen bestritten, aber ich mache mich anheischig, ihn jedem Leidenschaftslosen zu beweisen.) Dementsprechend ist auch das Ergebnis seinem inneren Wesen nach nicht für alle Teile ein gerechtes. Das will ich insbesondere für Württemberg nachweisen. Dem Vorwurf eines engherzigen Partikularismus halte ich entgegen, daß hier mein natürliches Berufsfeld ist und daß ich für den Teil nicht auf Kosten des Ganzen sorgen will, sondern im Gegenteil zum Besten desselben ... Die Schwaben und Franken und somit die Württemberger gehören unter die Deutschesten der Deutschen, ihrer Geschichte, ihrer geistigen Bildung, ihrem Charakter und Temperament nach. Dementsprechend entbehren sie keineswegs des Glaubens an ihr eigenes Wissen und Können, aber es fehlt ihnen die Gabe, sich leicht mitzuteilen, sicher und gewandt aufzutreten. Daraus ergeben sich einerseits ein unfruchtbarer Dünkel, andrerseits ein Überschätzen der Menschen, die mit Kühnheit vorgehen und deren Einrichtungen durch glänzendere Beleuchtung mehr in die Augen fallen. Preußen hat durch die Entwicklung militärischer Stärke dem deutschen Volke die ihm innewohnende Kraft dargetan, hat uns zum Selbstbewußtsein und Selbstvertrauen wieder erweckt, und dafür kann man ihm nicht dankbar genug sein. Mit stolzer Zuversicht hat Deutschland den ihm von Frankreich hingeworfenen Fehdehandschuh aufgenommen.

Aber indem Preußen die Schärfe von Wort und Schwert auch gegen Deutsche gebraucht hat und leichten Kaufs Sieger geblieben ist, so ergoß sich sein Selbstbewußtsein auch über die überwundenen Bruderstämme, in denen nun die oben geschilderten Charaktereigentümlichkeiten Preußen gegenüber rege werden mußten. Wir haben nun daher die doppelte Erscheinung, daß der Preuße sich dünkt, ein besserer Mann zu sein als der Württemberger, während dieser sich teils verletzt fühlt und schmollt, teils seiner (Vorzüge) selbst vergißt und sich dem Bewunderten dienend hingibt. Das Vorhandensein dieses Zustandes ist leider keine unbegründete Annahme … Die preußische Regierung hat selbst bei Ausbruch des Kriegs 1866 den Samen ausgestreut, der als schwer auszurottendes Unkraut der Erbitterung und Geringschätzung deutscher Bruderstämme im preußischen Volke aufgegangen ist. Daß in Württemberg beide bezeichneten Strömungen mit nahezu gleicher Kraft sich geltend machen, nämlich ein berechtigter Ingrimm sowohl, als ein sich selbst erniedrigendes Betrachten sämtlicher preußischen Einrichtungen durch ein alles verherrlichendes rotes Glas, das beweisen die unsicher schwimmende Haltung der Regierung, die Teilung der Presse in zwei Lager, die öffentlichen Reden und die Privatgespräche."

Man kann solche und ähnliche Betrachtungen, denen man häufiger im Tagebuch und in den Briefen des Grafen Zeppelin begegnet, auf seine Grundanschauung zurückführen, daß er alle innere Politik, wie überhaupt alles öffentliche Wirken, mit Menschenliebe als Triebfeder und in diesem besonderen Fall mit Liebe zu den deutschen Stammesbrüdern geführt wissen wollte. Wir denken an das oben wiedergegebene Distichon über David Friedrich Strauß, das er der Eintragung in sein Tagebuch für wert hielt:

„Vom Kampfe nun ruhender Geist, sympathisch verehr ich Dein Streben;
Hättest Du liebend geschont, flöge mein Herze Dir zu."

Achtung vor den Gefühlen und berechtigten Eigenarten der andern und verständnisvolle Schonung des historisch Gewachsenen forderte und übte er immer um so mehr, als er selbst stolz und empfindlich in bezug auf seine süddeutsche Wesensart war. Unter den gegebenen Verhältnissen aber war es unvermeidlich, daß ihm von Prinzipienreitern und kaltschnäuzigen „Realpolitikern" leicht und öfters der Vorwurf des Partikularismus gemacht wurde, obgleich es fraglich erscheint, auf welcher Seite die wirkliche und echte Realpolitik steckt.

Wir werden sehen, daß dieser Vorwurf noch einmal eine sehr bedeutungsvolle Rolle in seinem Leben spielen sollte.

Kommandeur

Im Juni 1871 waren die württembergischen Truppen in die Landeshauptstadt wieder eingezogen, und Graf Zeppelin trat in den Generalquartiermeisterstab zurück. Da er aber von Haus aus seiner ganzen rüstigtätigen Art entsprechend immer mehr Neigung für den lebendigen Dienst bei einer Truppe als für den blutleeren, geruhsamen Betrieb in den Schreibstuben der Stäbe und Verwaltungen gefühlt hatte, eine Neigung, die durch die Kriegserfahrungen und -erlebnisse immer neue Nahrung gefunden hatte, so bemühte er sich jetzt eifrig darum, zu einem Regiment versetzt zu werden. Und zwar strebte er, einen alten Wunsch wieder aufnehmend, die Versetzung in ein Reiterregiment an, nachdem er während des Krieges in einem Kavallerieverband verwendet worden war. Seiner Bitte wurde stattgegeben, und er wurde im Januar 1872 unter Belassung im Generalstab und in seinem Adjutantenverhältnis zum König zu dem in Straßburg garnisonierenden Schleswig-Holsteinschen Ulanenregiment Nr. 15 kommandiert, dessen 5. Schwadron er übernahm. Jetzt konnte er, seinem tätigen Naturell entsprechend, reiten und sich bewegen und gemäß seiner innersten Auffassung von den Pflichten eines Höherstehenden Menschen führen und im Geiste einer idealen Berufs- und Dienstauffassung erziehen!

Er wurde nun mit Leib und Seele Kavallerist. Dabei beschränkte er sich nicht auf den täglichen „Kommisdienst", sondern suchte sich ein eigenes Urteil über die Fragen und Probleme seiner Waffe, über ihren Wert, ihre Entwicklungsmöglichkeiten und Verwendungszwecke zu bilden. Zahlreich sind die Eintragungen in sein Tagebuch, die erkennen lassen, wie sein stets reger Geist sich mit allen diesen Fragen beschäftigte. Mit besonderem Nachdruck vertrat er insbesondere die Ansicht, daß der Reiter auch eine gründliche Ausbildung im Gebrauch seiner Schußwaffe haben müsse und daß der Karabiner nicht zum Pferde, sondern stets zum Reiter gehöre, um diesen in allen Lagen zum wertvollen Soldaten zu machen. Wie kaum eine Periode im vielgestaltigen Leben des Grafen Zeppelin denkbar ist, in der sich nicht irgend etwas ereignete, was ihn als einen Mann von besonderem Gepräge erscheinen ließ, so war es auch während seiner Dienstzeit bei den 15. Ulanen in Straßburg der Fall. Er machte im Sommer 1874 eine große Kavallerieübung bei Hagenau mit, die mit einer Paradevorführung abschloß. Beim Parademarsch im Galopp sah er da in der Staubwolke des vor ihm reitenden Treffens einen Mann stürzen und dann im verzweifelten Lauf Anstrengungen machen, sich vor dem Überrittenwerden durch die im Galopp anreitende nächste Schwadron zu retten. Graf Zeppelin sprengte in gestrecktem Galopp zu dem Mann hin und brachte, unbekümmert um die Störung des Parademarsches, durch ein energisches Halt die Schwadron zum Stehen. Bei der Kritik wurde dieses Zwischenfalles keinerlei Erwähnung getan, aber ein höherer Generalstabsoffizier sprach ihm hinterher persönlich seine Anerkennung dafür aus, „daß er es nicht so habe geschehen lassen, wie es in Rußland üblich sei“, d. h. daß er den armen Kerl nicht ruhig überreiten ließ.

Im August 1874 wurde Graf Zeppelin, der schon vorher zum Major befördert war, zum 2. Württembergischen Dragonerregiment nach Ulm kommandiert und im nächsten Jahr als etatmäßiger Stabsoffizier dorthin versetzt. Im Jahre 1882 erhielt er das Kommando des Ulanenregiments Nr. 19 in Stuttgart und Anfang 1884 den Rang eines Obersten. Aus diesen Jahren seiner Kommandeurtätigkeit ist besonders Bemerkenswertes nicht zu berichten. Aber es ist für uns selbstverständlich, daß er die einem Schwadronchef und besonders einem Regimentskommandeur gegebene Möglichkeit, die ihn unterstehenden Truppenkörper mit seinem persönlichen Geist zu erfüllen, in ernstester Weise ausnutzte. Er war schon damals, wo es noch keineswegs so selbstverständlich wie heute erschien, der immer entschieden vertretenen Auffassung, daß man die Leute freundlich zu behandeln und ihr Ehrgefühl zu schonen habe, und er handelte danach. Schimpfworte oder gar körperliche Handgreiflichkeiten im Dienst duldete er nicht. Er kümmerte sich in einer väterlichen Weise um das Wohl seiner Soldaten und half unter Umständen, wo er konnte. Er wurde deshalb von seinen Leuten geliebt und wurde so mit großem Jubel begrüßt, als er nach einer Zwischenkommandierung wieder in seine Garnison (Ulm) zurückkam. Viele frühere Untergebene bezeugten ihm damals brieflich ihre Freude, wieder unter sein Kommando zu kommen. Vor seinen Offizieren hielt er im Januar 1883 kurz nach der Übernahme des Regiments eine Art programmatische Rede, die, zugleich stolz und bescheiden, folgendermaßen beginnt:

„Finden Sie es komisch, wenn ich sage: darum ist der Offiziersstand der vornehmste Stand, weil sich in ihm mehr als in jedem andern Stand Männer finden, die mit Bewußtsein entschlossen sind, ihr Leben zu lassen für die Brüder, für König und Vaterland, für alles Heilige, das der Begriff Vaterland umfaßt? Aber, meine Herren, vergessen wir es nie, daß der Einzelne nur in dem Maße an der Ehrenstellung unseres Standes teilnimmt, als er sich dieser idealen Auffassung seines Berufes nähert, nur in dem Verhältnis der Größe, des Opfers, das er zu bringen bereit ist … Es könnte Ihnen scheinen, meine Herren, als ob ich mich dünkte, auf einer hohen Stufe zu stehen. In der Tat, das sage ich mit Stolz: das Gute vollbringen, das will ich wohl, aber mit tiefer Beschämung bekenne ich auch vor Ihnen, daß ich keinen Grund habe, mich für besser zu halten als der Geringsten Einen …

Vor allem aber dürfen wir die Pflichten gegen die Leute, ihre Erziehung und ihre Ausbildung nicht vergessen, denn das ist der Kern unseres Geschäftes. Wenn es mir z. B. in diesen Tagen vorgekommen ist, daß ein im Oktober eingestellter Mann auf meine Anrede am ganzen Körper zittert und auf meine Frage, ob er denn vor mir Angst habe, antwortet: ‚Zu Befehl, Exzellenz!', so klagt der Mann seine Lehrer gewaltig an – nicht der Pflichtversäumnis, sondern des Mangels an Verständnis für die richtige Art der Ausbildung …"

Graf Zeppelin legte auch den höchsten Wert darauf, seine Truppe neben dem üblichen und notwendigen Exerzierdrill in durchaus kriegsmäßiger Weise zu üben und auszubilden. Er erzählte gern, wie er beispielsweise bei Geländeübungen nach Möglichkeit alles laute Kommandieren abgeschafft und durch stille und leise Zeichengabe ersetzt habe. Seine Erfahrungen in drei Feldzügen kamen ihm natürlich sehr zustatten. Immer war er unermüdlich und voll Ideen. Er trägt um diese Zeit zustimmend in sein Tagebuch ein:

„York nennet den Satz des Prinzen von Ligne: ‚*Qu'il faut faire trois fois plus que son devoir pour le faire passablement*', recht eigentlich einen deutschen Satz."

Seine militärischen Dienstpflichten, so ernst er sie nahm, ließen ihm aber doch Zeit, sich wie immer mit allen Fragen politischer, sozialer und kultureller Art, von denen die öffentliche Meinung jener Jahre bewegt wurde, lebhaft zu beschäftigen. Es finden sich in seinem Tagebuch mancherlei Betrachtungen darüber. Besonders die „Deutsche Frage", mit deren Lösung er sich ja nicht recht befreunden konnte, beunruhigt ihn unausgesetzt. So schreibt er unter dem 12. Juni 1876:

„Jedes Gemeinwesen bedarf für seine Fortdauer einer lebenskräftigen Idee, in welcher sich seine sonst auseinanderstrebenden Teile zum gemeinsamen Handeln vereinigen.

Verblaßt für einen solchen der lebenerhaltende Gedanke, so beginnt der Zerfall, der mit gänzlicher Auflösung endet, wenn nicht rechtzeitig ein neues Ideal wie ein Geisteshauch den verglimmenden Funken zu frischer Flamme wiederentfacht.

... Dem jungen Deutschen Reiche fehlt heute schon ein Brennpunkt für das Wollen, für das Streben seiner Bürger (das nächste Ziel – Machtstellung nach außen – war bald erreicht, seine Zugkraft läßt nach mit dem Schwinden der Furcht vor den äußeren Feinden): wo verschiedene, mit der Zeit nicht vorgeschrittene Bekenntnisse herrschen, mangelt das stärkste Band, die Glaubenseinheit und die religiöse Begeisterung – eine nationale Kirche, deren hierarchische Spitze in der höchsten Staatsgewalt gipfelt. Die heutige Wissenschaft entgöttert die Welt, wie sollte sie die Massen erwärmen? mit ihrem Prinzip der Erhaltung des Friedens entspricht die äußere Politik Deutschlands dem allgemeinen Wunsch, – das Prinzip ist gut, aber es wirkt entnervend, nicht kräftigend auf ein Volk zurück. Der inneren Politik fehlt die innere Wahrheit: liberaler Despotismus, Centralisation und proclamiertes Selbstbestimmungsrecht der Teile, abhängige Souveränitäten sind Paradoxen; – auf solche ist keine Begeisterung zu gründen.

Der Charakter des Beamtentums eines derartigen Systems leidet Not, und von der Trägheit der Masse ist auch nicht zu erwarten, daß sie dem Zerstörungswerke einen raschen Verlauf nicht gestatten werde, nachdem ein falsche Ziele verfolgender Liberalismus die auf Abhängigkeit von konservativen Gewalten gegründeten Verhältnisse gelöst hat und die wuchernde Industrie leichten Erwerb verspricht ... Die Aufklärung, welche die Volksschule verbreitet, geht gerade weit genug, um der Presse überall Eingang zu gestatten, deren Einfluß auf die urteilslose Menge stets ein schlechter ist, in einer Zeit, die nur von materiellen Interessen, von keiner idealen Sehnsucht beherrscht wird.

So vermögen wir im Bau des Deutschen Reiches nur noch zwei Pfeiler zu erkennen, welche denselben vielleicht aufrecht erhalten können bis zum Tage der Wiedergeburt, bis die vielleicht schon keimende neue Idee durch einen Anstoß von außen oder innen zum Durchbruch kommt und in alle Adern frische

Lebenssäfte strömt. Wir meinen die Reichsregierung und das deutsche Heer.

Das Reich wird sich in seiner heutigen Form eher noch befestigen, solange die rücksichtslose kräftige Faust des Fürsten Bismarck die Zügel hält; aber nach ihm muß etwas Neues kommen oder es kommt der Zerfall, weil er kein Prinzip hat als ‚seine reine Subjektivität mit ihrem zeitweiligen Belieben', wie C. Frantz sagt, somit die Kontinuität zu dem Tun irgendwelchen Nachfolgers fehlt. George Washingtons Vereinigte Staaten haben beinahe ein Jahrhundert gewährt, Bismarcks Deutschland kann seinen Schöpfer kaum überdauern, denn es hat keine andere Seele als nur ihn selbst. Beten wir zu Gott und arbeiten wir jedes zu seinem Teil daran, daß dem Werke des großen Kanzlers der Lebensodem eingehaucht wird zur rechten Zeit.

Tüchtig emporgewachsen und nach Momenten vorübergehender Schwäche zu immer kräftigerer Entfaltung regeneriert ist Preußens Heer; seine Einrichtungen, Vorschriften und Bestimmungen und zum Teil auch sein Geist haben sich jetzt über das Heerwesen des ganzen Reiches verbreitet. Eine gewaltige Kraft hat die deutsche Armee im jüngsten Kriege an den Tag gelegt, und wenn jede Äußerung gesunder Lebenskraft neues Leben wachruft, so darf schon um deswillen angenommen werden, daß noch ein guter Teil Lebensfähigkeit in dieser Armee steckt. Betrachtet man in der Tat die gesteigerte Arbeit, mit welcher in ihr die aus dem Kriege zu ziehenden Lehren erforscht und angewandt werden, wie jede Kraft angespannt wird, um die Kriegstüchtigkeit noch zu erhöhen und um sich von den Nachbarn nicht überflügeln zu lassen, so mag man getrost behaupten, daß die Integrität des Deutschen Reiches gegen äußere Feinde für eine geraume Zeit noch gesichert ist. Ein pflichttreues Offizierkorps hält in der Armee solche Disziplin noch aufrecht, daß auch gegen innere Feinde, gegen eine Kommune, die bestehende Ordnung beschützt werden wird.

Wie lange ist auf das deutsche Heer zu zählen? Ist dessen Zuverlässigkeit und Tüchtigkeit im Wachsen oder im Niedergang begriffen?“

Diese besorgten Betrachtungen lesen sich heute in manchen Teilen fast wie eine prophetische Ahnung des Kommenden. Sie machen es aber auch verständlich, wenn der politisierende Graf von manchen Stellen als ein recht unbequemer und unruhiger Geist beargwöhnt wurde und wenn gar nicht so viel später seinem Wirken plötzlich in dem Augenblick ein Ziel gesetzt wurde, wo er erwarten durfte, zu höheren und einflußreicheren Stellen in der Hierarchie der leitenden Schichten aufzusteigen.

Man lese dazu ein auch in gewissem Sinne „aktuelles“ Schreiben, das er in diesen Jahren, 1878, an einem Freund richtete, der ihn zum Eintritt in den Freimaurerbund überreden wollte.

„Hochgeschätzter Freund!

Für Deine Zusendung bin ich Dir von Herzen dankbar, denn ich erkenne durch sie, daß Du mir die Ehre erweisest, mich der Aufnahme in den Freimaurerbund würdig zu halten.

Habe ich längst eine mich mit Achtung erfüllende Ahnung von dem Wirken des Bundes gehabt, so hat die mir jetzt gewordene offene Darlegung seiner idealen Ziele mich erkennen lassen, daß ich demselben durch meine gesamte Denkungsweise innerlich von langher angehört habe. – Da ich mich hierin nur auf mein schwaches Wollen und Streben beziehen kann, so wirst Du mich nicht der Überhebung zeihen müssen. –

Wenn ich mich nun dem Bunde geistig verwandt fühle und an die bessere Förderung seiner von mir auch gewollten Zwecke durch die Verbindung der Gleichgesinnten zu gemeinsamer Arbeit glaube – doch aber mich zur Bewerbung um Aufnahme nicht entschließen kann, so unterscheide ich für mein widerstrebendes Empfinden drei verschiedene Gründe:

Mich beherrscht ein – vielleicht unpraktischer – Freiheitssinn, der mir nicht gestattet, engere Fesseln anzunehmen als diejenigen sind des größeren, allerdings nur ideellen Bundes aller Gebildeten, welche das Gute tun um Gottes Willen, von welchen die Freimaurer doch nur ein sehr mächtiger Teil sind. Andrerseits legt mir dieser größere Bund so umfassende, unabweisbare Verpflichtungen auf, daß ich glaube, nicht noch besonderen Ansprüchen, welche eine Loge – wenn auch unausgesprochen, doch notwendig – an ihre Mitglieder stellen muß, genügen zu können.

Endlich muß ich bekennen, daß mir Ritual und Symbolik eine gewisse Scheu einflößten, weil mir der Sinn abgeht, um mich für dieselben irgendwie begeistern zu können. –

Nicht ohne schmerzliche Empfindung weise ich, hochgeschätzter Freund, Deine Einladung zurück; – umso weniger als ich mich zuweilen entsetzlich vereinsamt und dadurch machtlos fühle in dem mir durch den inneren Beruf aufgetragenen Kampf. Dringend und herzlich bitte ich Dich darum mir mein offenes Bekenntnis nicht verdenken und mir, als einem Laienbruder wenigstens, Deine Freundschaft nicht versagen zu wollen. –

Dein aufrichtig ergebener usw."

Wir, die wir die Denkweise des Grafen Zeppelin kennengelernt haben, können nicht überrascht sein, wenn er es ablehnt, in den Bund einzutreten. Eine im tiefsten Grund konservative und besonnen vorgehende Natur, rechnet er immer mit dem geschichtlich Gewordenen und mit den bestehenden Gewalten, und wo seinem modern aufgeschlossenen Sinn Neuerungen und Reformen nötig erscheinen, hält er es für richtig, offen zu diesen Gewalten zu sprechen und sich hier für seine Ideen und Vorschläge einzusetzen. Jegliches Verschwörertum und alle Geheimbündelei lehnt er auch in ihrer harmlosesten Form ab. Er hat formell und er gebraucht die Freiheit, seine Gedanken rückhaltlos überall auszusprechen, *fortiter in re, suaviter in modo,* und er handelt überall in Einklang mit seinen innersten Überzeugungen.

Jetzt wird er zudem bald als Regimentskommandeur eine Stellung haben, in der er in seinem Sinn und Geiste wirken und erziehen kann. Weshalb also das Brimborium einer Brüderschaft mitmachen, die halb mystisch, halb theaterhaft dasselbe zu erstreben behauptet, was „alle Gebildeten" wollen und heute wollen dürfen! Das mochte in Zeiten seine Berechtigung haben, die die geistige Freiheit bedrängten, nicht mehr heute, wo jeder offen für seine Ideen eintreten kann!

So mußte der Graf Zeppelin zur Ablehnung kommen, und dies darf uns nicht wundern. Aber sehr überraschend und nachdenklich stimmend ist der Schlußpassus seines Briefes: Er „fühlt sich zuweilen entsetzlich vereinsamt und dadurch machtlos in dem ihm durch den inneren Beruf aufgetragenen Kampf“!

Man denkt unwillkürlich im ersten Augenblick an seinen späteren Kampf als Luftschifferfinder, wo er einsam gegen eine ganze Welt anlief. Aber nein, es handelt sich hier um eine Zeit, wo er eine militärische Stellung innehatte, die ihn befriedigte, die er später gern als die „glücklichste Zeit seines Lebens“ bezeichnete, wo er relativ ungehindert und unbeschränkt in seinem Sinne wirken durfte! Fürwahr, die Tragik der idealistischen Geister hat ihn früh umwittert! Denn wir müssen schon an seine sorgenvollen, prophetischen Betrachtungen über des deutschen Volkes Schicksal denken, wenn wir seinen gequälten Ausruf verstehen wollen. Wir müssen daran denken, wie er in jungen Jahren mit hochgespannten, bald enttäuschten Erwartungen über das Meer ging, um zu erleben, wie ein junges Volk die Mission, „die Gott der Menschheit in die Wiege gelegt hat“, erfüllt, wie er mit seinem König zusammengeriet und sich von diesem trennte, weil er dessen Politik nicht glaubte billigen zu können, wie er die Art und den Geist, in dem Deutschlands Einigung angestrebt wurde und dann wirklich gegeben schien, mit Sorgen betrachtete. Er war ein Mann von einem ungewöhnlich hohen Pflichtgefühl und dabei von einer tiefen menschlichen Güte. Aus dieser inneren Haltung heraus verlangte er von sich das Höchste, und er verlangte es auch von anderen, insbesondere von seinen Standesgenossen. Damals wenigstens, vielleicht hat ihn das Leben später gelehrt, mehr mit der menschlichen Schwäche zu rechnen. Und so mußte er oft auf Widerspruch und Verständnislosigkeit stoßen. Denn die Welt ist hart, und sie lacht noch darüber, wenn dann „so ein Narr“ sich „entsetzlich vereinsamt“ fühlt.

Es mußte aber natürlich in Württemberg, und zwar gerade in den leitenden Kreisen, Männer genug geben, die den Grafen Zeppelin näher kannten und wegen des sittlichen Ernstes und der staatsmännischen Tragweite seiner Gedanken hoch einschätzten. Sie mußten es um so mehr tun, als die Sorgen und Bedenken, von denen der Graf bewegt wurde, im tiefsten Ursprung wohl aus einem gut württembergischen Herzen kamen und als sie immer in der maßvollen und klug-bedachtsamen Art geäußert wurden, die einen der Hauptcharakterzüge des Grafen bildete. Insbesondere der kluge und verdiente Minister von Mittnacht hielt große Stücke auf den Ulanen-Kommandeur, mit dem er in manchen Gedankengängen vollkommen übereinstimmte. Daß auch der König trotz früherer Meinungsverschiedenheiten dem Grafen sein Vertrauen und seine Hochachtung bewahrt hatte, wissen wir aus der Betrauung desselben mit der Aufgabe eines Beraters des Prinzen Wilhelm.

So kam es, daß der Graf Zeppelin schon recht bald, nachdem er drei Jahre sein Regiment geführt hatte, wieder abberufen wurde und einen anderen, vielleicht wichtigeren Posten erhielt, nämlich den eines württembergischen Militärbevollmächtigten bei der Gesandtschaft in Berlin. Dieser Posten war deshalb ein recht bedeutsamer und verantwortungsreicher, weil es in jenen Jahren immer noch notwendig erschien, die Truppenkontingente der größeren süddeutschen Staaten, also namentlich Bayerns und Württembergs, mit der preußischen Armee in vollkommeneren Einklang zu bringen, und die Militärbevollmächtigten deshalb ihr Kriegsministerium über alle Fragen, die bei den preußischen Zentralstellen zur Erörterung und Entscheidung kamen, laufend zu unterrichten hatten. Es waren Fragen der Heeresorganisation, der Bewaffnung, der Dienstvorschriften u. dgl. m. Die Tätigkeit erforderte oft viel Takt und Geschicklichkeit, zumal wenn Personalfragen oder solche gewisser süddeutscher „Reservatrechte" und Gepflogenheiten mit hereinspielten. So wurde beispielsweise die Stelle des Kommandierenden Generals des XIII. (württembergischen) Armeekorps stets durch einen preußischen Offizier besetzt. Das ergab öfters Schwierigkeiten, wenn der vom Kaiser für die Stelle vorgesehene General dem König von Württemberg nicht genehm war oder umgekehrt. Da kam es unter Umständen zu langen Verhandlungen, bis die divergierenden Ansichten ausgeglichen werden konnten. Eine Frage solcher Art, ganz ins Allgemeine erhoben, sollte später für den Grafen Zeppelin schicksalhaft werden.

Alte Beziehungen, die ihn noch aus seinem ersten Berliner Kommando mit den Militärkreisen und mit der Berliner Gesellschaft verbanden, sowie seine vollendet weltmännische und weltkluge Art erleichterten dem Grafen seine diplomatische Mission und brachten ihm, wie wir sehen werden, die vollste Anerkennung seines Ministeriums ein. So fand er bald, obgleich er zunächst lieber bei seiner Truppe geblieben wäre, Befriedigung auf seinem neuen Betätigungsfeld, zumal er, seinen Gesichtskreis und seine Welt- und Menschenkenntnis erweiternd, regen Verkehr mit hervorragenden und interessanten Persönlichkeiten der Reichshauptstadt pflegen und zu den Problemen der Zeit klarere Stellung gewinnen konnte. Es war eine politisch bewegte Zeit: Frankreich war unruhig und spielte mit Revanchegedanken, die der General Boulanger durch sein Tun wachrief, und zu Rußland war man in ein recht gespanntes Verhältnis geraten. Der Friede schien öfters stark gefährdet. Das Arbeiten in Berlin war sicherlich nicht uninteressant.

Dennoch empfing der Graf mit hellster Freude am 18. Oktober 1886 die Nachricht, daß er zum Kommandeur der 27. (2. württembergischen) Kavalleriebrigade in Ulm ernannt sei. Er hoffte, nun alsbald zu seiner Truppe und zum aktiven Heeresdienst, an dem sein Herz hing, zurückkehren zu können. Daß auch die Ulmer ihrerseits ihn mit lebhafter Freude erwarteten, bewiesen ihm viele Briefe von Kameraden und Bürgern der Stadt. Aber ein betrübliches Ereignis enttäuschte die Hoffnungen: Der württembergische Gesandte in Berlin, Herr von Baur-Breitenfeld, war kurz vorher gestorben, und man entschloß sich in Stuttgart, den Grafen Zeppelin vorerst als Geschäftsträger in Berlin zu belassen, bis die Frage eines Nachfolgers entschieden sei.

Sosehr der Graf durch dieses Zeichen des offenbaren Vertrauens und der Anerkennung seiner Dienste sich geehrt fühlen konnte, so wenig entzückt war er doch von dieser Wendung, die ihn zum vorläufigen Verbleiben im diplomatischen Dienst zwang. In peinlichsten inneren Zwiespalt und Zweifel geriet er aber vollends, als im Frühjahr des nächsten Jahres (1887) der Minister von Mittnacht mit Einwilligung des Königs die Frage an ihn richtete, ob er sich dauernd dem diplomatischen Dienst zu widmen und den Posten eines württembergischen Gesandten in Berlin zu übernehmen bereit sei. Nach langem Schwanken erklärte er seine Bereitwilligkeit hierzu unter dem Vorbehalt, daß er mit Übernahme des Gesandtenpostens nicht aus der militärischen Laufbahn ausscheiden müsse. Bescheiden und vorsichtig zugleich meinte er: „Es sei möglich, daß er den in ihn gesetzten Erwartungen nicht zu entsprechen vermöge oder daß geänderte Verhältnisse eine andere Besetzung des Berliner Gesandtenpostens geboten erscheinen lassen könnten. Auch sei es möglich, daß ein Krieg seine Verwendung als Divisionskommandeur aufgrund seiner in einem dreißigjährigen soldatischen Dienst und in drei Feldzügen gewonnenen Erfahrungen wieder in Betracht ziehen lassen könnte." Man trug seinen Wünschen in Stuttgart Rechnung, und er wurde im Oktober 1887 unter Enthebung vom Kommando der 27. Kavalleriebrigade, unter Belassung in der Stellung eines Flügeladjutanten und unter zweijährigem Vorbehalt des Rücktritts in die Stelle eines Brigadekommandeurs, zum württembergischen Gesandten und Bevollmächtigten Minister am preußischen Hof ernannt.

Aus diesen doch recht großen Zugeständnissen, die man dem Grafen machte, darf man, so möchten wir glauben, den Schluß ziehen, daß man seine diplomatischen Fähigkeiten und seine bisherigen Leistungen hoch einschätzte und großen Wert darauf legte, die württembergischen Belange in schwierigen

Graf Zeppelin
als Württembergischer Gesandter in Berlin 1887

Verhältnissen, wie sie namentlich das Jahr 1888, das „Krisenjahr“, brachte, durch ihn vertreten zu sehen. Das läßt sich auch aus einem kleinen Zwischenfall entnehmen, der im Spätsommer 1888 sich ereignete. Der Graf glaubte sich bei irgendwelchen Verhandlungen, die zwischen Berlin und Stuttgart über einen Besuch des jungen Kaisers in Stuttgart spielten, ausgeschaltet. Empfindlich, wie er in bezug auf persönliche Kränkungen oder Zurücksetzungen war – eine Eigenschaft, die er z. B. auch mit dem Fürsten Bismarck teilte –, zog er sofort seine Konsequenzen und reichte ein Gesuch auf Enthebung von seinem Posten ein. Der Ministerpräsident, Freiherr von Mittnacht, legte dieses Gesuch aber gar nicht dem König vor, sondern ließ es in seiner Schublade liegen, bis er seinen zornigen Gesandten in längeren mündlichen Aussprachen zur Zurücknahme desselben bewegen konnte.

So blieb Graf Zeppelin bis zum Ablauf der ausbedungenen zwei Jahre, bis zum Herbst 1889, auf seinem Gesandtenposten. Bei seinem Abschiedsbesuch beim Grafen Herbert von Bismarck sprach ihm dieser sein Bedauern über seinen Fortgang aus und betonte, wie ungern man ihn scheiden sehe, da er sich an allen Stellen das größte Vertrauen erworben habe. Über einen Abschiedsbesuch, den er später auch beim Kanzler, dem Fürsten Bismarck, machte, schrieb er gleich nach der Audienz folgende Zeilen nieder:

„Fürst Bismarck empfing mich heute (30. Januar 1890) zum Abschied und sagte über sich selbst etwa Folgendes: ‚Ich werde auch nicht mehr lange da sein. Ich bin alt und müde geworden und vermag die Last der Verantwortung für alles nicht mehr zu tragen. Ich habe heute das Handelsministerium niedergelegt. Ich werde mich ganz aus Preußen zurückziehen, um als Reichskanzler Preußen gegenüber keine andere Stellung mehr einzunehmen als zu Sachsen oder Württemberg. Aber ich werde einen Weg finden müssen, die Stellung des Reichskanzlers noch zu beschneiden. In der auswärtigen Politik bin ich Spezialist und habe da seit 25 Jahren Verbindungen angeknüpft, die ich nicht vererben kann. Ich werde mich auf dieses Gebiet zurückziehen. Die inneren Angelegenheiten, wo ich nicht zu befehlen, sondern anzuregen und zu warnen habe und wo ich auch nicht Spezialist bin, reiben mich zu sehr auf.' Darauf frug Seine Durchlaucht, ob mir über meine künftige Verwendung, zu welcher er mir als Kamerad alles Glück wünsche, schon etwas bekannt sei, und machte dann verschiedene Bemerkungen darüber. Als er mir zum Abschied noch einmal Glück wünschte, wiederholte ich meinen Dank für das große Wohlwollen, dessen ich mich zu erfreuen gehabt hätte, und sprach den Wunsch aus, daß Gott ihn uns noch recht lange erhalten möge. Da sagte er – und die Stimme klang wehmütig – : ‚Ach nein, das wird nicht mehr lang gehen! Ich bin alt und mein junger Herr ist mir zu rasch, ich kann ihm nicht mehr folgen.'"

Am 12. Januar 1890 war Graf Zeppelin aus dem Amt ausgeschieden und wartete nun mit Sehnsucht und ungeduldigem Herzen auf die Kommandierung zu einer Truppe. Denn er hatte trotz seiner Erfolge und aller Anerkennung, die er im diplomatischen Dienst gefunden hatte, doch mehr und mehr das klare Gefühl gewonnen, daß er vollkommen befriedigt und glücklich nur in einer Betätigung als Soldat werden könnte, wenn er in verhältnismäßiger Selbständigkeit und Freiheit einen größeren Truppenverband in seinem Sinne führen und bilden könnte. Denn es konnten weder sein stark ausgeprägter Unabhängigkeitssinn noch seine besonderen idealistischen Anschauungen und Neigungen voll ihr Genüge finden bei einer Betätigung, die ihn in Abhängigkeit von irgendwelchen politischen, ihn beengenden Richtlinien zu stetem „diplomatischen" Verhalten zwang, während er doch sein Ideal ganz ausgesprochen in der Möglichkeit sah, Menschen zu pflichtbewußten Staatsbürgern zu erziehen und selbst nützlich im klaren Interesse des Gemeinwohls zu wirken. Dafür war das ideale Feld in der Wehrmacht zu finden, die notwendige Staatsaufgaben mit deutschen Männern jeglichen Standes ohne Rücksicht auf Sonder- oder Parteiinteressen zu erfüllen hatte.

Das Unglück (oder sollen wir in Kenntnis seiner weitreichenden Folgen das „Glück" sagen?) wollte es nun aber, daß zu der Zeit, als der Graf aus seinem Amt schied, eine württembergische Brigade für ihn nicht verfügbar war und daß er die Weisung bekam, vorerst noch in Berlin zu bleiben, bis er eine demnächst frei werdende preußische Kavalleriebrigade übernehmen könnte. Er benutzte die Zeit, zu versuchen, eine militärisch-politische Frage, die im württembergischen Offizierkorps dauernd und angelegentlich erörtert wurde und die ihn selbst seit Jahren stark beschäftigt hatte, zum Austrag zu bringen, nämlich „die gefährliche Einrichtung, daß die ganze Entscheidung über das Wohl und Wehe der württembergischen Offiziere in die Hand des von Preußen ernannten Kommandierenden Generals gelegt sei, daß dieser höchster militärischer Vorgesetzter und Antragsteller in Personalangelegenheiten in Einer Person sei". Über diese Frage hatte Graf Zeppelin mit dem Grafen Herbert von Bismarck sich öfters und noch in den letzten Tagen seiner Amtsführung als Gesandter mündlich ausgesprochen, und er entschloß sich nun, im Einverständnis mit ihm, seine Gedanken in einer Denkschrift an ihn ausführlich darzulegen. Unter dem 15. Januar 1890 finden wir in seinem Tagebuch den Anfang eines Konzeptes dieser Denkschrift eingetragen, die mit den Worten beginnt: „Ew. Exzellenz wollen gütigst gestatten, daß ich die Gedanken über die Lage in Württemberg, welchen ich gestern mündlich Ausdruck zu geben die Ehre hatte, schriftlich wiederhole und ergänze." Die Abfassung dieser Denkschrift zog sich dann längere Zeit hin, und erst im März wurde sie mit Billigung des württembergischen Kriegsministeriums als eine persönliche Meinungsäußerung des Grafen an das preußische Staatsministerium des Äußern eingereicht. Aus dem Inhalt der Denkschrift sei folgendes wiedergegeben:

„Die Einrichtung, daß der Kommandierende General die sämtlichen Veränderungen in der Dienststellung der württembergischen Offiziere zu beantragen hat, ist weder in der Reichsverfassung, noch in der Militärkonvention begründet. Diese Einrichtung läßt besonders durch die Art ihrer Handhabung Se. Majestät den König nur noch mehr als den Bestätiger, den Kommandierenden General aber als den Bestimmenden der Geschicke der württembergischen Offiziere erscheinen. Diese werden dadurch zu ängstlicher

Unterwürfigkeit unter den Kommandierenden General erzogen und ihrem König entfremdet."

Es wird dann ausgeführt, wie diese Verhältnisse im württembergischen Offizierkorps den Wunsch nach einer völligen Verschmelzung mit den preußischen Truppen hätten entstehen lassen, um „gegenüber der Willkür eines Generals der höheren Gerechtigkeit eines Souveräns (also des Kaisers) wieder teilhaftig zu werden". Eine solche Verschmelzung aber sei nicht gut, denn sie würde die württembergischen Offiziere und mit ihnen alle Teile der württembergischen Bevölkerung, die eng mit dem Heer verbunden seien, für ihre Existenz von dem König von Preußen abhängig machen und sie dem König von Württemberg in demselben Maße entziehen. Es würde so eine Art Teilung der Bevölkerung in der Richtung ihrer Treue organisiert werden, wodurch das württembergische Königtum an Wert bedeutend einbüßen müßte. Auch auf anderen Gebieten seien Bestrebungen an der Arbeit, bestehende Rechte des württembergischen Königtums zu schmälern, aber es sei klar, daß derjenige, „welcher solche Strömungen unterstützt, an der Unterwaschung des Bodens wirkt, auf welchem das Königtum in Württemberg steht – und dieser Boden gehört mit zu den Fundamenten des Reichs". Dem bestehenden Mißstand könne daher nicht durch eine völlige Verschmelzung mit der preußischen Armee abgeholfen werden, sondern nur durch die Schaffung einer dem preußischen Militärkabinett ähnlichen Personalstelle in Württemberg.

Es ist klar, daß diese Denkschrift bei den maßgeblichen Stellen in Berlin keine sehr günstige Aufnahme fand. Der Kaiser machte verschiedene Randbemerkungen zu den Ausführungen und schrieb eigenhändig darunter: „Bin sehr erstaunt über die hier zu Tage tretenden partikularistischen Ideen!“ Es ist mehr als wahrscheinlich, daß die Denkschrift dazu bestimmt war, der weiteren militärischen Karriere des Grafen ein schnelles Ziel zu setzen. Zwar deutet nichts darauf hin, daß der Kaiser selbst in dieser Beziehung die Initiative ergriffen habe, aber es ist klar, daß gewisse oberste Kommandostellen in Berlin zu den vom Grafen entwickelten Anschauungen in schroffstem Widerspruch stehen mußten. Die Ereignisse nehmen nun ihren logischen Verlauf:

Im März 1890 erfolgte die Kommandierung des Grafen zu der in Saarburg liegenden 30. Kavalleriebrigade, bestehend aus den Ulanenregimentern Nr. 7 und 15. Bei den Herbstmanövern hatte er die Führung einer zusammengezogenen Kavalleriedivision zu übernehmen und fiel hierbei einer sehr abfälligen Kritik des Kavallerieinspektors General von Kleist zum Opfer. Man eröffnete ihm, daß er auf das Kommando einer Division nicht hoffen könne.

Daß mit dieser Beurteilung der militärischen Fähigkeiten des Grafen Zeppelin nicht nur seine unmittelbaren Vorgesetzten, sondern auch andere hohe und höchste Militärs nicht einverstanden waren, ergibt sich aus folgenden Aufzeichnungen in sein Tagebuch:

„Saarburg, 23. November.

Mein bisheriger Kommandierender General, von Heuduck, wollte es nicht glauben, daß mir keine Division zuteil werden sollte. Er gab mir das mit Bleistift auf 1 ½ großen Bogenseiten geschriebene Konzept des Qualifikationsberichts zu lesen, welcher im

Oktober besonders über mich eingefordert worden war. Ich erinnere mich etwa folgender Sätze daraus:

‚Ich schließe mich der Beurteilung des Divisionskommandeurs (Grlltnt. v. Götze) vollkommen an. G. Z. hat in diesem Jahr keine Gelegenheit gehabt, Truppen mit verbundenen Waffen zu führen, aber ich habe seinem Exerzieren der Kav.-Division an einem Tage angewohnt und mich überzeugt, daß er sich schnell wieder in die Truppenführung hineinfindet. Bei der Besichtigung seiner beiden Regimenter hat er richtige kavalleristische Grundsätze entwickelt. Er ist ein offener Charakter, der sich das Vertrauen seiner Untergebenen gewinnt. Diese überwacht und leitet er im Sinne der allerhöchsten Bestimmungen. Seine Führung in und außer Dienst ist tadellos. Ich halte ihn in jeder Richtung für geeignet zum Divisionskommandeur.‘

Ich falle wegen der Beurteilung, die mir der Kavallerieinspekteur von Kleist hat zuteil werden lassen. Ich kenne dieselbe nicht. Wenn er von Unsicherheit und Ungeschicklichkeit meiner Führung besonders am 5. September spricht, so ist er durchaus dazu berechtigt, denn ich bin selbst hierin nicht mit mir zufrieden gewesen. Am ersten und zweiten der Übungstage habe ich meine Sache aber nicht schlecht gemacht und habe ich auch den Erfolg für mich gehabt. Wenn ich es aber an jenem 3. Tage so gemacht hätte, wie er es in der Besprechung für richtig bezeichnete, so wären meine geteilten Kräfte zweifellos vereinzelt geworfen worden und es wäre mir ergangen wie ihm selbst an den beiden Tagen, wo er die Division exerzierte, nämlich so, daß ich wiederholt zur Seite ritt, um ihm die Beschämung meines Zuschauens zu ersparen. Heuduck sagte von dem Tage, da er angewohnt hatte: ‚Etwas Ähnliches habe ich überhaupt noch nie gesehen.‘ Weitere Äußerungen Heuduck's sind: ‚Zeppelin ist mir 10mal lieber als Kleist.‘ – ‚Wem sollen wir denn unsere Divisionen geben, wenn wir Männer wie Zeppelin gehen lassen?‘

Kleist und ich sind zu verschiedene Charaktere und haben zu verschiedenes Temperament. Vermutlich hat er meine Fügsamkeit für Schwäche gehalten und meine ruhige Art gegen Untergebene für Mangel an Energie.

Eine Härte ist es, daß man mich wegen der einzigen Probe mit der Kav.-Division und unter einseitiger Berücksichtigung von Kleist's Urteil fallen läßt. – Es ist nach Gottes Willen geschehen. Er verleihe mir Kraft zum Tragen und zu Leistung, so viel ich deren noch haben kann. Amen!“

„Anschließend an das Vorstehende führe ich noch an, daß General Graf Haeseler, Kommandierender General des XVI. Armeekorps, welcher der Übung am 5. September zusah, es nicht glauben wollte, daß ich keine Division erhalte. Er sagte meinem Adjutanten von Winterfeld, das könne nur Folge einer Reibung zwischen Preußen und Württemberg sein.“

Und wir können aus unserer eigenen Erinnerung hinzufügen, daß der Graf Zeppelin uns einmal erzählte, bei seinem Abschiedsbesuch, den er nach seiner Verabschiedung dem Generalfeldmarschall Grafen von Moltke machte, habe dieser in gütiger Weise zu ihm gesagt: „So, so, Sie gehen? Schade, ein so tüchtiger Offizier!“

Um aber jeden Zweifel an den zum mindesten sehr wesentlich ausschlaggebenden Gründen für die Verabschiedung des Grafen zu beheben, sei noch folgende Stelle aus seinem Tagebuch angeführt:

„23. Februar 1891. E. hat von Steinheil (dem damaligen württembergischen Kriegsminister, Anmerkung des Verfassers) erfahren, daß diesem in Berlin sofort erklärt worden sei, ich erhielte keine Division. Das ist zu einem Zeitpunkt gewesen, wo meine Beurteilung durch Kleist noch ausstand. In der am 23. November 1890 erwähnten Unterredung äußerte Heuduck: ‚Sie müssen in Berlin einen Feind in einflußreicher Stellung haben.‘ Mein schon häufig gehegter Gedanke, daß Kleist's Beurteilung nur als Vorwand für meine Zurücksetzung diente, während der wirkliche Grund im Übelnehmen (weil Mißverstehen) meiner Denkschrift liegt, ist mir fast zur Gewißheit geworden. Ein Trost läge wohl darin, das Opfer meiner zum Besten des Reichs mutig bekannten Überzeugungen geworden zu sein."

Am 15. November war der Graf seines Kommandos enthoben, einige Tage später erfolgte seine Beförderung zum Generalleutnant, und am 29. Dezember wurde ihm der Abschied erteilt unter Belassung im Verhältnis eines Generals à la suite des Königs.

Damit war die militärische Laufbahn des Grafen Zeppelin abgeschlossen und nach seinem ersten Empfinden zugleich auch eine Betätigungsmöglichkeit für ihn, die ihm das Leben wertvoll und lebenswert machen könnte. Denn leben hieß für ihn, sich an hervorragender Stelle im öffentlichen Dienst für das Vaterland mit allen Kräften einsetzen. Wie sollte ihm dazu noch eine Möglichkeit offenstehen? Denn man kann kaum seine Ansicht teilen, daß ein „Mißverstehen" seiner Gedankengänge ihn zu Fall gebracht habe, womit dann eventuell eine Verwendung für ihn in diplomatischem oder sonst einem höheren Staatsdienst möglich gewesen wäre. Nein, man mochte offenbar an einflußreichen Stellen seine etwas unbequemen Meinungsäußerungen nicht oder die Form ihrer rückhaltlos offenen Bekundung. Seine Entlassung hat deshalb ein recht tragisches Gepräge: Er fällt als Verfechter von Ideen, die seiner innersten Natur entsprechen, die aber mit den geltenden Anschauungen und Tendenzen in einen gewissen Widerspruch geraten. Von einem „Mißverständnis" konnte vielleicht nur insofern die Rede sein, als man den „Partikularismus" des Grafen falsch sah oder überschätzte. Wir wissen, daß er nichts weniger als ein Partikularist war, sondern sich als einer der ersten in Württemberg mit Entschiedenheit auf die Seite Bismarcks gestellt hatte, sobald er den Weg, den dieser zu der Einigung Deutschlands einschlug, in seiner Notwendigkeit oder Unvermeidbarkeit begriffen hatte. Er war dann von Anbeginn an und blieb immer ein überzeugter und begeisterter Kämpfer für Deutschlands Einheit unter preußischer Führung. Nur war er nicht einverstanden mit gewissen Schroffheiten und nach seiner Meinung unnötigen, ja schädlichen Härten des Vorgehens. Er wollte mehr Rücksichtnahme auf berechtigte Wünsche und gegebene Verhältnisse bei den kleineren Staaten. Dürfen wir heute, wo wir den Gang der geschichtlichen Entwicklung bis zum Weltkrieg übersehen, nicht sagen, daß er in seinem prophetischen Geist und mit seinen warnenden Betrachtungen in vielem recht hatte? –

„Närrischer Erfinder“

Graf Zeppelin war zweiundfünfzig Jahre alt, als er dem Militärdienst zu entsagen genötigt wurde. Das ist schon bei Menschen durchschnittlicher Art ein zu frühes Alter, um sich gelassen zur Ruhe zu setzen und ein *„otium cum dignitate“* mit mehr oder weniger Befriedigung zu genießen. Für den Grafen Zeppelin kam diese unfreiwillige Abdankung aus der Berufstätigkeit in einem Alter, wo er sich bei seiner ungewöhnlich großen Lebenskraft und seiner körperlichen und geistigen Elastizität noch geradezu jung fühlte. Er war nach seiner Veranlagung bestimmt, noch bis in das hohe Greisenalter hinein sich rühren und betätigen zu können. In der Tat kam ja jetzt erst für ihn der Lebensabschnitt, in dem er seine entscheidende und nach allgemeiner, wenn auch, wie wir sahen, nicht ganz zutreffender Meinung eigentlich wertvolle Leistung vollbringen sollte. Wie aber die ihm noch zur Verfügung stehenden starken Kräfte in einer seinem Sinne entsprechenden Weise verwenden? Dieser Sinn trieb ihn, stets bewußt gemeinnützig in allem Denken und Handeln sich zu regen. Welche Betätigungsmöglichkeit stand ihm noch offen, nachdem der staatliche und militärische Dienst ihm verschlossen worden war?

Es wird gesagt (und wir glauben, mit Recht), daß in dieser Lage aus seinem engsten Familienkreis, nämlich von seiten seiner Gattin und seiner Tochter, ihm die Anregung oder wenigstens die Ermunterung gegeben wurde, seine Aufgabe und Arbeit in der Verwirklichung seiner Ideen von einem lenkbaren Luftschiff zu suchen, mit denen er sich seit Jahren schon getragen hatte. Jedenfalls kam es so schon bald nach seiner Verabschiedung. Er hatte, wie gesagt, eine ganze Reihe von Jahren sich mit diesen Ideen beschäftigt, aber in einer mehr gelegentlichen Art, wie mit einer Liebhaberei und einem seine Phantasie anregenden schönen Gedanken von den gewaltigen Möglichkeiten, die die Lösung des großen Tagesproblems des menschlichen Fluges eröffnen mußte. Jetzt machte er aus der Liebhaberei eine Aufgabe, die er mit aller Energie seiner willensstarken Seele anfaßte. Und es ist bemerkenswert, wie die Triebfedern, die ihn bei seinen Bemühungen spornten, zunächst in seinen allgemein menschenfreundlichen und kulturellen Idealen und erst später und allmählich mehr und mehr in einem vaterländischen und militärischen Empfinden und Wollen ihren Ursprung hatten.

Es ist des öfteren geschrieben worden, Graf Zeppelin habe den Gedanken an einen lenkbaren Ballon schon sehr früh bei Gelegenheit einer Ballonfahrt in Amerika zuerst gefaßt, oder wenigstens im Deutsch-Französischen Krieg, als er die Ballons aus Paris aufsteigen sah. Nichts davon ist erweisbar. Vielleicht hat er gleich so vielen anderen bei derartigen Gelegenheiten die flüchtige Vorstellung von dem Nutzen eines lenkbaren Ballons gehabt, zumal ja Versuche in dieser Richtung mehrfach gemacht und bekannt waren. Aber die erste positive Andeutung von einer eigenen Beschäftigung mit dem Problem findet sich unter dem 25. März 1874 in seinem sorgfältig geführten Tagebuch eingetragen, unter der Überschrift: „Gedanken über ein Luftschiff.“ Die Anregung zu diesen Gedanken hatte er einem Vortrag des Generalpostmeisters Stephan über „Weltpost und Luftschifffahrt“ entnommen. Es heißt in dieser Tagebucheintragung:

„Das Fahrzeug würde auf die Dimensionen eines großen Schiffes auszurechnen sein. Die Gasräume so berechnet, daß das Fahrzeug bis auf ein geringes Übergewicht getragen wird. Die Erhebung wird dann erreicht durch das Angehen der Maschine, welche das Fahrzeug gewissermaßen auf die nach aufwärts gestellten Flügel treibt. In der gewollten Höhe angelangt, werden die Flügel weniger steil gestellt, sodaß das Luftschiff in der horizontalen Ebene bleibt. Zum Sinken stellt man die Flügel noch weniger steil, oder läßt die Geschwindigkeit abnehmen ...

Die Gasräume sollten womöglich in Zellen getheilt sein, welche einzeln gefüllt und geleert werden können. Die Maschine muß das Gas stets ergänzen können ...

Fallschirme, wenn solche überhaupt praktisch sind, könnten im Verdeck des Passagierraumes als Theile desselben angebracht werden – so zwar, daß sie sich loslösen, wenn sich Jemand mit Gewicht daran hängt.“

Es sind also drei originelle Gedanken schon in diesen ersten Konzeptionen anzutreffen, die einen Fortschritt gegenüber den früheren Versuchen bedeuten und die immer entscheidender ein Merkmal des Zeppelinschiffs werden.

Erstens werden die Dimensionen eines „großen Schiffes“ als notwendig bezeichnet,

zweitens wird ein „dynamisches“ Fahren des Luftschiffs vorgesehen,

drittens wird die Einteilung in getrennte Gaszellen ins Auge gefaßt.

Der letzte Absatz spricht dann von Passagierräumen als von etwas Selbstverständlichem. In der Tat dachte der Graf Zeppelin zu der Zeit nur an eine Verkehrsluftschiffahrt, und seine Gedanken hierüber sind schon sehr bestimmter Art, wie eine spätere Eintragung, unter dem 4. April 1875, bezeugt:

„Auf eine nicht unwesentliche Änderung in der Verkehrsweise durch die Luftschiffahrt möchte ich im voraus aufmerksam machen. Die Beschaffungskosten der Fahrzeuge werden zwar groß sein, dagegen die Unterhaltungskosten und Betriebskosten sehr unbedeutend. Es wird also anfangs die Luftschiffahrt theils Luxusvergnügen sein, theils nur dort eingeführt werden, wo für den Erd-resp. Wasserverkehr besondere Schwierigkeiten zwischen zwei Punkten liegen, die einer leichten, sicheren und schnellen Verbindung forwährend bedürfen (Luftfähren).“

Im übrigen sind die im Tagebuch in den nächsten Jahren sich findenden Eintragungen sehr spärlich und auch recht vage und unbestimmt, wenn auch hier und da einmal eine abgerissene Bemerkung kommt, die die andauernde Beschäftigung des Grafen mit seiner Liebhaberei anzeigt. So schreibt er am 29. November 1877 folgende kurze Notiz nieder:

„Sollte nicht die Steigung und Senkung des Luftschiffs sich durch zwei Schrauben mit vertikaler Achse bewirken lassen? Dann würden die Flügel (zum dynamischen Fahren) wegfallen.“

Oder er geht sogar auf ein Detail ein, indem er unter dem 9. Juni 1878 einträgt:

„Ballonhüllen aus chinesischer Rohseide, sehr leicht und durch einen Firnisanstrich fast buchstäblich undurchdringlich für Gas.“

Wer weiß aber, ob aus dieser ganzen durchaus noch als dilettantisch sich gebenden Beschäftigung mit dem Gegenstand je etwas Ernstes geworden wäre, wenn nicht ein Ereignis eingetreten wäre, das dem Grafen Zeppelin Veranlassung gegeben hätte, sich aus vaterländischen oder besser aus militärischen Gründen mehr mit dem Problem zu beschäftigen: die im Herbst 1884 von den französischen Hauptleuten Renard und Krebs ausgeführte kurze Schleifenfahrt mit dem Ballon „La France“. Der Eindruck, den diese Fahrt, wie er später öfters bekundete, auf den Grafen machte, muß bedeutend gewesen sein, wenn zunächst auch noch nichts in seinen Aufzeichnungen darüber zu finden ist. Aber es ist bezeichnend, daß er im Oktober 1886 einen Gedanken notiert, der zum ersten Mal politische und militärische Verwendung des Luftschiffs andeutet, während er bisher nur von Passagierschiffen gesprochen hat:

„Bei Luftschiffverbindung mit Nationen in Innerafrika oder auch für Verpflegung vorgeschrittener Heere könnten Luftschleppschiffe bei günstigem Wind verwendet werden ...“

Ein halbes Jahr später, im Frühjahr 1887, überreicht er seinem König eine Denkschrift, in der er auf die Notwendigkeit von Lenkballonen hinweist. Es heißt darin unter anderem: Die Unvollkommenheiten des Fesselballons hätten die Kriegsministerien der Großstaaten zu der Erkenntnis gebracht, daß eine bedeutende Einwirkung auf die Kriegsführung nur durch Lenkballone zu erreichen sei. Deutschland sei zurückgeblieben, während Frankreich, das nicht mit Mitteln karge, wo es sich um militärische Vorteile über die Nachbarn handle, schon Erfolge aufzuweisen habe, indem durch das Luftschiff „La France“ die Möglichkeit der Lenkung unwiderleglich bewiesen sei. Zur wirklichen Nutzbarmachung der freien Luftschiffahrt für militärische Zwecke sei daher nur noch erforderlich, daß Schiffe von größerer Leistungsfähigkeit erbaut würden, größere Luftschiffe.

Dieser Gedanke, daß der Lenkballon ein sehr wichtiges Instrument der künftigen Kriegsführung werden würde und daß deshalb Deutschland keine Anstrengung scheuen dürfe, seinen Nachbarn in dieser Beziehung überlegen zu werden, beginnt den Grafen von nun an mehr und mehr zu beherrschen, und er ist es, der ihn treibt, seine durch den Abschied freigewordenen Kräfte auf die Konstruktion eines Luftschiffes zu richten, das allen militärischen Anforderungen genügen sollte. Aus allen Darlegungen, Entgegnungen, Werbungen und eindringlichen Beschwörungen, die er in den nächsten Jahren an eine schier unendliche Reihe von hervorragenden und einflußreichen deutschen Männern richten sollte, tönt immer wieder der Satz heraus: „Helft mir das Luftschiff für Deutschlands Wehr und Sicherheit bauen!“ Er hatte wieder seinen „durch innere Berufung ihm aufgetragenen Kampf“ für eine hohe und bedeutsame nationale Angelegenheit, und diese feste Überzeugung war es in erster Linie, die ihn in seinen Bestrebungen unverdrossen, ja öfters anscheinend fast querköpfig ausharren ließ, auch wenn er vor einem ganzen Knäuel von Schwierigkeiten, ungelösten Problemen, ja angeblichen technischen Unmöglichkeiten stand.

Man ist allgemein gewohnt, die unbeugsame Zähigkeit und Charakterstärke des Grafen Zeppelin vornehmlich daran zu ermessen, wie er nach jedem der Fehlschläge, die er erlitt und die mehrfach durchaus vernichtend für ihn und seine Idee zu sein schienen, sich sofort wieder ungebrochen erhob und unentmutigt daranging, weiterzuarbeiten, zu verbessern, um Glück und Erfolg auf seine Seite zu zwingen. Gewiß ist diese Haltung, diese unbeirrbare Zuversicht erstaunlich und großartig und wird mit Recht als ein vorbildliches Beispiel heroischen Kämpfertums im deutschen Volk fortleben. Aber ich habe das Empfinden gehabt, als ob das, was er im ersten Jahrzehnt des Kämpfens für seine Ideen, in den Jahren 1890–1900, auf sich nahm und unter unablässigem, durch nichts abzuschreckendem Drängen und Beharren, oft unter empfindlichen persönlichen Demütigungen schließlich durchsetzte – daß diese Leistung das vergleichsweise Allererstaunlichste und Bewunderungswürdigste in seinem ganzen Kampf gewesen ist. Denn die Situation war so, daß die Beschäftigung mit dem Problem eines Lenkballons, etwa gleich dem Problem der Quadratur des Zirkels, als Beweis für verminderte Zurechnungsfähigkeit der betreffenden Erfinder angesehen wurde. Graf Zeppelin schreibt im Juni 1891 selbst darüber an den Generalstabschef Graf Schlieffen:

„Verehrtester Herr Graf!

Eure Exzellenz erinnern sich vielleicht eines Gesprächs bei einem Ritte im Thiergarten über lenkbare Luftfahrzeuge. Ich wollte damals meinen Gedanken darüber einen Versuch der Ausführung nicht folgen lassen, weil mir die Zeit zur Bearbeitung fehlte und weil es mir störend gewesen wäre, auch nur vorübergehend für einen Kandidaten des Irrenhauses angesehen zu werden.

Jetzt, wo ich nichts Besseres mehr wirken darf und die Meinung der Menschen nur meiner Person aber keinem Berufe, in dem ich stünde, mehr wehe tun kann, habe ich jene Gedanken wieder aufgegriffen und ihnen – vorläufig noch in der Zeichnung – Gestalt gegeben.“

Das verhältnismäßig Gelungenste, auf das man sich beziehen und an das anknüpfend man weiterarbeiten konnte, war der kurze Rundflug der „La France“ im Jahre 1884. Aber dieser Versuch war bei Licht besehen der Beweis für die praktische Unmöglichkeit eines Lenkballons, denn die mit den vorhandenen Antriebsmitteln erzielte lächerliche Geschwindigkeit von 5,5 m/sec war natürlich, wie wir heute sehr genau wissen, ganz und gar ungenügend für eine praktische Verwendung des Fahrzeugs, und der sehr geringe Auftrieb, der selbst bei den hier ins Spiel gebrachten dürftigen Pferdekräften verblieb, reichte nur für ganz spärliche Betriebsmittellast und für sehr kurze Fahrten. Es war eine hübsche ballontechnische Konstruktion, aber praktisch wertlos. Und unter diesen Umständen wollte der verwegene, törichte Reitergeneral Mittel und Hilfe für ein sehr kostspieliges Riesenschiff finden, das auch schon rein konstruktiv eine ganze Reihe von technischen Problemen in sich schloß! Die damalige Technik schien weder in der einen noch in der anderen Hinsicht die Mittel zur Bewältigung der Aufgabe zu bieten. Ein Wunder fast war es, daß es dem Grafen dennoch gelang, seine Konstruktionsideen nicht allein zur ernsthaften Diskussion, sondern schließlich, freilich nach zehn Jahren härtesten Kampfes, sogar zur Ausführung zu bringen. Man fragt sich heute, wo wir wissen, daß selbst im Jahre 1900 noch nicht die technischen Mittel zum Bau eines gebrauchsfähigen Luftschiffs vorhanden waren, oft ehrlich etwas verwundert, wie solches möglich war. Und man ist versucht, weiter zu fragen: Wie konnte der Graf Zeppelin den Mut und den Willen aufbringen, unter solchen Umständen unbeirrbar an der Ausführbarkeit seiner Ideen festzuhalten? Die Antwort lautet: Deshalb, weil er in dem Optimismus, der alle Erfinder beseelt, an den Fortschritt der Technik und ihre Fähigkeit, alle gegebenen Probleme seines Schiffes zu lösen, fest glaubte, und weil er davon überzeugt war, daß sein Luftschiffsystem das beste wäre. „Wenn überhaupt Luftschiffe möglich sind“, so schreibt er in dieser Zeit einmal in sein Tagebuch, „so ist es meines!“

Daß dem Grafen Zeppelin gelegentlich einmal technische Irrtümer unterliefen, zu denen ihn ein zu starker Optimismus verführte, tut hierbei nichts zur Sache. Er war von Haus aus kein Techniker und hatte sich allmählich erst in die Materie einzuarbeiten. Er selbst spricht immer sehr bescheiden von der Vorbildung und von der Eignung, die er für die übernommene Aufgabe mitbringe. So schreibt er Ende 1891 an den Aufsichtsratsvorsitzenden der Daimler-Werke, dessen Interesse und Unterstützung er gewonnen hatte, unter anderem:

„Sie haben anscheinend jetzt weniger Vertrauen als zur Zeit, da ich Ihnen zuerst von meinem Projekt zu sprechen die Ehre hatte. Das ist ganz natürlich und überrascht mich nicht. Einmal mit der Angelegenheit befaßt, sind Sie von dem allgemeinen abfälligen Urteil über die Luftschiffprojektemacherei berührt worden, von den Berichten, wie hunderte von ihren Jüngern, darunter hochbegabte Techniker, daran gescheitert, wie schon Millionen daran verloren worden sind. Wie sollte nun gerade der Graf Zeppelin das Problem gelöst haben?

Ich habe es gelöst nicht mit mehr Witz und Wissen als meine Konkurrenten, sondern durch die nüchterne einfache Denkarbeit eines von der Natur mit praktischem Sinn ausgestatteten ernsten Mannes; durch die Zusammenreihung der bereits auf dem fraglichen Gebiete gemachten Feststellungen und die Verwertung der neuesten anwendbaren Erfindungen …

Auf Sie und auf Herrn Dr. Steiner hatte ich die Hoffnung gesetzt, daß Sie mir wenigstens auf den Weg helfen würden, um ein Werk durchführen zu können, mit dem ich unserem deutschen Vaterlande einen keinesfalls zu unterschätzenden Vorteil schaffen würde.

Nicht um meinetwillen, sondern um Deutschlands willen bitte ich Sie dringend, sich die Sache noch einmal anzusehen, ehe Sie meinem Projekte vielleicht den Todesstoß geben.“

Mit nüchternen, einfachen Gedanken und mit praktischem Sinn hat er in der Tat das Problem angefaßt, auch seine Lösung ist so einfach und praktisch, wie es allgemein meißt das Kennzeichen genialer Lösungen ist. Das Hauptkennzeichen besteht ja, wenn man von Nebendingen absieht, darin, daß ein metallisches Gerüst dem ganzen Schiff die feste Form gibt und daß innerhalb dieses mit einer Stoffhülle umkleideten Gerüstes eine Anzahl von Gaszellen liegen, die beim Steigen und Fallen oder bei Temperaturänderungen auf- und abschwellen, „atmen“ können. Das Ganze kann durch Verlängerung des Gerüstes und Anreihung weiterer Gaszellen beliebig groß, so groß gemacht werden, daß es für jede gewünschte Leistung ausreicht, daß „ein strategischer Gedanke“, wie der Graf sich einmal ausdrückt, für seine militärische Verwendung darin liegt. Daß das starre Gerüst eine bequeme Konstruktionsgrundlage für die Anbringung aller erforderlichen Organe, wie Steuer, Motoren, Propeller usw., abgibt, sei nur nebenbei erwähnt.

Das Entscheidende ist das starre Gerüst mit den innenliegenden Zellen, ein ebenso genial-einfacher wie verblüffender Gedanke. Ein starres Gerüst! Die Opposition setzt dann auch sofort hier ein, sowohl von seiten der Aeronauten wie von der der Techniker. Die ersteren, die die mangelnde Landefähigkeit des zerbrechlichen Schiffs beanstanden, hätte der Graf Zeppelin vorerst ignorieren können, denn was sie vorbrachten, bedeutete eine spätere Sorge. Zunächst mußte das Schiff erst einmal aufsteigen und fliegen können, um dann nachher zu landen, und die Techniker, die der Graf befragte, waren der Meinung, daß das starre Schiff, wenn fest genug gebaut, zum Steigen zu schwer, wenn aber leicht genug gebaut, nicht fest genug werden würde.

Nun begann für den Grafen eine Zeit emsigen Studierens und Versuchens, um eine ganze Reihe von Fragen zu klären. Die verschiedensten Materialien für das Gerippe, für die Außenhülle, für die Gaszellen werden auf Gewicht und Festigkeit geprüft. Das Gewicht der Motoren und ihr Betriebsmittel-

und Kühlwasserverbrauch wird untersucht und zu drücken versucht. Die Propeller bereiten Sorgen, da über ihren Wirkungsgrad Unklarheit herrscht. Versuche an einem Boot sollen deshalb zur Klärung dieser Frage dienen. Das Wasserstoffgas hat keine befriedigende Reinheit, und man muß versuchen, ein besseres, tragfähigeres Gas von den bestehenden Werken zu erhalten. Eine Unsumme solcher und ähnlicher Fragen wird angepackt und mit Unterstützung zahlreicher Personen und Firmen zu klären gesucht. Die technischen Durchrechnungen und Prüfungen werden dem Grafen von einem Ingenieur Groß besorgt, den ihm die Daimler-Werke empfohlen haben.

Das Ergebnis scheint zunächst günstig zu sein. Im Juni 1891 schreibt der Graf recht zuversichtlich folgendes an den Kabinettschef des Königs von Württemberg:

„Euer Exzellenz!

Eingedenk des hohen Interesses, das Seine Majestät der König vor einigen Jahren an den Fortschritten der Luftschiffahrt zu nehmen geruhten, beehre ich mich, Euer Exzellenz zu bitten, Allerhöchst demselben davon Kenntnis geben zu wollen, daß ich beabsichtige, demnächst Luftfahrzeuge zu bauen, von deren Lenkbarkeit auch bei starken Windströmungen ich überzeugt bin. Die Mitführung von Reisenden und Frachtgütern wird in besonderen, dem Maschinenfahrzeug anzuhängenden Fahrzeugen erfolgen. Da die schnelle, von keinen Hindernissen auf der Erde abhängige Art zu reisen, welche meine Luftschiffe ermöglichen sollen, von größter Bedeutung für Zwecke des Heeres und namentlich der Flotte sein wird, so erachte ich es für Pflicht, vor weiteren Schritten als demjenigen der Anmeldung bei dem Patentamte, die Reichsregierung auf meine Erfindung aufmerksam machen zu lassen. Hierzu mit die Allerhöchste Genehmigung Sr. M. des Königs gütigst vermitteln zu wollen, würde ich Euer Exzellenz gehorsamst dankbar sein.

Ich verhehle mir nicht, daß meine Erfindung, zumal bei der großen Zahl von Projekten, die fast täglich einlaufen, sehr ungläubig aufgenommen werden wird und daß ich daher ihre Tüchtigkeit zu erweisen haben werde, bevor ich auf kräftige, auch finanzielle Unterstützung bei meinen bezüglichen Unternehmungen rechnen kann.“

Und einige Tage später im Juni 1891 heißt es in einem an den Grafen von Schlieffen gerichteten Schreiben:

„... Meine Maschinenfahrzeuge werden, da sie das Material zum Betriebe für 12 Stunden mit sich führen und infolge einer Einrichtung, welche die gleichmäßige Gasspannung unter verschiedenem Luftdruck, ohne Gasverlust ermöglicht, schnelle und weite Reisen ausführen können. Diese Maschinenfahrzeuge sollen aber in den meisten Fällen nicht allein fahren, sondern es werden ihnen Transportfahrzeuge für Menschen und Frachtgüter angehängt. Dieselben sind vorläufig auf je 500 kg Tragfähigkeit berechnet. Geeignete Vorrichtungen erhalten die gleichmäßige Längsfolge der verbundenen Fahrzeuge. Die Vermehrung des Luftwiderstandes ist eine geringfügige, daher die Bildung eines längeren Zuges wahrscheinlich möglich werden wird (20 m i. d. Sekunde geben fast 10 geogr. Meilen i. d. Stunde) ...“

Zugleich bittet der Graf den Chef des Generalstabs, einen fachverständigen Offizier nach Stuttgart zu entsenden, der seine Pläne und Berechnungen prüfen könne. Der Bitte wird sofort entsprochen, und der Hauptmann von Tschudi, der Kommandeur der preußischen Luftschifferabteilung, erhält den Befehl, sich mit dem Grafen Zeppelin in Verbindung zu setzen.

Da ereignete sich ganz überraschend etwas sehr Merkwürdiges: Nur wenige Tage nach seinem Schreiben an den Generalstabschef beschließt er „die Sache aufzugeben“. Wie kam er zu diesem Entschluß?

Neben den Festigkeitsberechnungen und der Frage der Schwimm- oder Steigfähigkeit eines „starren“, mit einem metallischen Gerüst ausgestatteten Lenkballons war es vornehmlich auch die Frage der Geschwindigkeit des Schiffs, die den Grafen Zeppelin beschäftigen mußte. Die „La France“ mit ihren 5,5 m/sec (etwa 22 Kilometer in der Stunde) war offenbar viel zu langsam, um auch nur bei leichten Winden verwendungsfähig zu sein. Graf Zeppelin hatte nun gehofft, mit den ihm voraussichtlich zur Verfügung stehenden Motoren, die nebenbei erst noch in den Daimler-Werken zu konstruieren waren, auf wenigstens die doppelte, wenn nicht auf die dreifache Geschwindigkeit zu kommen. Im Brief an den Grafen Schlieffen spricht er sogar von 20 m/sec. Er muß sich aber allmählich überzeugen, daß seine Annahme zu optimistisch ist. Um auf die dreifache Geschwindigkeit der „La France“ zu kommen, braucht er rein theoretisch, wie er meint, mindestens 45 PS. Er wird aber wahrscheinlich nicht mehr als 20 PS in seinen zwei Daimler-Motoren zur Verfügung haben, denn mehr Pferdestärken trägt sein schweres Schiff keinesfalls.

Und auch diese Berechnungen sind sehr unsicher, denn sie bauen sich einesteils auf gewissen, die „La France“ betreffenden Annahmen auf, die wohl zu günstig angenommen sind, andernteils auf der Annahme, daß der Querschnitt des Lenkballons in erster Linie den Luftwiderstand bestimme und daß die Länge des Schiffs demgegenüber wenig ins Gewicht falle. So war der Graf dann auch auf seine Idee gekommen, eine Art „Luftzug“ zu bauen, d. h. einen Anhänger mit der Zugmaschine zu verkoppeln, wie wir aus dem Schreiben an den Grafen Schlieffen ersehen. Aerodynamische Erfahrungen und Untersuchungen gab es zu jener Zeit eben noch kaum. Heute wissen wir, daß der Reibungswiderstand des ganzen Flugkörpers viel mehr als der Stirnwiderstand bedeutet. Diese Erkenntnis begann dem Grafen damals zu dämmern, und sie schlug ihn im ersten Augenblick fast ratlos nieder. Er hatte unter anderen auch mit dem Herrn Riedinger, dem bekannten Ballonfabrikanten in Augsburg, mit den Herrn von Sigsfeld und von Parseval, beides fachkundige Freiballonfahrer, in reger Verbindung gestanden. Diese Herren wollten nichts von einem Lenkballon wissen (nebenbei auch der später als Kontrukteur von Luftschiffen bekannt gewordene Herr von Parseval nicht!); sie rieten dem Grafen Zeppelin dringend von seinem Vorhaben ab und redeten einem Flugzeug das Wort, in dem sie die einzige Lösung des Flugproblems sahen und an dem sie arbeiteten. Bisher hatte der Graf immer diesen Herren gegenüber an seiner Idee festgehalten. Aber unter dem 14. Juli 1891 schreibt er persönlich in sein Tagebuch:

„Die gemeinsame Verwerfung des Gasschiffs durch die Herren, die Mühsamkeit und die großen Kosten für die Vorbereitung ließen mich gestern abend bei der gemeinsamen Fahrt nach Göppingen von meinem Vorhaben abstehen. Dann kam mir heute morgen der frühere Gedanke wieder, Gastragung und Flächentragung zu verbinden. Nun merke ich aber, daß ich 45 PS. brauche! Dieses und der fachkundige Eifer, mit dem bei Riedinger auf die Flugmaschine losgesteuert wird, bringt mich abermals zum Entschluß, die Sache aufzugeben. Betrübt ziehe ich von dem netten Essen mit den Herren heim, nur darauf bedacht, Schlieffen, von Tschudi und dem Patentamt abzuschreiben."

Die Geschichte scheint in der Tat aus zu sein, der Graf hat es den Herren offen und deutlich gesagt. Wie schwer ihm dieser Verzicht geworden ist, der ein Verzicht auf Leben und Wirken war – denn leben hieß für ihn wirken –, können wir aus den schlichten Zeilen, in denen er es niederschreibt, nicht entnehmen. Aber wir ahnen es, wenn wir sehen, wie die Sache weitergeht. Mitten im Zuge der resignierten Eintragung in sein Tagebuch kommt ihm plötzlich ein rettender Gedanke, und sofort hebt sich in ihm wieder die Hoffnung und damit der Entschluß zum Weiterarbeiten! Er fährt nach einer offenbar gedankenvollen Pause in der Niederschrift fort:

„Aber Halt! Da hat mir doch Riedinger auf meine Frage, wie sie mit der Flugmaschine aufzusteigen gedenken, während des Wegbegleitens erklärt, daß die bemannte Maschine mittels eines pneumatischen Lancierapparates in die Luft geschossen werden solle. Damit scheint mir der allgemeine Gebrauch ausgeschlossen zu sein – auch schon, weil nur aufgeflogen werden kann, wo die Kanone zur Stelle ist.

Nun habe ich aber auch erfahren, daß Sigsfeld mit Benzin betriebene Motoren so leicht herstellt, daß 20pferdige Motoren nur 110 kg wiegen! Bezinbedarf etwa ¾ kg die Stunde und Pferdekraft! Ich kann also z. B. 4 solcher Motoren anwenden, also 80 PS. mit nur 440 kg Gewicht! ... Ich werde also mit 80 PS., wenn sie auch nur 60 PS. auf den Flügeln ergeben, 17 m/sec, ja wohl 17,5 m/sec vorwärtskommen ...“

Und es folgt jetzt eine eingehende Nachrechnung des Gesamtgewichtes des geplanten Schiffs.

Das Ergebnis ist, daß der Graf dem Hauptmann von Tschudi nicht abschreibt und daß er bereits am 31. Juli, also noch nicht 3 Wochen nach dem ausgesprochenen Verzicht, an den Herrn Riedinger einen Brief folgenden Inhalts schreibt:

„Sehr geehrter Herr!

Nachdem Sie selbst, wie die bei Ihnen arbeitenden Herren, mit so gütiger Weise Aufschlüsse über den Stand Ihrer Bemühungen um Lösung des Problems eines lenkbaren Luftfahrzeuges und Ihre dabei bereits gemachten Erfahrungen gegeben, erklärte ich auf Ihre bezügliche Frage, daß ich mich nicht weiter mit dieser Sache befassen würde. Jetzt bin ich zu dem Geständnis genötigt, daß ich doch wieder auf die Verfolgung meiner ursprünglichen Gedanken darüber zurückgekommen bin. Dieses ist in Folge der mir von Ihnen unmittelbar vor meiner Verabschiedung gewordenen Auskunft geschehen, daß Sie beabsichtigen, den jetzt in Ausarbeitung begriffenen Flugkörper durch Abstoßen mittelst eines pneumatischen Geschützes zu starten. Gänzlich urteilslos über die Möglichkeit, dieses Verfahren ohne zu große Gefährdung der auf der Flugmaschine sich befindenden Menschen anzuwenden, erscheint mir dasselbe doch zweifellos mit dem Mangel behaftet, daß ein Aufflug eben nur da möglich ist, wo ein solches Geschütz sich zur Stelle befindet. Wenn ich nun mit Ihnen für wahrscheinlich halte, daß den Aviatikern die Zukunft der Luftschiffahrt gehört, so glaube ich doch, daß das völlig oder großenteils gasgetragene lenkbare Luftschiff der Vorläufer des nur auf der schiefen Fläche sich hebenden Flugfahrzeuges wird sein müssen, damit wir mit Hilfe des ersteren dieses zu behandeln lernen.

Solche Erwägungen haben mich bestimmt, die schon vor meinem Besuch bei Ihnen eingeleitete Besprechung mit dem Führer der Luftschifferabteilung in Berlin Hptm. v. Tschudi nun doch eintreten zu lassen. Dieser ermutigte mich, das von mir ausgeheckte Projekt für ein Ballonschiff zur Ausführung zu bringen und stellte seine Vermittelung zur Verfügung, um Euer Hochwohlgeboren und meine dem gleichen Zwecke dienenden Bestrebungen in Zusammenhang zu bringen …

Doch wie auch die Verhältnisse sich gestalten mögen, niemals werde ich der Dankbarkeit für die mir von Ihnen gewordene liebenswürdige Aufnahme vergessen und jederzeit mich aufrichtig über jeden Erfolg freuen, den Sie auch auf diesem für das Deutsche Reich so bedeutungsvollen Gebiete erringen werden.

Ich werde auch nicht versäumen, Sie zu benachrichtigen, bevor ich etwa mit anderen technischen oder finanziellen Kräften feste Verbindung eingehe, falls Sie mir nicht jetzt schon, – was ich sehr wohl verstehen und gewiß nicht mißdeuten würde – erklären, daß es Ihnen bei dem vorgeschrittenen Stande Ihrer bezüglichen Arbeiten überhaupt nicht mehr möglich sei, aus der eingeschlagenen Richtung auch nur vorübergehend wieder abzuweichen.

Mit freundlichen Grüßen auch an Ihre Herren Mitarbeiter, und dem Ausdrucke meiner besonderen Hochachtung usw.“

Man könnte geneigt sein, sich über den Optimismus zu wundern, mit dem der Graf seine neuen Hoffnungen und seinen Entschluß zur Fortsetzung seiner Arbeiten an eine offenbar etwas vage Mitteilung über einen neuen leichten Motor knüpft. In der Tat sagt ihm Tschudi gleich bei der ersten Besprechung, daß die von Herrn von Sigsfeld angegebenen Gewichte des angeblich in Ausführung begriffenen Motors wahrscheinlich viel zu niedrig beziffert seien, und der Graf kommt infolgedessen auf die Daimler-Motoren zurück. Aber es ist offenbar, daß in Wirklichkeit nicht so sehr die Hoffnung auf die neuen leichteren Motoren ihn ansporn, als vielmehr eine gewisse Zeitungsnotiz. Diese Notiz hat er ausgeschnitten und inmitten des Entwurfes zu einem Brief, den er über das Gespräch mit Tschudi an den Grafen Schliffen schreibt, in seinem Tagebuch eingeklebt. Sie lautet:

„Heute fanden im Park von Chalais-Meudon Proben mit einem lenkbaren Luftballon statt. General Freycinet wohnte den Versuchen bei. Es handelt sich hauptsächlich um die Vorführung eines neuen Motors, der bei sehr kleinem Gewicht große Kraft entwickelt.“

Der Graf schreibt darüber sofort an seinen Ingenieur, Herrn Groß:

„Vielleicht haben Sie auch den Zeitungen entnommen, wie dieser Tage die französische Militärluftschifferabteilung in Chalais-Meudon dem Kriegsminister Freycinet Versuche mit einem lenkbaren Luftschiff vorführte, das durch eine kleine, aber sehr kräftige Maschine getrieben wurde. Sie ersehen daraus, wie wir Deutschen uns heranhalten müssen, wenn wir nicht zurückbleiben wollen …

Es wäre dringend erwünscht, wenn bei Herrn Daimler bald mehr Zutrauen zur Ausführbarkeit eines lenkbaren Luftschiffs, sobald nur ein genügend leichter und dabei sicher gehender Motor vorhanden ist, erwüchse."

Es ist also die vaterländische Sorge, die den Grafen wieder von neuem packt und vorwärtstreibt. Es muß gehen! Die Franzosen dürfen uns nicht zuvorkommen! Wenn heute die Maschine noch nicht da ist, so werden wir sie schaffen müssen! Wenn unsere Konstrukteure noch nicht wollen, so werde ich sie antreiben. „Duttenhofer", so schreibt er dieser Tage an den Kommerzienrat Lorenz in Karlsruhe, „muß auf Daimler Einfluß nehmen, weil die Firma sonst nicht recht zieht".

Er hat sich mit dem Gedanken, daß die Leute um Riedinger mit ihrer „Flugmaschine" erfolgreich sein könnten, abgefunden, aber auch er will trotzdem an seinem Gasschiff weiterarbeiten. Denn wir müssen alles daransetzen, als erste zu einem militärisch brauchbaren Luftfahrzeug zu kommen! Am 7. August schreibt er, halb resigniert, halb zweifelnd, aber mit einem ganz klaren Blick für seine Situation an Tschudi:

„Verhandlungen, die ich inzwischen mit Daimler

und dessen Direktor Schröder gepflogen; Berechnungen über Stärke und Gewicht des unabhängig von der Gasspannung festen Fahrzeuges; hauptsächlich aber Riedingers Erklärung, er werde das Problem als Aviatiker sicher lösen und deshalb Versuche mit einem gasgetragenen Körper nicht mehr unternehmen, haben mich bestimmt, noch nicht abzulassen …

Angenommen nun, der Riedinger'sche Flugapparat komme wirklich bald zustande, so glaube ich doch, daß neben einem solchen für ein Luftfahrzeug, mit welchem weniger kühne oder weniger gewandte Menschen auch befördert werden können, mindestens noch eine längere Zeit hindurch Aufgaben genug sich finden werden, denen jener nicht zu entsprechen vermöchte.

Auch Renard, der doch den bisher größten Erfolg für sich hat, ist, wie es scheint, bei dem Ballonfahrzeug geblieben, für das er nur eine möglichst leichte und zugleich kräftige Maschine gebaut hat. Ich bin neugierig, etwas Näheres über das Fahrzeug zu hören, welches er am 27. Juli dem Minister Freycinet bei Chalais-Meudon vorgeführt hat.“

Die emsige Kleinarbeit wird fortgesetzt, Verbindung mit einer Reihe von Technikern aufgenommen, insbesondere die Fühlung mit Duttenhofer, seiner stärksten Stütze, und mit dem Daimler-Kreis enger gestaltet. Aber es ist fürchterlich schwer, andere bei der Stange zu halten, wo er doch selbst vorübergehend schwankend geworden ist. Duttenhofer will abspringen. Er hat an Zeppelins Ingenieur Groß geschrieben, daß der Graf von falschen, zu optimistischen Voraussetzungen ausgehe und daß er keine großen Summen ausgeben dürfe. Groß scheint nicht fest genug entgegnet zu haben, und die Folge ist, daß der Graf ihn entlassen will. „Bei dem Vorurteil“, so schreibt er an Duttenhofer, „welches naturgemäß gegen mich als Laien besteht, ist es umso notwendiger, daß der für mich arbeitende Techniker mir fördernd zur Seite stünde, anstatt, wie Herr Groß häufig, eher ein Hemmnis für mich zu sein. Auch habe ich mich von Anfang an noch nach einem jüngeren Mann umgesehen, der tüchtig und bereit wäre, sich mit mir in alles Einschlägige einzuleben.“ Mit allzu bedachtsamen Sicherheitskommissaren, die lediglich auf der vorhandenen technischen Grundlage aufbauen, kann man in dieser Sache in der Tat nicht weiterkommen. Der Graf braucht Helfer, die wie er optimistisch mit dem Fortschritt der Technik rechnen und diesen durch Forderungen zu erzwingen suchen. So kommt es nach einem vorübergehenden Versuch, einen dem Grafen empfohlenen anderen Ingenieur zu gewinnen, im März 1892 zu einem Vertrag mit dem jungen Ingenieur Kober von der Firma Riedinger in Augsburg, der auf den 1. Mai 1892 verpflichtet wird. „Ich freue mich auf den 1. Mai, wo wir werden beginnen können, und ich hoffe zu Gott, daß es unserer gemeinsamen Arbeit gelingen wird, etwas Nützliches für unser deutsches Vaterland zu schaffen.“

Inzwischen geht die Arbeit in ruhiger und umsichtiger Weise fort. Es werden Verbindungen mit den Mannesmann-Röhrenwerken, mit der Aluminiumfabrik Neuhausen, mit einer englischen Spezialfirma für Exhaustoren u. a. m. angeknüpft, um in Materialien und Treibrädern das Beste zu erhalten, es werden hervorragende Techniker, wie z. B. der bekannte Professor Bach, zu interessieren versucht und auch wirklich interessiert, und es werden von dem Grafen noch einmal in einer ausführlichen Denkschrift, die zahlreichen Stellen zugeleitet wird, seine Gedanken zusammengefaßt und dargelegt. In dieser Denkschrift, die nur auszugsweise wiedergegeben werden kann, heißt es unter anderem:

„Denkschrift über das lenkbare Luftschiff.

In jüngster Zeit sind die Zeitungen besonders reich an Aufsätzen gewesen, welche die Lösbarkeit der Aufgabe, einen durch Gas getragenen Körper im Luftmeer zu steuern, in der allerentschiedensten Weise verneinen. Dagegen wird übereinstimmend erwartet, daß die Nachahmung des Vogelflugs zum erwünschten Ziele, dem lenkbaren Luftschiff, führen werde.

Die Sicherheit, mit welcher die Verfasser jener Aufsätze, unter Berufung auf Techniker von Weltruf, ihre Urteile aussprechen, ist geeignet, das zu meiner Art des Vorgehens etwa gefaßte Vertrauen wieder zu erschüttern. Ich tue deshalb im Nachstehenden dar, wie alle Angriffe nur geeignet sind, die Richtigkeit meiner Berechnungen zu bestätigen, nicht dieselbe umzustoßen …

Zuvor bemerke ich hinsichtlich der Erwartungen, es werde ein lenkbares Luftfahrzeug in einfacher Nachahmung des Vogelflugs zu erhalten sein, daß dieselben insofern durchaus berechtigt sind, als Flächen (Flügel), welche in geeigneter Lage durch die Luft bewegt werden, jede zu ihrer Ausdehnung und der ihnen erteilten Geschwindigkeit im richtigen Verhältnisse stehende Last zu tragen vermögen. Sie leisten diese Arbeit aber erst, wenn sie die erforderliche Geschwindigkeit bereits erreicht haben. Die Lösung der Aufgabe, dem ausgedehnten Flugkörper in genügend gefahrloser Weise diese Geschwindigkeit schon als Anfangsgeschwindigkeit zu geben, ist bisher wenigstens nicht verwirklicht. Sollte sie demnächst gelingen, so würden gasgetragene Luftfahrzeuge, welche bei einer Störung im Gange der Maschine nicht niedergehen, insbesondere für Reisen über Gebirge und Meere doch noch von unermeßlichem Werte bleiben …

Der Widerstand, welchen bewegte Flächen erleiden, wächst, wie namentlich verschiedene Versuche in England unwiderleglich beweisen, in viel geringerem Verhältnis als ihre Größe, während andererseits der Flächeninhalt des Kreises im quadratischen Verhältnis zu seinem Halbmesser wächst. Wenn man daher dem Luftfahrzeug, wie es von mir geschieht und schon mehrfach geschehen ist, eine cylindrische Form gibt, so steigert sich die Tragfähigkeit in bedeutend rascherem Verhältnis als der Luftwiderstand gegen seine Vorwärtsbewegung …

Die Möglichkeit, Gashüllen von cylindrischer Form in der zum Tragen schwerer Maschinen erforderlichen Größe mit genügender Steifigkeit und mit der Festigkeit herzustellen, daß sie dem Luftwiderstand gegen den Vorwärtstrieb durch die starke Maschine ohne zu platzen standzuhalten vermögen, wird sodann mit vollem Recht bestritten.

Darum besteht mein Luftfahrzeug aber auch aus einem vollständig geschlossenen festen Gehäuse mit zahlreichen Zwischenwänden. In die durch letztere gebildeten Abteilungen erst werden ihrer Form angepaßte Hüllen zusammengefaltet eingebracht und dann mit Gas gefüllt. Diese Gasbehälter, welche die ganze Last des Fahrzeugs zu heben vermögen, sind sonach jedem durch die Bewegung im Luftraum hervorgerufenen Drucke entzogen …

Ich füge noch einige Angaben über mein Projekt bei, die ich gleichfalls auf Wunsch zu ergänzen gerne bereit bin.

Um einen Anhalt zur Berechnung des Widerstandes, welchen mein Fahrzeug bei der Fortbewegung im Luftraum finden wird, zu bekommen, gebe ich ihm gleichen Querschnitt wie dem französischen Militärluftschiff ‚La France‘, über dessen Flugversuche alle erforderlichen Zahlen bekannt sind.

Dasselbe begegnete bei der Geschwindigkeit von 5,5 Sekundenmeter einem Widerstande von 22,8 kg. Die für diese Geschwindigkeit gebrauchte Kraft betrug, an der Welle der Maschine gemessen, 175 kgrm = $2\frac{1}{3}$ PS.

Ich verwende einen Motor von 30 PS. = 2250 kgrm. Die Treibräder ergeben nach den angestellten Versuchen eine Druckwirkung von mindestens 70 % der an der Welle gemessenen Maschinenkraft, somit

$$\frac{2250 \cdot 70}{100} = 1575 \text{ kgrmr.“}$$

Diese Denkschrift atmet die ganze Siegeszuversicht und den festen Glauben des Grafen an seine Konstruktion, einen Glauben, der durch den Wunsch stark gefördert wurde, in dem beginnenden Wettstreit mit der französischen Heeresluftfahrt den Vorsprung zu gewinnen. Ob die Ausführungen einer ganz nüchternen Kritik standhalten konnten, kann vielleicht bezweifelt werden. Beispielsweise dürfte zu den Geschwindigkeitsberechnungen ein kleines Fragezeichen zu machen gewesen sein, denn über den Wirkungsgrad, den Schub der Luftschrauben bei der „La France“ lagen keine bestimmten Angaben vor, und ebenso konnte der Graf Zeppelin damals noch nichts über die Schrauben wissen, mit denen er zu rechnen haben würde. Auch wissen wir heute, daß eine Eigengeschwindigkeit von 10 Meter/Sekunde nichts weniger als ausreichend ist, einem Luftfahrzeug „eine fast unausgesetzte Verwendbarkeit zu sichern“. Aber der Graf sah, wenn auch recht optimistisch, einen erheblichen Fortschritt durch seine Konstruktion erzielt, sowohl bezüglich der Leistung, wie auch besonders bezüglich der Bauart. Und so drängte er ungestüm vorwärts in dem mehr oder weniger klar empfundenen Gefühl, daß in seinem Konstruktionsprinzip die großen Entwicklungsmöglichkeiten steckten. Dieses Gefühl wird in der Folge immer bestimmter von ihm zum Ausdruck gebracht.

Im Mai 1892 tritt nun der junge Ingenieur Kober seine Stellung beim Grafen Zeppelin an, und es beginnt damit die sorgfältige Durchrechnung und konstruktive Gestaltung des Zeppelinschen Gedankens. Es entsteht in den wesentlichsten Zügen das aus verspannten Ringen und Längsträgern aufgebaute Aluminiumgebilde, das noch heute, wenn auch in außerordentlicher Verfeinerung und technischer Durchbildung, die bekannte Form des Zeppelinschiffs ausmacht. Es wird so gewissenhaft nach den üblichen Ingenieurgrundsätzen gerechnet und konstruiert, soweit die damals noch sehr dürftigen aerodynamischen Kenntnisse es gestatteten, daß der Graf Zeppelin im Jahr 1893 seinen Entwurf einer technischen Kommission der Militärverwaltung getrost glaubt unterbreiten zu dürfen. Er versucht also, diese Kommission ins Leben zu rufen. Der Kampf hierum und der Kampf dann mit dieser Kommission, als sie endlich da war, ist eines der dramatischsten Kapitel in dem an dramatischen Momenten wahrlich nicht armen Ringen des Grafen, denn er bekommt es jetzt in erster Linie mit Herren der hohen Behörde des Kriegsministeriums zu tun. Eine Behörde ist aber, wie man weiß, nicht dazu da, sich um Gedanken eines privaten Laien zu kümmern, wenn dessen Ideen nach dem Urteil der eigenen Sachverständigen phantastisch sind. Jedermann weiß doch, daß nur närrische Käuze sich mit einem Luftschiff, zumal mit einem Monstrum der Zeppelinschen Art, beschäftigen können! Daß dieser Laie ein General ist, macht die Sache nicht schmackhafter, im Gegenteil muß es die Zurückhaltung verstärken, wenn man erwägt, daß dieser General schon immer sich als ein Querkopf erwiesen hat und deshalb vor drei Jahren den Abschied erhielt.

Zweitens bekommt der Graf es jetzt mit Herren der zünftigen Wissenschaft zu tun, und es ist für Autoritäten auf dem Gebiet der Technik schon eine gewisse Zumutung, sich mit einem Erfinder auseinandersetzen zu sollen, dessen eigenartige Ausdrucksweise ihn sofort als einen Autodidakten und Nichttechniker erkennen läßt.

So ist die Atmosphäre von vornherein nicht günstig, und man darf offen zugeben, daß es dem Grafen niemals gelungen wäre, die Kommission auf die Beine zu bringen, wenn er eben nicht der Graf Zeppelin gewesen wäre, dessen soziale Stellung, dessen Charakter und bekannte Leistungen als Soldat seinen Bemühungen einen gewissen Nachdruck verliehen.

Der Graf wendet sich zunächst direkt an das Preußische Kriegsministerium. Als er damit nicht weiterkommt, sucht er die Unterstützung einer Reihe von hohen Offizieren, insbesondere des Generalstabschefs Graf von Schlieffen, zur Erreichung seines Zieles zu gewinnen. Aber er geht höher hinauf: Er weiß seinen König zu bewegen, den Kaiser bei dessen Besuch in Stuttgart im September 1893 auf seine Konstruktion aufmerksam zu machen. Es geschieht, und der Graf schreibt am 2. Oktober wieder an den Grafen von Schlieffen:

„Wie ich in meinem Schreiben vom 14. vor. Mts. anzudeuten mich beehrte, hat Se. Maj. d. König von Württemberg, mein allergnädigster Herr, die Gnade gehabt, das allerhöchste Interesse Sr. Maj. des Kaisers auf meinen Entwurf zu lenken. In Folge dessen haben des Kaisers Majestät mir am 16. September, im Augenblick der Abreise von Stuttgart, die Worte huldvollst zuzurufen geruht: ‚Sie werden von mir hören‘, und hat mir Se. Ex. d. General d. Inf. von Hahncke den Auftrag erteilt, um die Angelegenheit geschäftlich in die Wege zu leiten, eine Immediateingabe an Se. Maj. d. Kaiser einzureichen. Das letztere ist inzwischen geschehen und habe ich die Eingabe mit einem Schreiben an Exz. v. Hahncke begleitet.“

Ungeduldig wartet er auf die entscheidende Antwort, und er schreibt Ende Oktober besorgt an den General von der Goltz, den Chef des Ingenieurkorps:

„… Dringe ich jetzt nicht durch, so ist ernstlich zu befürchten, daß Deutschland nicht den Vortritt bei dieser Erfindung haben wird. Leute mit mehr technischem Witz und Wissen als ich wird es jederzeit genug geben; aber nach meinem Scheitern würde nicht so leicht wieder einer die Mittel an die Versuche wagen, welche notwendig sind, um zunächst sich selbst von der Ausführbarkeit seines Entwurfs zu überzeugen.“

Ohne Zweifel hat er recht mit dieser Auffassung, und er ist erfreut, endlich am 13. November an das Kriegsministerium schreiben zu können:

„Dem Kgl. Kriegsministerium danke ich ganz ergebenst für die im Schreiben vom 4. d. Mts. No. 536/10. 93 A 1 kundgegebene Geneigtheit, meinen Entwurf für einen lenkbaren Luftfahrzug durch eine Kommission – unter Heranziehung der Luftschiffer-Abteilung und von Autoritäten im Gebiete der Technik und des Luftschifferwesens – prüfen zu lassen.“

Bezeichnend für seine Lage und für die Schwierigkeiten, die ihm allmählich aus seinen Arbeiten erwachsen, ist der Schlußsatz seines Schreibens an das Ministerium:

„Ich darf mir wohl anzunehmen gehorsamst gestatten, daß das Kgl. Kriegsministerium, im Falle die evtl. Kommission einen Fehler in meinen Berechnungen nicht nachzuweisen vermag, in der Lage und geneigt sein wird, wenigstens diejenigen Mittel zu gewähren, welche zur völligen Vollendung der Konstruktionszeichnungen und zur Erhaltung der unmittelbaren Verbindung zwischen meinen Vorarbeiten und der erhofften Inangriffnahme des Baues von Luftfahrzeugen erforderlich würden. Ich könnte es meiner Familie gegenüber nicht verantworten, auch diese Ausgaben den schon gebrachten Opfern hinzuzufügen.“

Aber Gottes Mühlen mahlen langsam. Der Graf hört vorerst nichts weiter von der Berufung der zugesagten Kommission und sieht sich gedrängt, am 29.

Dezember einen Brief an den General von Lindequist zu schreiben und ihn zu bitten, dahin zu wirken, daß die Sache weitergeht.

„Wenn Kriegsministerium auch die wenigen, langsam zu zahlenden Mittel nicht gewähren kann, muß ich auch von einer bestimmten Zusage in dieser Beziehung absehen. Denn wenn das so weiter geht, so verblute ich mich langsam und es kommt doch nichts zustande. Wenn ich mich mit allen widerstrebenden Faktoren herumpauken muß, so wird die Sache tot gemacht, wie ich es Sr. Maj. d. Kaiser erklärte, als Allerhöchstderselbe meinte, ich solle mein Projekt einreichen.

So nutzt mir der Kaiser garnichts. Er muß befehlen, daß die Kommission, und zwar bald, stattfindet – unter der selbstverständlichen Voraussetzung, daß ich keine Bedingungen stelle, die das Kriegsministerium nicht erfüllen kann.“

Inzwischen füllt er die Wartezeit durch sorgfältige Überprüfung und Verbesserung seiner Pläne aus, durch eine Rechenschaftsablage über seine Arbeiten und seinen Anspruch, von einer Kommission von Wissenschaftlern gehört zu werden. Bescheiden und selbstbewußt zugleich schreibt er am 30. Januar an den Kriegsminister, General Bronsart von Schellendorff:

„Vor mehr als 20 Jahren brachte mich ein Zufall auf die meinem heutigen Entwurf für lenkbare Luftschiffe zugrundeliegenden Gedanken. Seit ich keine Berufstätigkeit mehr habe, suche ich dieselben zum Nutzen des Deutschen Reiches zu verwerten. Eingehende Studien und das Bekanntwerden mit den Fehlern oder Schwächen der bisherigen Arten, in welchen das Problem der Lenkbarkeit von Luftfahrzeugen zu lösen versucht wurde, haben zu der Ausgestaltung meines Entwurfs geführt, wie ich ihn jetzt nach mehrjähriger Arbeit in voller Überzeugung von seiner Brauchbarkeit einer Kommission von Autoritäten ersten Ranges auf den Gebieten der Maschinenbaukunde und des Luftschifferwesens zur Prüfung vorlegen möchte …

Um für die berechnete Festigkeitsanforderung die geeigneten Ausmaße der einzelnen Metallteile zu finden, habe ich viele hundert Ermittelungen in der Kgl. Materialprüfungsanstalt zu Stuttgart vornehmen lassen …

Gewißheit in einigen Fragen über Ballonbehandlung und Führung habe ich mir durch Ermiethung des bewährten Luftschiffers Spelterini mit seinem Ballon Urania verschafft.

Die Berechnungen und Konstruktionszeichnungen, sowie die verschiedenen Maschinen- und Material-Prüfungen sind durch tüchtige, erfahrene Ingenieure, welche ich in meinen Dienst genommen habe, ausgeführt worden …

Die Konstruktion, wie wir sie Ihnen heute vorzulegen die Ehre haben, ist nur in ihren Grundfragen von mir erdacht; das ganze Verdienst der Ausführung, die sich kühnlich der Lösung der schwierigsten technischen Aufgaben an die Seite stellen darf, welche die Neuzeit gesetzt hat in einer Überbrückung des Canals, einem Eiffelturm u. dgl., gebührt meinem Ingenieur, Herrn Kober.“

Endlich am 16. Februar 1894 hört er etwas Weiteres über den Fortgang seiner Angelegenheit, aber es ist eine Nachricht, die ihn entrüstet und zornig auffahren läßt. Er schreibt in seinem Tagebuch folgendermaßen darüber:

„General Lindequist hat etwa am 8. Februar von General Bronsart erfahren, es sei bereits ausgefertigt, daß erst zwei Hauptleute der Luftschifferabteilung, einer aus Berlin, einer aus München, hierhergesandt werden sollen, um zu prüfen, ob mein Entwurf der Beachtung wert ist, dann soll ich ihn zu weiterer Prüfung nach Berlin schicken. – Das bedeutet ein kränkendes Mißtrauen! …

Zwei untergeordnete Militärluftschiffer, welche den konstruktiven Teil des Entwurfs gar nicht beurteilen können und von der Lenkbarkeit keinen Deut mehr verstehen können, als ich, sollen berichten, ob ihnen mein Entwurf gefällt; – es ist also in ihre Hand, in die Hand von Leuten gelegt, die eigentlich meine Konkurrenten sind, weil sie die Lenkbarkeit immer selbst erfinden möchten. Das ging damals, als er vor drei Jahren hier war, aus Äußerungen von Tschudi hervor. – Ob da einer hinter der Verschleppung in Berlin sitzt?“

Die zwei Offiziere werden nicht gesandt. Es findet wirklich am 10. März die Sitzung einer Kommission statt, in der Professor Helmholtz den Vorsitz führt und der die Professoren Slaby, Müller-Breslau und Aßmann sowie von seiten der Militärverwaltung der Major Nieber, Hauptmann Michaelis und Oberleutnant Groß, alle drei von der Luftschifferabteilung, angehören. Die Kommission einigt sich auf eine von Professor Helmholtz formulierte Erklärung, „daß die ihr vorgelegten Pläne sehr beachtenswert und nicht unausführbar erscheinen und daß sie deshalb dem Kgl. Kriegsministerium die Schritte zur Sicherung der Erfindung für das Reich anheimstelle.“ Abgesehen von Bedenken hinsichtlich der Landung und Verankerung des Luftschiffs, die hauptsächlich von den Offizieren der Luftschifferabteilung erhoben werden, sind in der Sitzung, namentlich von Professor Müller-Breslau, Einwendungen gegen die Festigkeit des Gerippes gegenüber seitlichen Beanspruchungen erhoben worden. Aber es wird von Professor Müller selbst erklärt, daß die erforderlichen Versteifungen nicht sehr ins Gewicht fallen und die Schwimm- und Steigefähigkeit des Schiffes voraussichtlich nicht ausschließen werden. So kommt es zu weiteren Verhandlungen, bei denen Graf Zeppelin sich bereit erklärt, seinen Entwurf im Sinne Müller-Breslau zu überarbeiten. Im Juni erklärt die Kommission, „ohne ihrem abschließenden Urteil irgendwie vorgreifen zu wollen“, die Erfindung des Grafen Zeppelin für so bedeutsam, „daß sie d. Kgl. K. M. glaubt anheimgeben zu müssen, die Möglichkeit der späteren Ausführung durch Gewährung der notwendigsten Mittel zur Erhaltung des Zusammenhangs zwischen den bisherigen Vorarbeiten und Versuchen und dem etwaigen Beginne des Baues eines Luftfahrzeuges sicher zu stellen.

Dem Gr[afen] Z[eppelin] die Hergabe dieser Mittel zuzumuten erscheint nicht angängig, nachdem derselbe erklärt hat, bereits in der Vergangenheit Opfer für Vorarbeiten und Versuche bis zur Grenze des ihm nach seiner Vermögenslage Möglichen gebracht zu haben.“

Eine Frage des Vorsitzenden der Kommission, ob der Graf Zeppelin nicht auf eigene Kosten zunächst eine Umarbeitung seiner Entwürfe entsprechend den

Einwürfen Müller-Breslau vornehmen könne, um der Kommission ein abschließendes Urteil zu ermöglichen, muß dieser unter Hinweis auf die großen von ihm bereits gebrachten Opfer mit Nein beantworten, und so wird ihm nahegelegt, das Ministerium zu bitten, die Kommission über die Aufbringung der Kosten für diese Arbeit zu befragen. Der Graf tut es in folgendem Schreiben an das Kriegsministerium:

„Das Kgl. Kriegsministerium bitte ich demnach gehorsamst, die zur Prüfung meiner Entwürfe eingesetzte Kommission hochgeneigtest darüber befragen lassen zu wollen, ob sie, ohne ihrem schließlichen Gesamtgutachten irgendwie bestimmend vorzugreifen, es für sehr wünschenswert erachtet, daß mir ermöglicht werde, die oben erwähnte Umarbeitung auszuführen und den Fortgang der Vorbereitung für den etwaigen Bau eines Luftfahrzeuges vor ihrem endgültigen Beschluß nicht zu unterbrechen, – im Falle der Zustimmung der Kommission aber mir für die gedachten Zwecke Mittel bis zum Höchstbetrage von 20.000 M. hochgeneigtest bewilligen zu wollen.“

Wäre die Kommission dieser Bitte entsprechend befragt worden, so hätte sie, wie Professor Helmholtz dem Grafen sagte, sicherlich empfohlen, die Kosten für die Umarbeitung auf das Reich zu übernehmen. Aber der Brief erreichte nicht einmal den Kriegsminister selbst, sondern blieb im Allgemeinen Kriegsdepartement hängen und wurde von hier aus abschlägig beurteilt: „Mittel für derartige Zwecke stünden nicht zur Verfügung und müßten etatmäßig angefordert werden.“ Es war also ohne Zweifel der eigentliche Sitz des Widerstrebens nicht bei den technischen Sachverständigen, sondern in der Militärverwaltung zu suchen, die dem Grafen Zeppelin ja schon vier Jahre früher Beweise ihres größten Wohlwollens für ihn gegeben hatte!

Unter diesen Umständen kam nun auch die Gesamtkommission in einer Sitzung am 14. Juli, zu der Graf Zeppelin nicht zugezogen wurde, zu einer einstimmigen Ablehnung des Entwurfs, und zwar vornehmlich auf Grund des statischen Gutachtens des Professors Müller-Breslau, der „eine sehr bedeutende weitere Verstärkung, wofür der Auftrieb entfernt nicht ausreiche" für erforderlich hält.

Die Lage des Grafen Zeppelin erscheint jetzt fast hoffnungslos, denn wenn das Kriegsministerium aufgrund des Gutachtens bautechnischer Autoritäten eine weitere Befassung mit dem Starrluftschiff-Problem ablehnt, wo soll der Graf dann die Mittel für den Bau oder auch nur für eine weitere Fortsetzung der Studien und Versuche finden? Kein Industrieller wird ihm einen Pfennig dafür geben! Aber er denkt nicht daran, die Waffen zu strecken. Zunächst beschließt er, die gewünschte Umarbeitung auf eigene Kosten vorzunehmen, obwohl, wie er an den General von der Goltz schreibt, „sein Geldbeutel sich allmählich dabei verblutet". Dann aber läuft er Sturm gegen das Gutachten des Professors Müller-Breslau. Er scheut sich nicht, offen zu sagen, daß dieser und andere Autoritäten vielleicht Meister in ihrem Fach sein möchten, daß dieses sie aber nicht zu Sachverständigen auf dem neuen Gebiet der Luftfahrt mache. So z. B. seien ihre Annahmen über den Winddruck entschieden unrichtig, denn dieser wachse durchaus nicht im Verhältnis der Größe der Flächen, sondern viel weniger stark. Damit hatte der Graf ohne Zweifel

LZ 1 (1900)

Seitensteuerung durch einfache Ruderflächen, Höhensteuerung durch Laufgewicht

eine richtige Erkenntnis vorausschauend gewonnen. Er ist Ende August in seiner wiedergewonnenen Selbstsicherheit so weit gelangt, daß er an den Kriegsminister eine Bitte um Wiederzusammentritt der Kommission zu richten wagt, eine nach dem herrschenden Begriff fast unglaubliche Forderung. Er schreibt unter anderem:

„An das Preuß. Kriegsministerium.

Das Kgl. Kriegsministerium hat mir in der Anlage zu dem geehrten Schreiben vom 1. August d. Jrs. das Gutachten des Prof. Müller-Breslau über die statischen Verhältnisse der von mir entworfenen lenkbaren Luftschiffe mitgeteilt. Die darin enthaltenen Bemängelungen sind richtig, wenn bei der Berechnung der Steifigkeit der Fahrzeuge nur der metallische Bau und nicht zugleich die Verstärkung berücksichtigt wird, welche die Gasspannung bewirkt ...

Gestützt auf die in meinem alleruntertänigsten Immediatgesuch an S. M. d. Kaiser ausgesprochene, von dem Kgl. K. M. nicht beanstandete Bedingung, wonach ich meinen Entwurf vor der Kommission selbst verteidigen darf und die von dieser nachgewiesenen Fehler unabstellbare sein müssen, bitte das Kgl. Kg. M. ich ganz gehorsamst, mir nunmehr hochgeneigtest Gelegenheit geben zu wollen, vor der Kommission den Beweis dafür zu erbringen, daß die an dem ursprünglichen Entwurf gefundenen Fehler durch die inzwischen stattgehabte Umarbeitung beseitigt sind.“

Technisch interessant und bedeutungsvoll in diesem Schreiben ist der Hinweis, daß die Gasspannung bei der Festigkeitsberechnung des Schiffs in Betracht gezogen werden müsse, was Müller-Breslau getan zu haben behauptete. Graf Zeppelin weist damit sozusagen auf ein Konstruktionselement hin, mit dem man heute sehr stark rechnet, das aber mathematisch aus manchen Gründen beim bewegten Schiff nicht immer genau bestimmbar ist und das den Betrachtungen eines exakten Statikers zu der Zeit ferner liegen mußte. Ob freilich der Kriegsminister diesem Einwand des Grafen viel Bedeutung beimaß, mag wohl zweifelhaft sein. Um so mehr Eindruck mußte aber auf ihn die Beschwerde des Grafen machen, daß man diesen nicht zu der entscheidenden Sitzung der Kommission zugezogen habe. Der Graf ist selbst so sehr von dem ihm damit geschehenen Unrecht durchdrungen, daß er in sein Tagebuch vermerkt: „Wie liegt rechtlich die Frage der Prüfung meiner Entwürfe zwischen dem Kgl. Pr. Kriegsministerium und mir?“ Offenbar dachte er an einen Rechtsstreit. Dazu brauchte es nun aber nicht zu kommen, denn er setzte es durch seine Energie und zähe Arbeit bei den verschiedensten einflußreichen Persönlichkeiten schließlich durch, daß im Dezember 1894 eine neue Sitzung der Kommission anberaumt wurde. Er sah mit besten Erwartungen dieser Sitzung entgegen, denn er hatte inzwischen seine Konstruktion verstärkt, und er hatte von dem General von der Goltz gehört, daß der (inzwischen leider verstorbene) Professor Helmholtz diesem erklärt habe, „der Zeppelinsche Entwurf sei so bedeutend, daß auf alle Fälle daraus etwas gemacht werden müsse“.

Aber das Ergebnis fiel anders aus, als der Graf gehofft hatte: Der Entwurf wurde wieder abgelehnt! Neben den technischen und aeronautischen Gründen, die für diese Ablehnung bestimmend waren, verdient ein vom Ministerium vertretener Gesichtspunkt besonders hervorgehoben zu werden, der klar zeigt, wie eine weltweite Kluft zwischen der Auffassung des Grafen Zeppelin und der der Militärverwaltung klaffte:

„Das Verhältnis zwischen den Kosten und dem Verwendungswert solcher Fahrzeuge sei zu ungünstig, als daß der Militärverwaltung die Aufwendung bedeutender Mittel zur Ausführung solcher Entwürfe empfohlen werden könne. Nur wenn die Fahrzeuge für Verkehrszwecke bereits vorhanden und erprobt seien, dürfte die Militärverwaltung sie als Kriegsmittel anzuwenden versuchen.“ Die beiden konnten nicht zusammenkommen. Eine bürokratisch geleitete Verwaltung wird immer sparsam sein und jede „Projektenmacherei“ ablehnen, ein Pionier und Erfinder muß an Entwicklung glauben und wagen und darf kein „Pfennigfuchser“ sein. Graf Zeppelin freilich meinte, daß die französische Heeresverwaltung wage und immer Geld für die Entwicklung der Heeresluftfahrt zur Verfügung stelle. Weshalb nicht die deutsche?

Was nun? Einen Ausweg aus den Schwierigkeiten scheint es nicht zu geben. Es scheint endgültig aus zu sein. Zwar fügt sich der Graf nur grollend und widerstrebend. Er verteidigt seine Sache weiter gegenüber den Luftschiffern und gegenüber den Statikern. Mit Müller-Breslau gerät er in einen hitzigen Streit. Dieser behandelt ihn etwas von oben herab, und Graf Zeppelin muß den kameradschaftlichen Schutz der Offiziere in der Kommission gegen einen „in einem der Grenzen des Zulässigen nahe kommenden Geiste der Geringschätzung und des Hohnes geschriebenen

Brief“ desselben erbitten. Es wird auch in weiteren Briefen an den König von Württemberg und sogar noch einmal an den Kaiser versucht, das Schicksal zu wenden. Vergebens! Der einzige Erfolg ist, daß dem Grafen auf Befehl des Kaisers die lächerliche Summe von 6000 Mark als Beihilfe überwiesen wird. Dieser hat Bedenken, ob er das Almosen annehmen soll, aber er braucht dringend Geld und beschwichtigt sein Gewissen mit einer resignierten Begründung, die er dem Kriegsminister gibt:

„Obgleich der Bau eines Luftfahrzeuges nach meinem Entwurf noch nicht in Aussicht genommen ist, glaube ich doch die mir angebotene Summe umso eher annehmen zu können, als schon die meiner Einwirkung zu verdankende Erlangung leichteren Gases aus den Staßfurter Werken einen großen Gewinn für die Luftschifferabteilung bedeutet. Nicht minder wird mein der Rheinischen Gummiwarenfabrik Franz Clouth angegebenes Verfahren für das Gasdichtmachen von Stoffen bei geringerer Gewichtsvermehrung als bisher sich auch für die Militärluftschiffahrt vorteilhaft ausbeuten lassen.“

An seinen König aber schreibt er zu gleicher Zeit, Mitte Juli 1895, einen uns sehr überraschenden Brief:

„Obgleich nun auch die auf S. Maj. d. Kaiser gesetzte Hoffnung sich nicht erfüllt hat, glaube ich mich doch verpflichtet, den Versuch nicht aufzugeben, dem Deutschen Reiche den Vorteil des ersten Besitzes leistungsfähiger lenkbarer Luftfahrzeuge zu verschaffen. Ich habe mich deshalb bereits an den Geheimen Kommerzienrat Duttenhofer in Rottweil gewandt. Dieser hält, soweit eine kurze Prüfung ein Urteil zuläßt, meine Einwände gegen die Äußerungen der Professoren für zutreffend, und er hat sofort an den bisherigen Ersten Direktor von Krupp in Essen, Groß, die Einladung gerichtet, hierher zu kommen, um eingehend zu prüfen, wer in den strittigen Punkten recht hat. Groß soll in der industriellen Welt ein so hohes Ansehen genießen, daß sein Urteil weit mehr Wert habe, als dasjenige auch der bedeutendsten Theoretiker.“

Man kann wirklich gespannt sein, was dieser Direktor Groß, also ein Namensvetter sowohl des ersten, wenig geeigneten Ingenieurs in Diensten des Grafen, als auch des der Kommission angehörenden, wenig freundlichen Oberleutnants Groß von der Luftschifferabteilung, zu sagen haben wird. Wenn „Nomen est omen“, wird es nichts Günstiges sein. Es gilt vor allem aufzukommen gegen die beiden Einwände, daß das Schiff zu schwach gebaut und daß es zu langsam sei! Wie wird das gelingen?

Und siehe da! Der Direktor Groß, ein Ballistiker von Ruf bei der Firma Krupp, rechnet aus, daß das Schiff seiner Ansicht nach eine Geschwindigkeit von 12,4 m/sec haben werde, wenn man ihm eine bessere Spitze geben würde. Die Kommission hatte höchstens 6 m/sec zugestehen wollen.

Überflüssig zu sagen, daß der Graf Zeppelin mit triumphierender Begeisterung und Gläubigkeit dieses Gutachten des anerkannten Ballistikers entgegennimmt, denn 12,7 m/sec hatte er ja selbst immer als wahrscheinliche Geschwindigkeit seines Schiffes errechnet. Um der Wahrheit die Ehre zu geben, muß man sagen, daß der Direktor Groß mit seiner Schätzung unrecht hatte, wie die späteren Versuche erwiesen, aber daß er mit seinem Gutachten dem Grafen in schlimmster Stunde psychologisch zu Hilfe kam, war ein wunderbares Glück für ihn und für die Sache des Starrluftschiffs. Sofort schreibt er an das Kriegsministerium, was dieses nun nach Kenntnis der neuen Sachlage zu tun beabsichtige. Natürlich bleibt ihm das Ministerium die erwartete günstige Antwort schuldig. Und den König, der ihm ein Freund ist, unterrichtet er in folgender Weise:

„Eurer Kgl. Majestät habe ich anfangs Juli dieses Jahres berichten dürfen, daß der hervorragendste Fachmann Deutschlands im Gebiete des Widerstands, den durch die Luft bewegte Körper erleiden, Direktor Groß von Essen, meine Berechnungen der Fahrgeschwindigkeit meiner Luftfahrzeuge prüfen würde.

Derselbe hat unter ausdrücklicher Verwerfung der Berechnungen der Professoren Müller-Breslau und Busley – die freilich auf diesem Gebiete eben nicht Fachmänner sind – die Richtigkeit der von mir errechneten Geschwindigkeit von 12,5 m i. d. Sekunde anerkannt. Dazu hat er für diese Richtigkeit auf Grund der mit den Geschossen gemachten Erfahrungen einen weiteren ganz unanfechtbaren Beweis beigebracht. Die Kommission hatte die Ausführbarkeit meiner Entwürfe nicht mehr beanstandet und den Bau eines Fahrzeugs im Grunde nur wegen der von ihr angenommenen ungenügenden Fahrt von kaum 5–6 m in d. Sekunde nicht empfehlen können.

Nachdem nun aber durch die Wissenschaft und Erfahrung die Tüchtigkeit der entworfenen Fahrzeuge nach jeder Richtung anerkannt ist, sollten die Kosten nicht länger von dem Bau abhalten.“

Man muß mit Bedauern feststellen, daß der Graf Zeppelin in dieser Phase seines Kampfes in einer scheinbaren Quer- oder Dickköpfigkeit sich etwas verrannte, wohl durch die offenbar unfreundliche Haltung der Militärverwaltung und durch ein überhebliches Auftreten einzelner Professoren gereizt und etwas nervös gemacht. Die Stärke und Größe seines Standpunktes lag bisher darin, daß er einmal sein Prinzip verteidigte, indem er sagte, „mein System ist das beste, ja das für militärische Zwecke einzig denkbare, und wenn überhaupt einmal Luftschiffe möglich sind, so werden es meine sein“, und daß er zum andern mit der Entwicklung der Technik rechnete, die in bezug auf Baumaterial und Motorenleistung allmählich schon die notwendigen Erfordernisse erfüllen werde, wenn man nur anpacke und den Anfang mache. Jetzt tat er so oder stellte sich so, als ob eigentlich alle Vorbedingungen mit der Berechnung des Herrn Groß, der doch auch nichts weniger als Luftschiff-Fachmann war, schon gegeben seien. Man kann diese Haltung verstehen, wenn man sich vergegenwärtigt, daß er sich verzweifelt am Ende seiner Mittel sah und daß er ein Aufgeben der Sache durch ihn selbst sicherlich mit Recht einem Aufgeben der Sache überhaupt gleichsetzte. Aber was der Graf Zeppelin brauchte, war nicht die optimistische Schätzung eines wenig fachverständigen einzelnen Herren, sondern der Beistand einer wirklich autoritativen Stelle, die die Bedeutung der Sache gleich ihm erfaßte und die im selben Geiste des Optimismus der Technik eine vielleicht schwierige, aber nicht unlösbare Aufgabe zu stellen entschlossen war. Diese Stelle fand sich: Es war der „Verein deutscher Ingenieure“.

Zuvor aber versuchte der Graf noch auf eigene Faust weiterzugehen. Er mußte es, weil er sich von fast aller Welt verlassen sah. Er veröffentlichte im Dezember 1895 eine neue Denkschrift, die in starkem Maße mit dem Gutachten des Direktors Groß operierte, und versuchte durch Ausgabe von Gutscheinen, die auf 20 Mark und mehr lauteten, ein Kapital von 800 000 Mark zusammenzubringen. Der Erfolg war begreiflicherweise ein sehr bescheidener. Etwa 100 000 Mark kamen zusammen, vornehmlich durch die Zeichnungen einiger weniger alter Freunde, darunter auch Mitglieder des württembergischen Königshauses. Vielleicht war der Mißerfolg nicht zum wenigsten darin begründet, daß das Kriegsministerium in militärischen Kreisen dringend von Zeichnungen abriet. Es war die Zeit, wo der Graf als ein kompletter Narr verschrieen wurde und wo man in Stuttgart höhnisch mit den Fingern auf ihn wies. In seiner Not wandte der Erfinder sich nun im Juni 1896 an den Vorstand des „Vereins deutscher Ingenieure“, mit der Bitte, seinen Entwurf zu prüfen. Seltsamerweise kreuzte sich sein Schreiben mit einem solchen des Vereinsvorstandes, in dem dieser von sich aus das Anerbieten einer Prüfung machte. Vorher schon war der Graf aufgefordert worden, auf der Hauptversammlung des Vereins im Juni in Karlsruhe einen Vortrag zu halten. Er hatte es vorgezogen, diesen im Württembergischen Bezirksverein in Stuttgart zu halten. Damit ist endlich die Verbindung geknüpft, die ihm nach Lage der Sache allein weiterhelfen konnte und die nach mancherlei Besprechungen und Verhandlungen im Dezember 1896 zu einer in einem sehr hohen Sinne abgefaßten und des „Vereins deutscher Ingenieure“ würdigen öffentlichen Stellungnahme zu den Plänen des Grafen führte.

Bevor wir diesen Aufruf wiedergeben, sei ein kleines Zwischenspiel eingeschaltet, das überaus charakteristisch und aufschlußreich für die innersten Antriebe und Interessen unseres Helden ist. Im Juni 1896, also gerade zu der Zeit, wo der Schriftwechsel mit dem Vorstand des „Vereins deutscher Ingenieure“ beginnt, findet sich im Tagebuch eine seitenlange Ausführung unter der Überschrift: „Bemerkungen zu den im Jahre 1894 aufgestellten Betrachtungen der Exzellenz D. von Holleben über die innere Lage.“ Diese „Bemerkungen“ beginnen mit den Sätzen: „Auch ich erkenne in der weit vorgeschrittenen Unzufriedenheit der landwirtschaftlichen und industriellen Lohnarbeiter, vieler Kleinbürger und Kleinbauern eine große, nahe drohende Gefahr für die bestehende staatliche und gesellschaftliche Ordnung. Ich teile die Meinung, daß den Urhebern und Verbreitern jener Unzufriedenheit mit umso größerer Strenge entgegen getreten werden muß, je weniger tatsächlicher Grund zur Unzufriedenheit vorhanden ist oder je weniger – wo er vorhanden ist, z. B. bei allgemeinen Handelskrisen – Regierung und Arbeitgeber die Macht zur Abstellung haben ... Dabei stütze ich mich nicht, wie es gemeinhin geschieht, auf das Recht der Selbsterhaltung – Niemand und Nichts hat ein sittliches Recht auf Kosten des Besseren erhalten zu bleiben! – sondern auf die unbedingte Verpflichtung, das bestehende Gute zum Wohle der Gesamtheit zu verteidigen gegen Gewalten, die nur zerstören, ohne etwas Brauchbares schaffen zu können ...“

Es sind echt Zeppelinsche Gedanken, wie sie uns bereits bekannt sind und die wir hauptsächlich deshalb hierhersetzen, weil der Brief, mit dem Graf Zeppelin dem Verfasser der „Betrachtungen“, Exzellenz von Holleben, den Empfang derselben und seine Bemerkungen dazu mitteilt, mit folgendem überraschenden Satz schließt:

„... Er. Exz. danke ich aber herzlich für das mir durch die Zusendung erwiesene Vertrauen und die damit gegebene Veranlassung, einmal wieder mit einer Sache mich zu beschäftigen, welche mir doch ganz anders am Herzen liegt, als alle meine lustigen Geschichten, deren Reiz für mich allein darin liegt, daß ich nur durch sie dem Vaterlande noch dienen kann.“

„Lustige Geschichten!“ So sagt jemand von seiner Arbeit, nachdem er sich sechs Jahre mit Gott und aller Welt für seine Ideen herumgeschlagen und in emsigsten Bemühungen gestrebt hat, die Vorbedingungen für die Ausführung derselben zu schaffen! Ein schlagender Beweis dafür, daß der Graf Zeppelin seine Luftschiffpläne nicht, wie ein echter und eigentlicher Erfinder, um des Reizes oder Zwanges willen verfolgte, den das technische Problem selbst auf ihn ausübt, sondern um des Zweckes willen: Er wollte das Luftschiff, weil er in ihm eine Sicherung und Bereicherung des Lebens seines Vaterlandes erblickte. Im Kern seines Wesens war er immer der sein Pflichtgefühl stark empfindende, fast unter ihm leidende Staatsbürger, war er ein Staatsmann, der sich für das Geschick seines Volkes mitverantwortlich fühlte und darum sorgte. So werden wir uns auch nicht wundern, wenn er später, viele Jahre später, als seine Schiffe sich siegreich durchgesetzt hatten, nämlich im Großen Krieg, seine Erfindung fast völlig aus den Augen verlor und ganz in politischen und strategischen Gedanken aufging.

Aber zurück zu dem Aufruf der deutschen Ingenieure! Er war dazu bestimmt, den Grafen Zeppelin bei seinem Versuch, die Mittel zum Bau eines Luftschiffs durch die Beteiligung weiterer Kreise zusammenzubringen, wirksam zu unterstützen. Und in der Tat konnte dieser Versuch nur gelingen, wenn sich die Autorität einer so angesehenen Vereinigung dahinterstellte.

Der Aufruf, der am 21. Dezember 1896 erschien, hatte folgenden Wortlaut:

Aufruf

„Gelegentlich der XXXVII. Hauptversammlung unseres Vereins im Juni d. J. ist an uns die Bitte gerichtet worden, wir möchten dem Entwurfe des Grafen von Zeppelin für ein lenkbares Luftfahrzeug unsere Aufmerksamkeit und gebotenenfalls fördernde Mitwirkung zuwenden.

Nach eingehender Erwägung aller Umstände haben wir dieser Bitte Folge geben zu sollen geglaubt, und zwar in voller Erkenntnis und Würdigung der scheinbar entgegenstehenden grundsätzlichen Bedenken.

Es ist nicht Aufgabe des ‚Vereins deutscher Ingenieure‘, einzelne Unternehmungen zu fördern, welche den Interessen gewisser Personen oder Kreise dienen sollen, sondern zum Wohle der gesamten vaterländischen Industrie bezweckt der Verein ein inniges Zusammenwirken der geistigen Kräfte deutscher

Technik. – Nur bei vollständiger Übereinstimmung mit diesen Grundsätzen dürften wir der Sache näher treten. – Diese Übereinstimmung schien uns gegeben einerseits dadurch, daß niemand wirtschaftliche Vorteile – auch nicht Erstattung bereits gemachter Aufwendungen – von der in Rede stehenden Unternehmung für sich erwartet oder zu erlangen sucht, sondern lediglich der allgemeine Gewinn für die Entwicklung der Aerotechnik ins Auge gefaßt ist, welchen man von der Verfolgung des vorliegenden Entwurfs und von der Verwertung des darin angesammelten Arbeitsmaterials sich verspricht, anderseits deshalb, weil wir der Meinung sind, die Förderung der Aerotechnik diene nicht bloß – mittelbar und unmittelbar – dem Wohle der vaterländischen Industrie, sondern sie bedürfe und verdiene in ihrem gegenwärtigen Entwicklungsstande ganz besonders die Mitwirkung der technischen und industriellen Kreise.

Von diesen Erwägungen ausgehend haben wir zunächst eine Kommission von Fachmännern ersucht, den von dem Herrn Grafen von Zeppelin vorgelegten Entwurf einer Prüfung zu unterziehen. Diese Kommission, bestehend aus den Herren:

Baudirektor Professor von Bach in Stuttgart,
Geh. Regierungsrat Professor Busley in Berlin
Professor Dr. Finsterwalder in München,
Professor Dr. Linde in München,
Geh. Regierungsrat Professor Müller-Breslau in Berlin,
Direktor Peters in Berlin,
Professor Schröter in München,
Geh. Regierungsrat Professor Dr. Slaby in Berlin,

hat in dem Protokoll einer am 25. Oktober d. J. in Karlsruhe abgehaltenen Sitzung das Ergebnis ihrer Studien in einer Reihe von schriftlichen Gutachten und gutachtlichen Äußerungen niedergelegt, welche in den beiden folgenden Sätzen gipfeln:

‚1. Das Projekt des Herrn Grafen von Zeppelin stellt in Aussicht, daß gegenüber den früheren Ausführungen lenkbarer Luftschiffe, wenn nicht eine höhere Geschwindigkeit, so doch eine wesentlich längere Fahrtdauer (bei größter Geschwindigkeit etwa 10 Stunden) erreicht werden kann.

2. Die erfolgreiche Ausführung des Entwurfes ist an die Lösung einiger Vorfragen gebunden, deren experimentelle Beantwortung an sich so wichtig für die Entwicklung der Luftschiffahrt ist, daß die Kommission dem Vorstand weitere Schritte zur Verwirklichung des Projektes empfiehlt.‘

Des weiteren sprachen die Kommissionsmitglieder sich dahin aus, daß ein entscheidender Schritt in der technischen Ausbildung der Luftfahrzeuge nur mit sehr großen Mitteln erreichbar sei, daß man von den Arbeiten, welche zur Verwirklichung des Zeppelinschen Projektes erforderlich sind und derselben vorausgehen müssen, nicht nur einen unmittelbaren Gewinn für das Gebiet der Luftschiffahrt, sondern auch eine wesentliche und für viele technische Gebiete wichtige Erweiterung und Ergänzung unserer heutigen sehr lückenhaften Kenntnisse über die dynamischen Verhältnisse von relativ zu Luft bewegten Körpern zu erwarten habe, daß es sich also um die allgemeine Lösung eines technisch-wissenschaftlichen Problems handle, und daß es dem ‚Vereine deutscher

Ingenieure‘ zur Ehre gereichen würde, hierzu beigetragen zu haben.

Die Herstellung brauchbarer Luftfahrzeuge gilt erst seit kurzer Zeit als dem Arbeitsgebiete des Ingenieurs angehörend. Eine sehr große Anzahl von Technikern steht heute noch allem gleichgültig oder gar skeptisch gegenüber, was sich auf Luftschiffahrt bezieht, und verhältnismäßig klein ist die Zahl derjenigen, welche auf Grund eines vertieften Studiums in der Ausbildung der Mittel für den Transport im Luftmeere eine der größten technischen Aufgaben erkennen, die das scheidende Jahrhundert dem kommenden übermacht. – Von theoretischer Seite herrscht Übereinstimmung darin, daß die Naturgesetze keinerlei Hindernisse bieten, und daß die heutigen technischen Hilfsmittel für die statischen und dynamischen Anforderungen an den Bau von Luftfahrzeugen ausreichen. – Die Schwierigkeiten und Bedenken übersteigen nach der Meinung hervorragender Physiker und Ingenieure nicht diejenigen, welche sich vor Zeiten der Schiffahrt auf hohem Meere und dem Eisenbahnbetriebe bei den damaligen technischen Hilfsmitteln entgegenstellten. Das Ziel dieser Bestrebungen ist: Sicherer Transport in der Atmosphäre, also unabhängig von Straßen jeder Art, mit bisher unerreichten Geschwindigkeiten. So fern dieses Ziel heute noch erscheinen mag, jeder, der es naturgesetzlich und technisch für erreichbar hält, wird es vieler Opfer und Anstrengungen für wert halten. – Nur Schritt für Schritt, wie bei allen früheren Kulturfortschritten, wird man diesem Ziele sich nähern können. Einen solchen Schritt würde nach der von uns geteilten Meinung hervorragender Sachverständiger der Bau eines Luftfahrzeuges auf der Grundlage des Zeppelinschen Entwurfes und der vorausgehenden experimentellen Ermittelungen bedeuten.

Es erscheint ausgeschlossen, daß die erheblichen Geldmittel, welche zur Betätigung solcher Schritte notwendig sind, aus rein wirtschaftlichen Erwägungen, d. h. mit der Aussicht auf unmittelbaren finanziellen Gewinn von einzelnen Personen oder Erwerbsgesellschaften aufgewendet werden. – Denn der technische Erfolg wird zweifellos Allgemeingut werden und würde sich nicht zugunsten der einzelnen Unternehmer monopolisieren lassen.

So kann nur auf die gemeinnützige und opferwillige Geneigtheit derjenigen Kreise, welche dazu imstande sind, insbesondere also auf die Geneigtheit der Vertreter der deutschen Industrie, die Hoffnung gesetzt werden, daß sie für die Förderung einer sehr wichtigen und großen technischen Aufgabe unseres Zeitalters zur Aufbringung der bedeutenden Mittel sich bereit finden lassen möchten, ohne welche ein entscheidender Fortschritt nicht zu erwarten ist.

Frankreich, Nordamerika und England sind uns mit bedeutenden Aufwendungen vorausgegangen. – Sollte die deutsche Technik nicht auch ihren Anteil an der Lösung dieser Aufgabe haben und nehmen?

Wir glauben in diesem Sinne an die deutschen Industriellen und insbesondere an die Mitglieder unseres Vereins uns wenden und ihnen die Bitte um ihre Mitwirkung bei dem bedeutenden Unternehmen warm ans Herz legen zu sollen.

Der Vorstand des ‚Vereins deutscher Ingenieure'
Kuhn, Engelhard, Daevel, C. Linde, Mehler.
Der Direktor: Th. Peters."

Der Aufruf, der bei aller vorsichtigen Haltung im wesentlichen vollständig mit der geistigen Grundeinstellung des Grafen Zeppelin zu dem Problem harmonierte, verfehlte nicht seine Wirkung, und man konnte wenig später unter Führung einiger deutscher Industrieller zur Gründung einer „Aktiengesellschaft zur Förderung der Luftschiffahrt“ schreiten. Immerhin aber war das Mißtrauen und die Unlust, sich zu beteiligen, noch so groß, daß der Graf Zeppelin von dem Kapital von 800 000 Mark fast die Hälfte selbst zeichnen mußte. Die Gründung erfolgte im Mai 1898. Als technischer Leiter wurde der Ingenieur Kübler gewonnen und der Bau des ersten Schiffes in Manzell bei Friedrichshafen im Jahre 1899 in Angriff genommen. Die erste, vielleicht schwierigste und oft fast aussichtslos erscheinende Kampfperiode für die Idee war damit beendet. Jetzt mußte und sollte das Werk selbst für sich sprechen! Der Kampf mit den Bedenklichkeiten und Tücken der Menschen war gewonnen. Es begann nun aber der Kampf mit den „Tücken des Objekts“. –

Es mag nicht unangebracht sein, an dieser Stelle mit ein paar Worten auf eine Legende einzugehen, die von gutgläubiger oder auch von böswilliger Seite noch bis in die neueste Zeit, nach den Erfolgen des Zeppelinschiffs, verbreitet wurde, die Legende nämlich, daß der Graf Zeppelin seine Ideen zum guten Teil von einem minder glücklichen Konkurrenten, dem dalmatinischen Holzhändler David Schwarz, übernommen habe. Diese Legende knüpft an gewisse Vorgänge an, die sich gerade in den letztbehandelten Jahren abspielten. David Schwarz hatte zusammen mit dem Aluminiumfabrikanten Carl Berg, einem weitblickenden westfälischen Industriellen, ein Aluminiumluftschiff konstruiert, das im Jahre 1896 auf dem Tempelhofer Feld einen mißglückten Probeaufstieg machte, bei dem es zerstört wurde. Die Sache schien damit abgetan. Graf Zeppelin trat nun mit dem Herrn Berg in Verbindung, um durch dessen Werk die Aluminiumbauelemente für sein Schiff geliefert zu erhalten. Die Firma war aber vertraglich an das Schwarzsche Unternehmen gebunden, nur an dieses Aluminium für Luftschiffbauten zu liefern. Aus diesem Vertrag mußte sie durch eine Abfindung an die Schwarzschen Erben gelöst werden, bevor sie an den Grafen Zeppelin liefern konnte, und daraus ist dann die erwähnte Legende entstanden. Daß das Zeppelinsche Luftschiff nichts, außer der Aluminiumverwendung, mit dem Schwarzschen gemein hat, ergibt sich für jeden auf den ersten Blick, ganz abgesehen davon, daß der Graf Zeppelin die entscheidenden Grundzüge seiner Konstruktion längst niedergelegt hatte, ehe das Schwarzsche Schiff auf der Bildfläche erschien. Zuzugeben ist, daß der Graf Zeppelin von gewissen Fabrikationserfahrungen der Firma Berg bei seiner Trägerkonstruktion Nutzen ziehen konnte – wie übrigens das Schwarzsche Luftschiff auch. Im übrigen machte sich Herr Berg später um das Zeppelinsche Werk, wie wir sehen werden, sehr verdient.

Luftschiffbauer und Luftschiffführer

Das starre Luftschiff, das erste Luftschiff des Grafen Zeppelin war endlich im Juli 1900 glücklich eine Wirklichkeit geworden und sollte nunmehr selbst durch die Tat den Gegnern und Zweiflern den Beweis seiner Lebensfähigkeit erbringen. Jetzt aber waren es nicht allein die Fachleute, die Statiker und die Luftschiffer, zu denen das Luftschiff selbst sprechen sollte, es war die breiteste Öffentlichkeit. Vorbei war die Zeit der stillen Berechnungen und Grübeleien beim Schein der nächtlichen Schreibtischlampe, vorbei die Zeit der technischen, physikalischen und mathematischen Übungen und Betrachtungen, zu denen der Reitergeneral sich an der Schwelle des Greisenalters umzustellen versuchen mußte, vorbei die Zeit des zähen, verbissenen Streitens mit den hohen Kommissionen der Technik und der Militärverwaltung, die sich nur schwer dazu verstanden, einen Laien ernst zu nehmen. Diese „papierene Zeit“, die vielleicht am stärksten und erstaunlichsten von der allen, die in den Streit hineingezogen wurden, schier unbegreiflichen Beharrlichkeit und „Unbelehrbarkeit“ des Grafen zeugte, war vorüber, und das weitere Ringen spielte sich jetzt auf dem freien Feld des Bodensees ab, der zu einer Art Schaubühne wurde, auf der vor den Augen der Welt ein packendes Stück in Szene gesetzt wurde, das eine Reihe von Jahren spielte. Reich wurde dieses Drama, wie man weiß und wie wir in dieser Charakterstudie nur in großen Zügen zu schildern gedenken, an spannenden Momenten, an begeisternden Höhepunkten und an jähen Abstürzen, die das Stück zu einer Tragödie zu stempeln drohten. Der Held des Dramas aber, der schließlich den Sieg auf seine Seite zwang, wurde der Liebling und Heros des deutschen Volkes, das in ihm mehr und mehr ein Vorbild unbeugsamer Charakterfestigkeit zu verehren lernte. Dem Grafen Zeppelin war die wachsende Anteilnahme des Volkes zunächst nicht besonders sympathisch. Er sagte einmal etwas unwillig einem Zeitungsberichterstatter, der ihn über seine nächsten Absichten befragte: „Ich bin kein Zirkusreiter, der Vorstellungen vor Zuschauern gibt, sondern ich erfülle eine ernsthafte Aufgabe im vaterländischen Dienste!“ Aber bald erkannte er dann doch, daß das rege Interesse weitester Kreise an seinem Unternehmen seine beste Hilfe werden könnte und daß unter der Menge von törichten Tausenden, die nur immer dabeigewesen sein müssen, stets einige nachdenkliche Männer von gesundem Blick und Instinkt sind, die öfters über den Horizont der schulmäßig gebundenen Fachkreise hinausblicken und als kongeniale Helfer des Neuerers im stillen wirken.

Die Überführung der Pläne aus der Theorie in die Praxis war, wie es bei technischen Neuerungen größeren Ausmaßes gewöhnlich der Fall zu sein pflegt, mit Schwierigkeiten verknüpft, die wie eine Bosheit und Tücke der Natur erscheinen. Schon der Beginn war unglücklich: Die schwimmende Halle, die man auf dem See als eine ideale Drehhalle schon damals gewählt hatte, wurde in einem Wintersturm schwer beschädigt. Das kostete an Reparaturen rund 100 000 Mark vom Kapital der mit 800 000 Mark gegründeten Gesellschaft. Die Fertigstellung des Schiffs, das im wesentlichen nach dem Koberschen Entwurf, aber aus flachen Gitterträgern anstatt aus den vorgesehenen Aluminiumrohren zusammengebaut wurde, verzögerte sich durch langsame Anlieferung des Materials um einige Monate. So kam es, daß schon bei Beginn der Probefahrten die Geldmittel erschöpft waren. Dazu kam noch, daß nach der ersten Probefahrt die Aufhängung des Schiffs in der Halle brach und daß man vierzehn Tage mit der Wiederinstandsetzung des teilweise niedergebrochenen Schiffs zu tun hatte. So lief dieser heißersehnte erste Versuch, der die Entscheidung und den Sieg bringen sollte, fast wie eine Tragödie aus: Nach drei kurzen Probefahrten von zusammen kaum dreistündiger Dauer mußte man die Versuche aus Mangel an Mitteln einstellen, ehe etwas Entscheidendes festgestellt war. Die beiden Hauptfragen, ob die Konstruktion stabil genug sei und ob die Geschwindigkeit praktischen Anforderungen genüge, konnten nicht klar beantwortet werden, weil allerlei Kleinigkeiten, wie der Bruch einer Kurbelwelle und das Festklemmen eines Seitenruders, ein unbehindertes Fahren vereitelten. Man mußte vielmehr feststellen, daß sowohl die Steifigkeit wie die Steuereigenschaften noch zu verbessern seien und daß die Geschwindigkeit, die mit 7–7½ Meter in der Sekunde wohl einigermaßen richtig geschätzt wurde, unter den gehegten Erwartungen geblieben war. Aus Mangel an Mitteln und an dem Glauben, daß aus der Sache etwas werden könne, beschloß die Gesellschaft im November ihre Liquidation und ließ den Grafen Zeppelin wieder allein auf sich gestellt.

Dieser selbst war keineswegs gesonnen, sich geschlagen zu bekennen, und er bekundete seine ungebrochene Zuversicht zunächst dadurch, daß er von der Gesellschaft das Schiff nebst Anlagen persönlich käuflich erwarb, um eine Fortsetzung der Versuche zu ermöglichen. Er betonte, daß das Schiff sich ohne Deformation in der Luft gehalten und gut den Steuerorganen gehorcht habe, daß also die Grundfrage, ob eine solche Konstruktion technisch und flugtechnisch überhaupt möglich sei, im bejahenden Sinn beantwortet sei. Verbesserungen in der Bauart und Steuerfähigkeit zu erzielen, sei leicht möglich und sei eben Aufgabe der Entwicklung. Dasselbe gelte von der Geschwindigkeit, die mit der Entwicklung der Motoren von selbst komme. Und so versuchte er in ungebrochenem Optimismus zunächst wieder Hilfe und Unterstützung beim „Verein deutscher Ingenieure" zu gewinnen, der ihm vor vier Jahren die Gründung der „Gesellschaft zur Förderung der Luftfahrt" ermöglicht hatte. Er stieß zunächst auf wenig Ermutigung, aber durch unverdrossenes Arbeiten und Drängen und beharrliches Darlegen seiner aus dem ersten Versuch gewonnenen Überzeugungen und Hoffnungen erreichte er es schließlich, daß sich der Verein wirklich auf seiner nächsten Tagung in Kiel im Jahr 1901 von neuem mit der Frage befaßte. Die Beschlußfassung war eine nicht ganz klare. Sie wies auf die beiden Hauptsätze (siehe oben S. 190) der Entschließung vom Jahre 1896 hin und fügte hinzu, daß der Ausschuß des Vereins „seine früheren Annahmen und Ermittelungen durch die Auffahrten zwar bestätigt finde, daß aber nicht genug Material vorliege, um sie zu ergänzen oder zu berichtigen". Der Graf Zeppelin mußte in dieser Beschlußfassung eine Ablehnung weiterer Unterstützung durch den Verein sehen, denn er hatte gehofft, einen neuen Appell an die Öf-

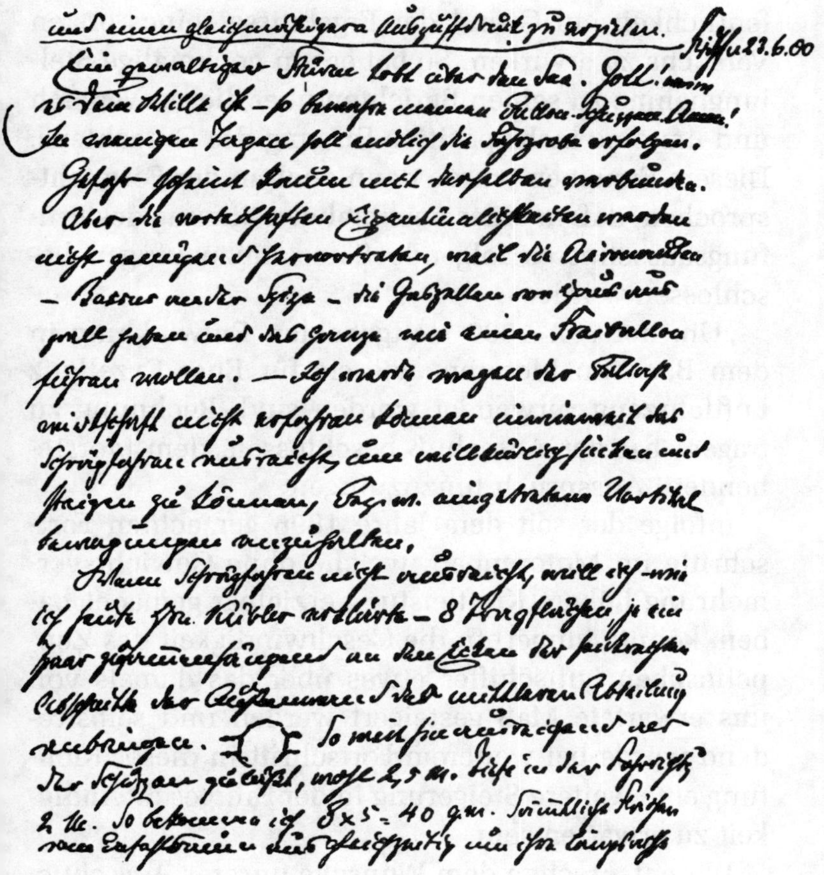

Verkleinerte Wiedergabe einer Seite aus dem Tagebuch des Grafen Zeppelin

fentlichkeit auf Grund der Ergebnisse seines ersten Versuchs zu erwirken. So bat er um nochmalige Stellungnahme zu seinen Berichten über diesen Versuch und um eine mehr positive Fassung des Gutachtens. Diesem Ersuchen wurde dann auch in der Form entsprochen, daß in einer nochmaligen Sitzung des Prüfungsausschusses folgende Sätze hinzuzufügen beschlossen wurde:

„Um der seit 1896 stattgehabten Entwicklung in dem Bau von Motoren, wie sie für Euer Exzellenz Luftfahrzeug verwendet worden sind, Rechnung zu tragen, hat der Ausschuß beschlossen, dem (vorstehenden) Ausspruch hinzuzufügen:

Infolge der seit dem Jahre 1896 gemachten Fortschritte im Motorenbau, welche ohne Gewichtsvermehrung höhere Kraftleistung erzielbar gemacht haben, könnte immerhin die Geschwindigkeit des Zeppelinschen Luftschiffes etwas über das damals von uns erwartete Maß gesteigert werden und selbstredend würde bei weiterem Fortschritt in dieser Richtung eine weitere Steigerung in der Fahrgeschwindigkeit zu erwarten sein.

Wir entsprechen dem Wunsche unseres Ausschusses und zugleich unseren eigenen Empfindungen, wenn wir unserer Bewunderung der außerordentlichen Tatkraft und des kühnen Wagemutes Ausdruck verleihen, den Eure Exzellenz bei der Verfolgung Ihres Unternehmens bewiesen haben."

Es mag angebracht sein, auf den sehr freundlichen, wenn auch im Vergleich zu dem Aufruf von 1896 merklich zurückhaltenderen Ton dieser Entschließung hinzuweisen, nachdem sich eine Art Legende gebildet hat, daß der Graf Zeppelin vom „Verein deutscher Ingenieure“ nicht allein mit Verständnislosigkeit, sondern mit kränkender Geringschätzung behandelt worden sei. Diese Auffassung findet ihren Ursprung und eine gewisse Berechtigung darin, daß in der Tat auf der Kieler Tagung zwei oder drei namhaftere Techniker eine unangebracht schroffe und verletzende Haltung gegenüber den Darlegungen des Grafen an den Tag gelegt hatten. Dieser Vorwurf trifft aber, wie man sieht, keineswegs den Verein in seiner offiziellen Stellungnahme. Die Frage erhebt sich nun aber wohl, weshalb der Verein trotz seiner eigenen Hinweise auf den Fortschritt im Motorenbau und auf eine wohl weiter noch zu erwartende Entwicklung, mit der der Graf immer rechnete, zu seiner jetzigen Zurückhaltung kam. Die Antwort, meinen wir, muß lauten: Weil die Techniker glaubten, sich auf Grund der noch wenig befriedigenden Ergebnisse des Versuchs von 1900 der Stellungnahme des Kriegsministeriums anschließen zu müssen. Und diese Stellungnahme war folgende: „Das Starrluftschiff mag einmal in einer gewissen Zukunft das richtige und lebensfähig sein, wenn die erzielbare Geschwindigkeit größer und wenn die Leistungsfähigkeit und Fahrsicherheit des verbesserten Starrschiffs groß genug ist, um Landungen auf freiem Felde unnötig zu machen. Gegenwärtig aber kann man nur mit Luftschiffsystemen rechnen, die im Notfall wie ein aufgerissener Freiballon landbar und abtransportierbar sind: mit dem unstarren oder halbstarren System.“

Diese Stellungnahme rechnete also im Grunde nur mit dem, was augenblicklich oder doch wahrscheinlich in absehbarer Zeit greifbar erschien, und nicht mit optimistisch geschauten Möglichkeiten. Überflüssig zu sagen, daß ein Feuerkopf und temperamentvoller Draufgänger wie der Graf Zeppelin sich nicht mit ihr befreunden konnte. Er hielt unerschütterlich an seiner in langen Jahren der unausgesetzten Arbeit an seinem Schiff gewonnenen Überzeugung fest, daß sein System das beste und entwicklungsfähigste sei und daß die beiden anderen Systeme Ergebnisse eines inkonsequenten und zaghaften Denkens seien. „Was ist das für ein Unsinn und schwächliches Beginnen", so sagte er uns einmal in einer Unterhaltung, „von vorneherein mit der Betriebsunsicherheit seines Fahrzeugs zu rechnen und deshalb an Systemen zu arbeiten, aus denen nie etwas militärisch Brauchbares werden kann! Es ist keine Generalstabsidee bei diesem Beginnen! Entweder wird man meine Schiffe mit der gewaltigen Leistungsfähigkeit haben oder man wird überhaupt keine haben, denn wie soll man den ganzen Apparat für ein Luftschiff im Felde mitschleppen!" Und so hielt er mit seiner „erfreulichen schwäbischen Dickköpfigkeit", wie ein zu den späteren Fahrten kommandierter Offizier der Reichsmarine mit Bezug auf einen von weniger wohlwollender Seite gebrauchten Ausdruck sagte, an seinen Ideen fest. Er fühlte sich um so mehr dazu berechtigt, ja verpflichtet, als ringsum Pläne und Ansätze zum Bau von Luftschiffen auftauchten. Santos Dumont fuhr mit seinen kleinen Lenkballons über Paris herum, das französische Kriegsministerium unterstützte den Bau von Luftschiffen verschiedener Typen, und in Deutschland selbst waren die „unstarren und halbstarren" Typen des Majors von Parseval und des Luftschifferbataillons im Werden. Der Gedanke des Luftschiffs, der noch vor zehn Jahren den Grafen

Zeppelin zum „Irrenhauskandidaten" gestempelt hatte, war inzwischen als ein ernsthaftes Problem der Technik anerkannt worden. Wie sollte da das starre Luftschiff, das beste nach Meinung seines Erfinders, vom Wettbewerb sich ausschließen! Es war dieses um so weniger möglich, als der Graf um diese Zeit – es war im Jahre 1903 – begründete Hoffnung hegen durfte, daß ihm für seinen nächsten Bau erheblich stärkere Motoren zur Verfügung stehen würden, als er sie beim ersten Schiff hatte verwenden können. Der leichte Benzinmotor, der Vater der Luftschiffahrt, war im Werden! Zeppelins Erwartungen begannen sich zu erfüllen. Jetzt galt es unter allen Umständen aus- und durchzuhalten!

Aber wie die notwendigen Mittel zusammenbringen? Ein verzweifelter Versuch, beim deutschen Volk in ähnlicher Weise wie 1896 Geld zu finden, scheiterte kläglich. Ein an 60 000 durch Besitz und Stellung ausgezeichnete Männer versandter Aufruf, dem frankierte Postanweisungen beigelegt waren, erbrachte ganze 8000 Mark. Die Zusendungen wurden oft mit höhnischen Glossen wieder zurückgeschickt. Ein im September 1903 in der Scherlschen „Woche" vom Grafen Zeppelin erlassener „Notruf zur Rettung der Flugschiffahrt" verhallte ungehört. Mit Bewegung liest man heute einige Sätze dieses aus tiefster seelischer Not geborenen Aufrufs: „Eine kurze Spanne Zeit und Wetter, Sturm und Wellen werden mein lagerndes Material unverwendbar gemacht haben. Meine letzten geschulten Gehilfen werden mir nicht mehr zur Verfügung stehen. Die letzten Mittel, die ich selbst zu diesem Zweck zu opfern vermag, werden erschöpft sein, die Gebrechen des Alters oder der Tod werden meinem Schaffen ein Ziel gesetzt haben." Die breite Masse, das Volk, hatte noch kein Ohr für solche Beschwörungen. Für die meisten, die den Grafen Zeppelin fünf Jahre später zum Nationalhelden erhoben, war er damals ein Tor, ein verbohrter Narr. Spott und Schmähungen kamen an Stelle der Hilfe ein. Die Zeppeline schienen dazu verdammt, ruhmlos unterzugehen. Denn wer konnte sie noch retten?

Nichts als der unbeugsame Wille eines Mannes, der im unerschütterlichen Gefühl, doch recht zu haben, nicht ruhte und nicht rastete, bis er endlich doch zu seinem Ziel kam: Die Materiallieferanten, an erster Stelle der Aluminiumfabrikant Berg und die Motorenfabrik, gaben ihm kostenlos die Baustoffe. Der König von Württemberg genehmigte dann in seinem Lande eine Lotterie, die 124 000 Mark Reingewinn bringen sollte. Die meisten deutschen Staaten ließen den Losverkauf in ihrem Gebiet zu. Preußen bewilligte für die Verweigerung der Zulassung einen Ersatz von 50 000 Mark aus einem Spezialfonds. Selbst das Preußische Kriegsministerium fühlte jetzt ein Rühren und gab Gasflaschen zur Füllung kostenlos leihweise her. Den Rest der auf 400 000 Mark veranschlagten Kosten übernahm der Graf aus seiner Tasche. Es schien damit das Letzte und Äußerste, was einem Mann von der ungeheuren Tatkraft und Zähigkeit und von den weitverzweigten hohen Beziehungen eines Zeppelin nur irgend möglich war, herausgeholt zu sein, und jedermann mußte annehmen, daß nun der letzte, entscheidende Triumph ausgespielt werden würde. Mißlang er diesmal, so müßte das Spiel endgültig verloren erscheinen!

Der Neubau wurde im Jahre 1905 in Angriff genommen und im Spätherbst vollendet. Er war in konstruktiver Hinsicht bedeutend verstärkt. Der erfinderisch-scharfsinnige Ingenieur Dürr, der den Bau nunmehr leitete, wählte auf Vorschlag des Grafen Zeppelin an Stelle der flachen Gitterträger Dreiecksträger aus U- und Winkelprofilen, die durch Rohrstreben verbunden wurden. Hierdurch sowie durch die erste Anbringung eines unteren Laufganges wurde die Festigkeit des Gerippes ganz erheblich erhöht. Eine Fülle von Verbesserungen, in erster Linie bei der Steuerung, kam hinzu, um die Aussicht auf das Gelingen erheblich zu verstärken. Der Triumph und Stolz des Grafen war es aber, daß er an Stelle der vorigen 15-PS-Motoren nun solche von 85 PS bei geringerem Gewicht zur Verfügung hatte. Das Gewicht ging von 26 Kilogramm je Pferdeeinheit auf 5 Kilogramm herunter! Damit konnte man auch zu wirkungsvolleren größeren Propellern von fast dreifachem Durchmesser übergehen.

Wer begreift es nicht, daß angesichts dieser gewaltigen Verbesserungen der Graf Zeppelin mit höchster Zuversicht den Probefahrten entgegensah? Wer konnte annehmen, daß seiner an Stelle des erwarteten durchschlagenden Erfolges eine katastrophale Niederlage harrte, die sein Werk mit einem Schlag so vernichtend niederschmetterte, daß eine Wiedererhebung jedem ausgeschlossen erscheinen mußte! Gleich der erste Versuch im November 1905 verlief unglücklich: Durch ein Ungeschick beim Herausbringen kam das Schiff nicht hoch und wurde auf dem Wasserspiegel weit in den See hinausgetrieben. Mit Not fing man es wieder ein und brachte es leidlich unversehrt in die Halle zurück. Im Januar 1906 erfolgte dann der zweite Aufstieg. Er wurde zur Katastrophe: Das Schiff kam in einer Höhe von einigen hundert Metern, in die es infolge reichlich starken Auftriebs schnell emporgeführt wurde, in einen starken Westwind, dem es nicht gewachsen war, weil der eine der Motoren aussetzte. Schnell wurde es ins Land hineingetrieben und mußte bei Kißlegg im Allgäu notlanden. Der Wind wuchs über Nacht zum Sturm und zerstörte das überraschend gut gelandete verankerte Schiff in wenigen Stunden. Äußerlich gelassen und resigniert gab der Graf Befehl, es vollends auseinanderzuschlagen. Aus war es anscheinend! Ein Berliner Fachmann, von Anbeginn ein Gegner des Grafen, schrieb mit gutgespieltem Bedauern in die Zeitung: „Der Versuch, der leider mit einem Scheitern des schönen Fahrzeugs endete, hat wohl gezeigt, daß man vorläufig noch nicht in der Lage ist, derartig starr gebaute Riesenluftschiffe lenk- und steuerbar zu machen ... Die rastlosen Versuche des Grafen Zeppelin sind, wenn sie zunächst auch nicht zum Erfolg geführt haben, doch von hohem Wert gewesen, denn sie haben die Frage, ob man starre oder unstarre Luftschiffe bauen soll, verhältnismäßig rasch geklärt."

So glaubte dieser Fachmann im Interesse seiner eigenen Sache, und so glaubte es auch die ganze Welt.

Und auch Graf Zeppelin glaubte es zunächst, vom schweren Schicksalsschlag völlig benommen. „Ich baue keine Luftschiffe mehr", sagte er wehmütig, als er an dem Wrack seines Schiffes stand. Aber er hätte nicht der Graf Zeppelin sein müssen, wenn er durch ein einfaches Mißgeschick und gewisse Ungeschicklichkeiten, über die man sich bald klar wurde, seine in jahrelanger Berechnung und ernster Überlegung gewonnene feste Überzeugung hätte über den Haufen werfen lassen. Er konnte nicht falsch gedacht haben! Was war denn eigentlich geschehen? „Man war durch Unvorsichtigkeit oder aus Mangel an Erfahrung in einen heftigen Wind hinaufgestiegen, hatte hier das in der unruhigen Atmosphäre stark bockende Schiff durch nervösen und unzweckmäßigen Rudergebrauch noch sozusagen künstlich in immer stärkere Stampfbewegungen gebracht, so daß man nicht gegen den Wind vorwärts kam, als nun auch noch ein Motor aussetzte. Im übrigen aber war alles unter den ungünstigsten Bedingungen durchaus gut verlaufen und hatte die Schiffskonstruktion sich glänzend bewährt, und sogar die Landung auf freiem Felde war erstaunlich glatt vor sich gegangen." So etwa erzählte es uns der Graf ein paar Wochen später und fügte hinzu: „Ich werde doch weiterbauen!" O, du guter alter Herr, wer soll dir denn jetzt die Mittel geben, deine Arbeiten fortzusetzen? Aber da geschah etwas, was fast wie ein Wunder erschien. Es gelang dem Grafen, das Kriegsministerium davon zu überzeugen, daß diese Unglücksfahrt eigentlich die Brauchbarkeit seines Schiffes bewiesen hätte, und diesem die Zusage abzuringen, die Genehmigung einer Lotterie in Preußen zur Beschaffung von 500 000 Reichsmark zu befürworten.

Damit ging es nun freilich doch nicht so glatt und einfach gegen die vielerlei Widerstände, und es ging wieder in Hangen und Bangen auf und ab, in Hoffnung und Zagen und unausgesetztem Betteln und Beschwören und Ringen. Wir trafen im Frühjahr 1906 den alten Herrn eines dunklen Abends auf der Friedrichshafener Straße, wie er entgegen seiner gewohnten straffen Art völlig gedrückt und müde, das Bild eines ganz alten Mannes, des Weges kam. Er erzählte bitter von fortgesetzten Enttäuschungen und Quertreibereien, daß er nicht wisse, wie er weiterkommen solle, und ernstlich daran denken müsse, die Sache aufzustecken. „Ja“, rief er plötzlich temperamentvoll aus, „ich baue nicht weiter, die Welt soll gar nicht wissen, wie gut mein Luftschiff ist!“

Aber er baute doch weiter! Denn schließlich klärte sich die Situation trotz des Versagens der angekündigten preußischen Lotteriehilfe doch etwas auf, namentlich dadurch, daß ihm wiederum sein König eine württembergische Lotterie genehmigte. Und in unversiegbarem Optimismus unternahm er den Bau zunächst auf eigene Rechnung, bevor die aus der Lotterie zu erwartenden Mittel ihm wirklich zugeflossen waren.

Im Oktober 1906 war das neue, das dritte Schiff fertiggestellt. Es war im wesentlichen gleicher Art wie das bei Kißlegg gestrandete, nur e i n e sehr bedeutsame Verbesserung war hinzugekommen, zu der die auf der Unglücksfahrt gemachten Erfahrungen des Stampfens und Gierens in der unruhigen Luft Anlaß gaben. Man hatte schon in Frankreich erkannt, daß ein so langer Schiffskörper die Tendenz hätte, auf der Fahrt sich quer zur Fortbewegungsrichtung einzustellen, eine Tendenz, der durch stetes Ruderlegen entgegengearbeitet werden mußte und die die Erzielung einer größeren Geschwindigkeit deshalb unmöglich machte. Hierin lag letzten Endes auch der Hauptgrund für den unglücklichen Verlauf der Fahrt im Januar 1906. Die Abhilfe lag in der Anbringung von „Stabilisierungsflächen“ am Heck des Luftschiffes, entsprechend der Befiederung des Pfeils. Solche Befiederung wurde nun zunächst in der Form von horizontalen Doppelflächen bei *Z III* angebracht, um die Stampfbewegungen zu dämpfen, während man das Gieren und Ausscheren des Schiffs in der horizontalen Ebene durch die gute Wirkung der Seitensteuer glaubte auch fernerhin verhindern zu können. Sehr bald aber kam man dazu, durch Anbringung von vertikalen Führungsflächen auch dieser Tendenz zu begegnen.

Das Schiff machte am 9. und 10. Oktober seine Probefahrten, und diesmal wurde es endlich ein Erfolg. In einer außerordentlich ruhigen und sicheren Fahrt legte das Schiff an jedem der beiden Tage eine Strecke von fast 100 km in zwei Stunden zurück, was einer Geschwindigkeit von 11 bis 12 m/sec entsprach. Der Erfolg war durchschlagend, und der Sieg schien nunmehr gewonnen zu sein. Dieser machte sich schnell in einer veränderten Einstellung der Behörden, wie wir sehen werden, bemerkbar, aber stärker noch war der Eindruck, den dieser Sieg auf die öffentliche Meinung in Deutschland ausübte, und diese Wirkung war vielleicht das Entscheidende für die weitere Entwicklung des Zeppelinunternehmens und sollte in einer späteren kritischen Situation schicksalbestimmend werden. Das deutsche Volk hatte mit nicht sehr großer Anteilnahme, vielleicht nur mit einer gewissen spöttischen Neugier von den Anstalten zu einem zweiten Versuch am Ende des Jahres 1905 Kenntnis genommen und die Meldung von dem Scheitern bei Kißlegg bestenfalls mit bedauerndem Achselzucken, vorwiegend aber mit abfälligen und hämischen Glossen erörtert. Die großartig männliche und charaktervolle Haltung, die der alte General bei der Katastrophe im Allgäu an den Tag legte, hatte aber doch bei vielen etwas wie Bewunderung erregt, und als dann bald die Nachricht kam, daß er unbeirrt weiterbauen wollte, da stand man verblüfft vor etwas schier Unfaßlichem und begann zu spüren, daß sich hier etwas ganz Ungewöhnliches, vielleicht etwas ganz Großes abspielte. Man fing an, das sonderbare Phänomen mit wachsender Leidenschaft zu diskutieren; es bildeten sich zwei Parteien, deren eine auf die unheilbare blödsinnige Verbohrtheit des Erfinders, deren andere auf die bewundernswürdige Stärke und Größe seines Charakters schwor. Die erstere war allerdings bei weitem in der Mehrzahl. Und nun dieser Erfolg im Oktober, der dem zähen Kämpfer doch recht zu geben schien! Weite Kreise begannen sich ihm zuzuwenden, und sie taten es um so bereitwilliger, als sich in die Anerkennung und Bewunderung öfters eine gewisse Freude darüber mischte, daß man einmal einem aufrechten schwäbischen Mann gegen die Bosheit und Verständnislosigkeit der ja durchaus nicht beliebten preußischen Militärbehörde beistehen konnte. So war es wenigstens in Württemberg damals im ersten Jahrzehnt des zwanzigsten Jahrhunderts. Der Graf begann ein Held und Volksschützling zu werden. Es entwickelte sich eine Stimmung, der zwei Jahre später ein Journalist bei einem kleinen, vor zornigen Zeugen vor sich gehenden Zusammenstoß des Grafen mit dem über das Warten erbosten preußischen Kriegsminister von Einem vor Manzell Ausdruck verlieh, indem er, der Stimmung des zuschauenden Publikums Rechnung tragend, etwa schrieb: „Unerhört, wie überheblich dieser preußische General den alten Herrn behandelt! Der braucht ja nicht herzukommen, wenn er nicht Zeit hat! Was ist der? In naher Zukunft schon wird man nur noch von E i n e m was wissen, aber dieser Eine wird nicht der General von Einem sein!" Der alte Graf sah diese Zuspitzung und Parteinahme für ihn mit gemischten Gefühlen an. Denn er war im Innersten seines Herzens allem, was auch nur einen leisen Anflug von Demagogie hatte, durchaus abgeneigt, und als einer der von Berlin aus kommandierten Offiziere einmal eine leise Anspielung machte, daß der Graf Zeppelin „sich von der Stimmung der törichten Volksmenge tragen lasse", da meinte er unmutsvoll: „Ich muß es mir leider gefallen lassen, solange die Herren in Berlin so wenig Verständnis und Einsicht zeigen."

Aber in Berlin begann man jetzt doch unter dem Eindruck der Oktoberfahrten, die wieder einmal aus Mangel an Geldmitteln abgebrochen werden mußten, Verständnis zu zeigen. Die in dieser Zeit mit kaiserlicher Förderung gebildete „Motorluftschiff-Studienkommission" hatte die Hauptaufgabe, das unstarre Parseval-Luftschiff zu entwickeln, und man sah ein, daß deshalb auch für das Starrluftschiff etwas geschehen müsse. Es wurde zunächst in einem Nachtragsetat eine Summe von 500 000 Mark bereitgestellt, aus der der Graf Zeppelin an Stelle der halbzerstörten alten eine neue schwimmende Halle auf dem Bodensee erbauen und die Kosten weiterer Versuchsfahrten bestreiten sollte. Nach mancherlei Unterhandlungen, bei denen besonders der Chef des Generalstabs zu Wort kam, wurde schließlich ein Abkommen mit dem Grafen getroffen, demzufolge er im Jahre 1907 zuerst eine Reihe von kleineren Fahrten zwecks Feststellung der Fahreigenschaften vorzunehmen und schließlich eine Dauerfahrt in ununterbrochener Fahrt über eine Strecke von mindestens 700 Kilometern auszuführen haben sollte, um die militärische Verwendbarkeit des Luftschiffs zu beweisen.

Die schwimmende Halle wurde im September 1907 fertig, und die Probefahrten begannen Ende des Monats und fanden mit einer achtstündigen Fahrt, die wie alle andern gut verlief, ihren vorläufigen Abschluß. Der Erfolg war damit sehr wesentlich verstärkt. Die Vierundzwanzigstundenfahrt bat der Graf, wegen vorgerückter Jahreszeit, auf das nächste Jahr verschieben zu dürfen. War es wirklich Unfreundlichkeit und Bosheit, wenn das Kriegsministerium sich mit dieser Begründung zunächst nicht zufriedengeben wollte und ein offenes Eingeständnis vom Grafen Zeppelin verlangte, daß sein Schiff nicht leistungsfähig genug sei, die Vierundzwanzigstundenfahrt auszuführen? Wir müssen heute offen zugeben, daß der *Z III* kaum geeignet gewesen wäre, beim Aufsteigen vom 400 Meter hoch gelegenen Bodensee aus genügend Betriebsmittel und Ballast für eine vierundzwanzigstündige Fahrt mitzunehmen, und wir vermuten, daß dem Grafen Zeppelin die Herbstnebel recht gelegen kamen, das Unterlassen der Fahrt damit zu motivieren, denn er erstattete um diese Zeit einen Bericht an den Reichskanzler, in dem er unter anderem die Notwendigkeit der schleunigen Erbauung eines größeren, leistungsfähigeren Schiffs begründete. Mit großer Energie und Klugheit nutzte er wenigstens die vorhandene günstige Stimmung aus, um einen weiteren Schritt vorwärts in der Richtung auf die seinem Ideal mehr entsprechenden Schiffe zu machen und um einmal aus der ewigen Misere der Geldnöte und des Von-der-Hand-in-den-Mund-Lebens herauszukommen. Und siehe da, er predigte nicht mehr tauben Ohren! Die Fahrten im Oktober 1906 und im September 1907 hatten ihre Wirkung getan. Noch im Oktober 1907 vereinigten sich unter dem Vorsitz des Staatssekretärs des Reichsamts des Innern alle in Betracht kommenden Minister und Staatssekretäre zusammen mit dem Chef des Generalstabs und einer Reihe von Offizieren und Räten zu einer Sitzung, in der über eine großzügige Förderung und Unterstützung des Zeppelinwerks beraten werden sollte. Es wurde vorgeschlagen, dem Grafen Zeppelin zu gewähren: 1. für den Neubau eines Schiffes und die Versuche mit diesem eine Summe von 400 000 Mark, 2. einen Betrag von 2 150 000 Mark für den Ankauf beider Schiffe, worin eine Entschädigung von 500 000 Mark an den Grafen Zeppelin als Entgelt für die von ihm seit fünfzehn Jahren geleisteten Arbeiten und Aufwendungen eingeschlossen sein sollte. Dieser Vorschlag wurde nach einer längeren Debatte in der Tat mit vielen freundlichen Anerkennungen der Leistungen des Grafen genehmigt und später vom Reichstag gutgeheißen, wenn auch zunächst der vorsichtige, unter dem Einfluß seiner Sachberater stehende Kriegsminister den Ankauf der beiden Schiffe, des *LZ III* und des noch zu bauenden *LZ IV,* von der einwandfreien Durchführung einer vierundzwanzigstündigen Fahrt abhängig machen wollte.

Damit schienen nun also die Aussichten für das Unternehmen sich endlich hoffnungsvoller zu gestalten und es schien wieder einmal, wie beim Bau des ersten Schiffes, die Entscheidung über den Fortgang der Arbeiten von den zu erweisenden Leistungen des Starrschiffes selbst abhängig gemacht zu sein. Durfte man hoffen? Kritische Beurteiler versteiften sich darauf, skeptisch zu bleiben, der Graf dachte höchstens an eine mögliche Tücke und Bosheit der Elemente und sagte uns einmal: „Ich habe jetzt die Pflicht, alles so sorgsam wie irgend möglich vorzubereiten und vorzubedenken. Ich darf nichts ohne vollständige Gewißheit des Gelingens tun, denn es ist wirklich das fernere Geschick meines Schiffes ganz von dem glücklichen Ausgang der Vierundzwanzigstundenfahrt abhängig."

Bis das neue Schiff, mit dem allein die Fahrt gemacht werden konnte, fertig sein würde, vergingen voraussichtlich eine ganze Reihe von Monaten, und der Graf hatte Zeit, inzwischen mancherlei anderes zu tun. Er versuchte vor allen Dingen, sein Unternehmen auf eine normale finanzielle und kaufmännische Basis zu stellen, und knüpfte Verbindungen an, die zur Gründung einer Baugesellschaft führen sollten, bei der das Reich dann seinen Bedarf an Schiffen in handelsüblicher Weise zu decken hätte. Die Verhandlungen, die mit den Firmen Krupp-Essen und Carl Berg-Lüdenscheid geführt wurden, kamen aber zu keinem Abschluß, weil gewisse Bedingungen, die das Reich als angenommener Besteller hinsichtlich der Gewährung von Vorzugspreisen u. dgl. in Anbetracht der vom Reich bereits gebrachten Opfer glaubte stellen zu müssen, von den genannten Firmen als nicht tragbar angesehen wurden. So blieb der Graf Zeppelin, dem der Gedanke einer gewissen Abhängigkeit von anderen Gesellschaften eigentlich nie sympathisch gewesen war, alleiniger Besitzer seiner Bauwerft.

Inzwischen ging das neue Schiff mit einigen unliebsamen Verzögerungen seiner Vollendung entgegen. Ein Wintersturm hatte die schwimmende Halle teilweise zum Sinken gebracht, indem einige Pontons voll Wasser schlugen. Das in ihr liegende Luftschiff, der *LZ III,* war dabei auch sehr stark beschädigt worden und mußte in monatelanger Arbeit repariert werden, ehe es in die Bauhalle überführt und damit die schwimmende Halle für den Neubau geräumt werden konnte. Die Elemente brachten sich so in unfreundliche Erinnerung.

Endlich am 20. Juni war das vierte Schiff aufstiegsbereit. Es zeigte eine ganze Reihe von Verbesserungen gegenüber dem dritten Schiff. Die Steifigkeit des Gerippes war dadurch vergrößert, daß der Laufgang unter dem ganzen Schiff durchgezogen war. Die Flugstabilisierung war durch große Horizontal- und Vertikalflossen verbessert und die Höhen- sowie die Seitensteuerung durch größere und besser angebrachte Flächen wirksamer gestaltet. Die beiden Motoren schließlich waren auf je 105 Pferdestärken gewachsen und je Pferdestärke wiederum leichter geworden. Nimmt man hinzu, daß auch das Baumaterial und seine Verarbeitung an Güte gewachsen war und daß die Größe des Schiffs von 11 300 Kubikmeter auf 15 000 Kubikmeter gestiegen war, wodurch eine Vermehrung der Tragkraft um rund 2000 Kilogramm erzielt wurde, so glaubte der Graf mit Zuversicht annehmen zu dürfen, die ihm gestellte Aufgabe ohne Schwierigkeiten erfüllen zu können.

Die ersten Fahrten ließen sich auch vielversprechend an. Nachdem ein paar kürzere Probefahrten ausgeführt waren, bei denen das Schiff sehr befriedigende Steuereigenschaften und eine Geschwindigkeit von etwa 13 Meter/Sekunde gezeigt hatte, entschloß sich Graf Zeppelin, eine größere Fahrt als Vorläufer der Vierundzwanzigstundenfahrt zu unternehmen. Ein prachtvolles Wetter, das am 1. Juli über der Bodenseegegend lag, gab ihm den kühnen Gedanken ein, eine Fahrt in die Schweiz zu versuchen. Er flog über Konstanz–Schaffhausen bis zur Aareeinmündung in den Rhein und steuerte dann die Aare aufwärts in das Herz der Schweiz hinein. Gänzlich überraschend erschien er kurz vor Mittag über Luzern, wo ein nach Tausenden zählendes internationales Publikum von dem unvermutet vor dem blauen Himmel in majestätischer Ruhe dahinsegelnden silbernen Riesenvogel in Verblüffung und Staunen versetzt wurde, um dann in ungeheurer Begeisterung das Schauspiel wie ein Erfüllungswunder alter Menschheitsträume zu bejubeln. Erregte Telegramme liefen in alle Welt hinaus und verkündeten den Sieg des Erfinders. Das Schiff entschwand dann in ruhiger Fahrt gen Nordosten und setzte seine Fahrt über den Horgenpaß, über Zürich und Romanshorn fort, um am späten Abend nach zwölfstündiger Reise sicher und glatt vor seiner Halle auf dem See zu landen. Es war in ihrer Wirkung auf die Öffentlichkeit eine Triumphfahrt ohnegleichen geworden, und man trifft wohl nicht weit an der Wahrheit vorbei, wenn man annimmt, daß sie es letzten Endes war, die das fernere Geschick des Zeppelinunternehmens für eine Reihe weiterer Jahre bestimmte. Das deutsche Volk las mit ungeheurem

Stolz die Berichte über den Eindruck, den sie auf die ganze Welt gemacht hatte. Also war der Graf Zeppelin doch ein Genie, das man nur nicht hatte aufkommen lassen wollen! Ihn galt es jetzt zu feiern und ihm seine Verehrung als Helden und Liebling des Volkes zu erweisen! In welchem Maße dieses geschah, davon gab ein paar Tage später der siebzigste Geburtstag des alten Herrn am 8. Juli einen Begriff. Eine ungeheure Flut von Glückwünschen aus allen Kreisen ergoß sich über ihn. Abordnungen über Abordnungen erschienen, um ihm die Glück- und Segenswünsche von Verbänden, von Gemeinden, von Universitäten zu übermitteln. Städte benannten Straßen und Plätze nach ihm oder machten ihn zum Ehrenbürger usw. Der König von Württemberg sandte ihm ein Glückwunschtelegramm, in dem er dem Empfinden seines Volkes in zutreffender Weise Ausdruck verlieh, wenn er unter anderem sagte: „Ich habe heute ein besonders starkes Bedürfnis, Ihnen meine aufrichtigsten und herzlichsten Glückwünsche zu senden. Ich weiß, daß diese guten Wünsche von meinem ganzen Lande geteilt werden. Wir alle blicken mit Stolz und Bewunderung auf Sie. Ich wünsche Ihnen noch viele, viele weitere Jahre. Ich mache mir selbst die Freude, Ihnen heute die goldene Medaille für Kunst und Wissenschaft zu verleihen, als ein äußeres Zeichen meiner tiefen Verehrung für Sie."

So war die Stimmung und entsprechend die Erwartung im deutschen Volk, als das Schiff dann Anfang August zu der Vierundzwanzigstundenfahrt aufstieg. Zweimal hatte es schon den Ansatz dazu gemacht, war aber infolge kleiner Störungen an Motoren und Steuerung nach kurzem Flug wieder umgekehrt. Der Graf wußte, was auf dem Spiel stand, und wollte sichergehen. Endlich am 4. August machte er sich endgültig auf die Reise. Der Weg ging rheinabwärts bis Basel, dann über Straßburg auf Mainz zu, wo planmäßig umgekehrt werden sollte, um so eine Fahrtlänge von 700 Kilometern zu erreichen. Auf dem ganzen Weg wurde das Schiff von begeisterten Menschenmengen, von Glockenläuten und wehenden Fahnen begrüßt. Ganz Deutschland richtete im Geiste die Blicke gen Süden, wo im Rheintal das Schiff dahinzog, und wurde durch laufende Meldungen über das stetige Fortschreiten der Fahrt unterrichtet. Alles ging gut bis zum Abend. Da wurde das Schiff zu einer Zwischenlandung auf dem Rhein bei Oppenheim genötigt. Man war infolge vorübergehender Störungen an einem Motor etwas hoch gekommen und hatte zu reichlich Gas abgeblasen, und als dann die Abendabkühlung eintrat, war das Schiff durch Abkühlung des Gases so schwer geworden, daß es sich dynamisch oder durch Ballastabgabe nicht halten ließ, zumal wiederum ein Motor aussetzte. Es fiel durch und konnte nur durch ein sehr geschicktes Manöver so gesteuert werden, daß es glücklich zwischen zwei Buhnen auf dem Rhein landete. Dem Volk stockte der Atem. Was bedeutete das? Aber das Schiff lag sicher im stillen Wasser zwischen den Dämmen, konnte in Ruhe repariert werden, um dann nach Ausbesserung des Schadens wieder aufzusteigen, allerdings nach Entlastung von viel Material und einigen Mitfahrern. Um Mitternacht erreichte es seinen Wendepunkt und begann die Rückreise. In der Nähe von Mannheim aber fiel wieder ein Motor aus, diesmal infolge Auslaufens eines Lagers, und das Schiff kam nur langsam

LZ 2 (1905)

Seiten- und Höhensteuer unterhalb des Schiffes

und immer langsamer mit dem verbliebenen einen Motor vorwärts, weil in der Höhe ein zunehmender Gegenwind aufkam. So steuerte man nach Stuttgart hinüber, um in der Nähe von Obertürkheim zu landen und die Daimler-Werke mit der Ausbesserung des Motorschadens zu betrauen. In der Morgenfrühe landete das Schiff wiederum glatt und ohne Schaden zu nehmen auf freiem Feld auf den Fildern und wurde dort verankert. Im leichten Südwind lag es ruhig vor Anker, gehalten von Militär, das aus Stuttgart herbeigerufen wurde. Man hoffte, am Nachmittag nach Beendigung der Reparatur wieder aufsteigen zu können, und der Graf hatte sich beruhigt zu einer kurzen Rast und zur Erledigung von Post in einen Gasthof des nahe gelegenen Städtchens Echterdingen begeben. Aber am Nachmittag begann der südliche Wind aufzufrischen, und eine dunkle Wolkenwand schob von Südwesten heran. Plötzlich fiel dann eine harte Gewitterbö aus Westen ein, packte das Schiff von der Seite und riß es den Haltemannschaften trotz ihrer verzweifelten Anstrengungen aus der Hand. Das Fahrzeug wurde etwa 150 bis 200 Meter emporgerissen, kam dann, wohl infolge Ventilziehens, wieder herab und streifte mit der Spitze den Gipfel eines Baumes. In diesem Augenblick loderte an der Berührungsstelle eine Flamme auf, die sich schnell über das ganze Schiff verbreitete und es mit ungeheurer Geschwindigkeit verzehrte. Ein Haufen rauchender Trümmer lag auf dem Feld.

Alles war so plötzlich und verwirrend gekommen, daß keiner daran gedacht hatte, den Grafen zu benachrichtigen, als das Unwetter heranjagte. Nun wurde er geholt. Stumm und scheu machte ihm die

Menge Platz, als er gesenkten Hauptes hindurchschritt. Wer kann ermessen, was in ihm vorging, als er vor dem schwelenden Wrack stand, das das Ende aller Hoffnungen für ihn bedeuten zu müssen schien! In seinem Kopf wirbelte es. Stumm, ein plötzlich alt gewordener Mann, verließ er die Stätte des Entsetzens, um nach Friedrichshafen zurückzukehren. Ungläubig und betäubt hörte er es mit an, als am Bahnhof Männer aus dem Volk ihm Mut zusprachen und die Hilfe der Nation ankündigten. Im stillen Abteil konnte er während der Fahrt versuchen, mit sich ins reine zu kommen über das, was sich ereignet hatte und was die voraussichtliche Folge sein mußte. Und das Ergebnis war für ihn ein verzweifelt trauriges: Das Schiff war schon auf der Fahrt den rein statischen Schwierigkeiten nicht gewachsen gewesen, als die normale nächtliche Abkühlung des Gases einsetzte und ein Motor dazu versagte, und es war nicht imstande gewesen, einen schützenden Hafen zu erreichen, als bei auffrischendem Wind wiederum ein Motor aussetzte. Offenbar genügte weder die Geschwindigkeit noch die Zuverlässigkeit der Maschinen. Ach, wie weit entfernt war er noch von seinem Zukunftsideal, ein Schiff zu besitzen, das durch seine dynamischen Kräfte allen Wind- und Temperaturwechseln gewachsen war und das aufgrund seiner Reichweite und seiner Flugsicherheit bei jedem Wetter einen geschützten Hafen aufsuchen konnte! Natürlich würde jetzt die zum Ankauf der beiden Schiffe bewilligte Summe nicht an ihn zur Auszahlung kommen, und wie konnte er hoffen, die Regierung durch Vertröstung auf spätere bessere Schiffe zur Hergabe weiterer Unterstützungen zu bewegen? Grau und hoffnungslos lag vor ihm die Zukunft, und im Herzen den Tod erreichte er den Ort seiner Arbeitsstätte, von einer bedrückten, mit ihm fühlenden und trauernden Menschenmenge empfangen. Man hatte in Friedrichshafen große Vorbereitungen getroffen, ihm einen feierlichen triumphalen Siegerempfang zu bereiten. Die ganze Stadt war mit Flaggen geschmückt worden, und Tausende hatten sich von nah und fern eingefunden, das heimkehrende Schiff und seinen Meister mit Festesjubel zu begrüßen. Still waren die Fahnen am Abend nach Eintreffen der Hiobsbotschaft wieder eingezogen worden, und Trauer und Schweigen lastete über der Stadt.

Kummervoll betrat der Graf sein Arbeitszimmer, und mechanisch nahm er den Stoß Depeschen entgegen, der seiner hier harrte. Aber was war das? Er las und las weiter und konnte zunächst kaum fassen, was ihm da aus allen Teilen Deutschlands telegraphiert wurde: Ein erstaunliches Geschehen, ein Wunder fast war es, was in den deutschen Landen vor sich ging! Von allen Seiten wurden ihm Mittel dargebracht, sein Werk zu vollenden, Mittel in so reichem Maße und aus so warmen Herzen gegeben, wie er es nie in kühnsten Träumen für möglich gehalten hätte. Überwältigt von Gefühlen des Glücks und des Dankes sank er in seinen Sessel zurück, und heiße Tränen der Rührung und Ergriffenheit liefen über seine bleichen Wangen. Wie prachtvoll in seiner spontanen Regung und Handlung war doch dieses Volk, wie instinktsicher in seinem Bekenntnis zu einem großen Charakter, den es zu bewundern und zu verehren immer ein unstillbares Verlangen trägt, oft enttäuscht, aber immer wieder bereit und gläubig. War es wirklich eine klare Einsicht in die Bedeutsamkeit der Zeppelinschen Gedanken, die sich so kundgab, oder war es mehr die Huldigung vor dem Geist des Mannes, der als ein Genie in der Größe und der Lauterkeit seines unbezwinglichen vaterländischen Wollens und Strebens erschien? Dem Grafen Zeppelin konnte es gleichgültig sein, aus welchen Wurzeln die Tat des Volkes kam, er empfand in dieser Nacht nur die Wucht und Größe der ihm zuteil werdenden Anerkennung seines Strebens und das befreiende Gefühl, endlich aus seinen Nöten und Sorgen erlöst zu sein.

Wir kamen spät in der Nacht aus Stuttgart zurück, wo wir bereits von der sich anbahnenden Hilfsaktion für den Grafen gehört hatten. Wir traten am Morgen in sein Arbeitszimmer und begrüßten ihn mit den Worten: „Exzellenz, ich gratuliere zu dem Erfolge!“ Er schaute uns zuerst etwas verwundert an, dann aber ging ein verschmitztes Lächeln über seine Züge, und er sagte: „Ja, sehen Sie, hier liegen bereits mehr als 100 000 Mark, und immer neue Spenden werden angekündigt. Wenn das so weitergeht, so werde ich schließlich ebensoviel Sorgen haben, das Geld richtig auszugeben, wie ich vorher Mühe hatte, es zu bekommen.“

Nun, diese Sorgen gedachte man ihm zu erleichtern. Als die aus dem ganzen Reich kommende, von kleinsten Sparbüchsenbeträgen bis zu Einzelspenden von 50 000 und 100 000 Mark sich steigernde „Volksspende“ den Betrag von einigen Millionen schon in wenigen Tagen erreicht hatte, wurde in Berlin der Gedanke geboren und vom Kaiser gutgeheißen, ein „Kuratorium" zu bestellen, welches eine geordnete und namentlich in technischer Beziehung richtige und gute Verwendung der Spende überwachen sollte, „um einen neuen Fehlschlag zu vermeiden". Mit viel Geschick und Zähigkeit wußte der Graf sich dieser Absicht, in der er eine Beeinträchtigung seiner Bewegungsfreiheit sah, zu erwehren. In der Tat war ja die Spende im Vertrauen auf den mannhaften Erfinder diesem persönlich zu seiner beliebigen Verwendung gegeben worden, und die bloße Andeutung einer drohenden Einmischung der Berliner Kreise in diese Angelegenheit wirkte auf manche Kreise Süddeutschlands wie ein rotes Tuch, was aus entrüsteten Presseäußerungen hervorging. So kam es zu einer Regelung, die das Kuratorium zu einer reinen Formalität machte, und der gesamte Betrag der Spende, die auf sechseinviertel Millionen anwuchs, wurde in eine „Zeppelinstiftung" eingebracht, die sofort drei Millionen zur Gründung der „Luftschiffbau-Zeppelin-G.m.b.H." verwendete.

Aufgabe der „Zeppelinstiftung" sollte ganz allgemein die Förderung der Luftfahrt sein, und Graf Zeppelin behielt sich die Leitung der Geschäfte der Stiftung in seinem Sinne und nach seinen Ideen uneingeschränkt vor. Die „Luftschiffbau-Zeppelin-G.m.b.H." war als reine Werft gedacht, die die Luftschiffe weiter zu entwickeln und zu bauen hätte. Als Geschäftsführer dieser Gesellschaft gewann Graf Zeppelin eine außerordendlich tüchtige und energische Kraft in dem westfälischen Industriellen Alfred Colsman, einem Schwiegersohn des Herrn Carl Berg.

Das Werk des Grafen schien allem Anschein nach damit gesichert. Dieses mußte um so mehr der Fall sein, als das Kriegsministerium trotz des unglücklichen Verlaufes der Vierundzwanzigstundenfahrt an dem Beschluß festhielt, nach Ausführung einer solchen Fahrt die beiden Luftschiffe, das dritte und das neu zu erbauende fünfte Schiff, zu übernehmen, womit der in den Etat eingesetzte Betrag von 2 150 000 Mark der Bauwerft zufallen würde.

Der hierdurch mit den Autoritäten der Regierung und der Technik geschlossene Friede, wenn man so sagen soll, wurde dann noch dadurch in feierlicher und augenfälliger Weise bestätigt, daß der Kaiser im November nach Friedrichshafen kam und dem Grafen den hohen Orden vom Schwarzen Adler verlieh. In der Ansprache dazu nannte er ihn „den größten Deutschen des Jahrhunderts" und stellte ihn als leuchtendes Vorbild vaterländischer Pflichterfüllung hin. Und in diesem Zusammenhang darf dann weiter erwähnt werden, daß der „Verein deutscher Ingenieure" bereits einige Tage vor der Schweizerfahrt den wagemutigen Konstrukteur mit der höchsten Auszeichnung, die er zu vergeben hatte, bedachte, nämlich mit der Grashoff-Medaille. Im frohen Bewußtsein der hohen Anerkennung, die ihm die Techniker und die Kreise der Fachleute zollten, und der Verehrung und Bewunderung, die ihm das deutsche Volk darbrachte, durfte Graf Zeppelin sich am Ende des Jahres 1908 anscheinend als Sieger und am Ziel seines Hoffens und Strebens fühlen.

War er selbst des unangefochtenen Sieges in seinem Innern schon damals völlig sicher?

Vollendung und Ausklang

In einem schroffen Gegensatz zu der Meinung des Volkes, das durch die Tat der Echterdinger Volksspende in so unzweideutiger und großartiger Weise Stellung genommen hatte, stand die Auffassung der Fachleute und der vermeintlichen Fachleute. Im Sinne der letzteren machte ein ehemaliger Mitarbeiter des Grafen Zeppelin in einer vielgelesenen Zeitung über die unglückliche Vierundzwanzigstundenfahrt längere Ausführungen, denen wir folgendes entnehmen: Die Fahrt habe so geendet, wie ruhig denkende Fachleute es vorausgesehen hätten. Mit dem starren System gehe es nicht, das müßten auch die glühendsten Anhänger des Grafen Zeppelin jetzt einsehen. Denn beim Versagen der Motoren müsse aus einem Luftschiff ein Freiballon gemacht werden können, um es gut zu landen und zu bergen. Das gehe aber nicht mit dem starren Schiff. Man müsse sich deshalb bescheiden und mit Schiffen von geringerer Leistungsfähigkeit fürlieb nehmen, wie es die Vertreter des „unstarren" und des „halbstarren" Systems täten. Niemals hätte der Graf übrigens, auch wenn alles gut gegangen wäre, vierundzwanzig Stunden in der Luft bleiben können. „Im Höchstfalle konzediere ich seinem Luftschiff, da es zu schwer ist und nicht genug Ballast mitzunehmen vermag, achtzehn Stunden. Wenn wir aus der Katastrophe die Lehre ziehen, daß das starre System in seiner heutigen Gestalt nicht den Weg bedeutet, auf dem eine wirkliche motorische Luftschifffahrt erreichbar ist, nur dann wird der heutige Tag (n. b. Echterdingen) kein verlorener gewesen sein."

Über den ersten Teil dieser Ausführungen brauchen wir hier nicht zu sprechen. Es sind die uns schon bekannten Einwendungen, denen der Graf Zeppelin mit Recht entgegenhalten konnte, daß das unstarre System auch noch nicht kriegsverwendungsfähig sei und daß in dem Augenblick, wo es das werden könnte, die Bedingungen auch für ein verwendungsfähiges Starrluftschiff gegeben seien. Dieses müßte aus sich selbst heraus entwickelt werden. „Freiballone mit Hilfsmotor sind keine Kriegsluftschiffe."

Die letzten drei Sätze der kritischen Ausführung aber sind so, wie sie dastehen, einfach unrichtig und sind von einem Freiballonführer geschrieben, der noch nicht „motorisch" zu denken vermag, sie enthalten jedoch einen richtigen Kern. Tatsächlich wäre es, „wenn alles gut gegangen wäre", d. h. wenn die Motoren durchgehalten hätten, sehr wohl möglich gewesen, das Schiff dynamisch vor einem zu hohen Aufsteigen und damit vor einem zu großen Gasverlust zu bewahren und es dann ebenso bei der eintretenden Nachtabkühlung und dem Schwerwerden vor dem Durchsacken zu bewahren. Aber wie wäre es geworden, wenn die meteorologischen Verhältnisse noch etwas ungünstiger gewesen, wenn z. B. zu der abendlichen Abkühlung noch eine Regenbelastung gekommen wäre? Dann wäre das Schiff wohl schwerlich zu halten gewesen! Und wie wäre es dem Schiff, auch wenn kein Motor versagt hätte, in dem stark auffrischenden Südwestwind und in der Gewitterbö gegangen, die das Schiff losriß? Schwerlich hätte es Friedrichshafen erreicht! Was dem Schiff noch fehlte, war eben eine größere Geschwindigkeit, die gegenüber Temperaturschwankungen größere dynamische Kräfte und gegenüber frischeren Winden die Möglichkeit des Vorankommens über dem Boden gegeben hätte. In der Form und Leistung des *LZ IV* war das Schiff n o c h nicht praktisch verwendbar. Wir wissen heute zu gut, daß Winde von mehr als zehn Meter in der Sekunde in der Höhe fast eine Alltäglichkeit sind und nicht eine Ausnahme, wie man damals optimistisch annahm, und daß deshalb die Schiffe erst bei einer Geschwindigkeit von zwanzig und mehr Meter/Sekunde anfangen, gebrauchsfähig zu werden. Die Motoren mußten nicht allein zuverlässiger, sie mußten vor allen Dingen auch stärker werden.

Dieses alles wußte der Graf sehr genau. Es hatte bis jetzt, für ihn selbst und auch für die Einsichtigeren, die sich an der Volksspende beteiligt hatten, nur ein Prinzip, sein System als solches gesiegt! Jetzt galt es, die Schiffe schrittweise zu verbessern, sie immer leistungsfähiger zu machen, bis sie, den Ideen des Schöpfers entsprechend, wirklich auch bei ungünstigem Wetter ihr Ziel erreichen und bis sie sich nötigenfalls tagelang in der Luft halten und große Strekken bewältigen konnten. Das war die Aufgabe, wofür die Spende zu verwenden war und an der man manches Jahr zu arbeiten hatte!

Aber bis dieses Ziel erreicht war, kamen immer wieder Rückschläge und Unfälle vor, die allmählich das Vertrauen mehr und mehr wieder erschütterten und schließlich so viel Wermut in den Kelch der Echterdinger Begeisterung gossen, daß man in einigen Jahren fast vor der gleichen allgemeinen Einstellung zum Starrluftschiff stand wie etwa zur Zeit der Kißlegger Katastrophe.

Die seelischen Beanspruchungen, die in dieser Zeit eines vorübergehenden Niederganges an den Grafen Zeppelin gestellt wurden, mögen stärker gewesen sein als zu irgendeiner anderen Zeit. Denn was ist schmerzlicher, als das Glück, das man nach schwerem Ringen fest am Zipfel gepackt zu haben glaubte, langsam wieder seinen Händen entgleiten zu sehen! Im Kampf, wo alle Nerven und Sehnen gespannt sind, spürt man nicht die Schläge und Stöße, die Leid und Seele erleiden, und der heilige Zorn und die Erbitterung des Angriffswillens dämpfen die Empfindungen des vibrierenden Herzens. Aber wie viel innere Haltung und Überwindung kostet es, gelassen zu erscheinen und das Gleichmaß äußerer Ruhe zu behaupten, wenn elementare Tücke und die unwiderstehliche Logik, die in dem Geschick unzulänglicher Gebilde selbst waltet, einen Menschen zwingen, halb passiv und duldend zuzusehen, wie ein schöner Traum sich aufzulösen beginnt, und dafür eine unerbittliche und nackte Wirklichkeit ihr kaltes Gesicht zeigt!

Und andererseits, so schwer es ist, eine widerstrebende Volksmeinung zu gewinnen, wie viel schwerer ist es, eine so gewonnene Volksmeinung festzuhalten, wenn diese sich erst einmal enttäuscht abzuwenden beginnt! Wie schnell und wie gehässig folgt auf das „Hosianna" der Masse das „Kreuziget ihn!", wenn die – ach so wandelbare! – Volksgunst umzuschlagen anfängt! Der Spott und Hohn der Enttäuschten ist kleinlich rachsüchtig, wie verschmähte Liebe.

Wir haben oft in den ersten Jahren nach Echterdingen Anlaß und Gelegenheit gehabt, den alten Grafen im stillen zu bewundern, wenn Fehl- und Schicksalsschläge das ringende Unternehmen trafen und wenn er sich bittere Mühe geben mußte, nicht mutlos an seiner Sache zu verzweifeln und die Abwendung des deutschen Volkes vom Glauben an sein Werk anscheinend nicht zu sehen. Aber es war doch einmal eine Zeit, wo er, der stolze Geist und der echte Aristokrat im Innersten seines vornehm und hochgesinnt gestimmten Herzens, mit einer gewissen Angst und Unruhe sich umsah nach Zeichen und Merkmalen, ob wirklich die Verehrung und Liebe des deutschen Volkes, das er selbst so sehr liebte, im Entschwinden sei. Überschwenglichkeiten tragen immer den Keim zu einer Selbstkorrektur in sich, aber es bedarf doch eines großen und philosophisch sich bescheidenden Gemüts, um einen solchen Umschwung, der ins andere Extrem zu gehen pflegt, mit Würde und Haltung hinzunehmen. Und diese Haltung brachte der Graf auf, ohne mehr als vielleicht einmal vorübergehend dem Zwang eines gewissen geistigen Selbsterhaltungstriebes nachzugeben und ein vermeintliches Recht auf Anerkennung und Verehrung geltend machen zu wollen. Dieses haben wir, oft mit Bewunderung, oft mit Rührung, immer beobachten können und als Zeichen einer Bescheidenheit, wie sie großen Naturen eigen ist, gewertet. Denn wie selten sind die Geister, deren kritische Selbsterkenntnis und Bescheidenheit dem lauten Beifall und der lärmenden Gunstbezeugung der Menge standhielte!

Lassen wir in großen Zügen, soweit es in dieser Charakterstudie möglich erscheint, die Ereignisse nach Echterdingen an uns vorüberziehen:

In Friedrichshafen wurde mit Hochdruck im Herbst 1908 und Winter 1908/09 gebaut. Im Frühjahr

LZ 5 (1909)

Seitensteuer zwischen den Horizontal-Stabilisierungsflächen eingebaut, großes Hecksteuer, symmetrisch angebrachte Flächenpaare als Höhensteuer

1909 war der *LZ 5* fertig, eine getreue Nachbildung des bei Echterdingen verbrannten Schiffs. Der *LZ 3* war von der Militärverwaltung abgenommen worden, aber für die Abnahme eines zweiten Schiffes fehlte noch die Durchführung der Vierundzwanzigstundenfahrt. Der Graf Zeppelin faßte den Entschluß, eine Dauerfahrt für sich auszuführen. In der Nacht des 29. Mai verließ das neue Schiff seine Halle und steuerte in die Nacht hinaus. Wohin? Keiner wußte es. Aber es ging weit und weiter nach Norden, und bald spielten überall in den deutschen Landen die Telegraphen, und mit Spannung verfolgte das Volk die Reise. Ein Gerücht tauchte in Berlin auf, daß der Graf dort landen wolle. Die Luftschiffabteilung erhielt Befehl, die Landung vorzubereiten, und Zehntausende, Hunderttausende strömten auf dem Tempelhofer Feld zusammen, um das Schiff ankommen zu sehen, darunter das Kaiserpaar mit den Prinzen und Prinzessinnen. Nach Stunden des Wartens kommt die Nachricht, das Schiff sei bei Bitterfeld umgekehrt und befinde sich wieder auf der Rückfahrt. Enttäuschung und Zorn macht sich bei der Menge und besonders auch beim Kaiser Luft. Aber der Graf hatte gar nicht an eine Landung in Berlin gedacht, viel weniger eine solche angekündigt und segelte ahnungslos schon nach Hause, als auf dem Tempelhofer Feld sich noch die Massen in fieberhafter Erwartung drängten. Eine Zeitung hatte das falsche Gerücht verbreitet, und die Reichshauptstadt hatte es – der Wunsch ist des Gedankens Vater! – nur zu willig geglaubt. In die Enttäuschung mußte nun aber dazu eine Nachricht hineinplatzen, die wenig förderlich war, die Begeisterung für den Grafen und sein Werk zu erhöhen: Das Schiff war bei Göppingen, bei einer Landung zwecks Ergänzung der Betriebsmittel, in einen Birnbaum hineingefahren und schwer beschädigt! Es war eine erste Belastungsprobe der Zeppelinbegeisterung. Aber sie hielt stand, als dann weiter bekannt wurde, daß das Schiff notdürftig ausgebessert werden konnte, um am nächsten Tag seine Halle in Friedrichshafen zu erreichen. Mehr als fünfzig Stunden war das Schiff in der Luft gewesen, hatte eine Notlandung gemacht und konnte auf freiem Feld eine umfangreiche Reparatur vornehmen! Das war es doch, was der alte Kämpe immer vorausgesagt hatte! Die Verstimmung verflog vollends, als der Kaiser dem Grafen das Versprechen abnahm, noch im gleichen Jahr „den Berlinern eine eklatante Genugtuung zu geben“, wie Se. Maj. sie gefordert hatte.

Das schuldbeladene Schiff wurde nach schneller Wiederinstandsetzung von der Militärverwaltung als *Z II* abgenommen und nach Köln überführt. Auch die Überführungsfahrt war insofern eine zu zwiespältiger Beurteilung stimmende Unternehmung, als das Schiff beim ersten Versuch wegen zu starken Gegenwindes Köln nicht zu erreichen vermochte, sondern umkehren mußte. Immerhin aber hatte es sich im schlechten Wetter gut gehalten und als lufttüchtig erwiesen. Die Begeisterung aber der Kölner bei Ankunft des Schiffes ließ etwa aufgekommene Zweifel rasch vergessen.

Im August wurde nun der inzwischen schnell fertiggebaute *LZ 6* zur versprochenen Fahrt nach Berlin angesetzt. Das Schiff war eigentlich noch nicht in allen Teilen genügend ausprobiert, insbesondere war der neue „Stahlbandantrieb“ ein Sorgenkind, das leicht zu einem völligen Mißerfolg hätte führen können. Aber es ging, obgleich unterwegs ein Propeller abflog, noch gnädig ab, und das Schiff erreichte nach einer Zwischenlandung in Bitterfeld, wo der Graf selbst an Bord kam, glücklich Berlin. Der Empfang hier war über alle Maßen enthusiastisch und herzlich, und der vom Kaiser ins Schloß geführte alte Herr durfte hier vom Balkon aus die lebhaftesten Ovationen der Reichshauptstädter entgegennehmen.

Leider verlief die Rückfahrt nicht so glatt und brachte sorgenvolle Stunden für das Schiff. In der Nähe von Bülzig flog wieder ein Propeller ab und durchschlug eine Gaszelle, die leerlief. Wieder wurde eine größere Reparatur auf freiem Feld nötig, was um so kritischer wurde, als ein Gewittersturm über das vor Anker liegende Schiff hereinbrach. Aber alles lief gut ab, hauptsächlich wohl deshalb, weil das infolge Gasverlustes schwer auf dem Boden aufliegende Schiff in der Bö nicht hochgerissen wurde. Hunderte von Soldaten hatten zu halten und zu sorgen gehabt, daß nichts Schlimmes sich ereignet, Hunderttausende fieberten vor Spannung und atmeten erlöst auf, als das Schiff glücklich wieder in der Luft war. Es war ein bitterer Kelch an dem alten Grafen vorübergegangen.

Nach der glücklichen Heimkehr konnte das Schiff zahlreiche Mitglieder des Bundesrats und Reichstags über den Bodensee tragen, und die Freude und Begeisterung stieg auf einen neuen Höhepunkt. Das Jahr 1909 ging so trotz mancher bedrohlichen und nachdenklich machenden Situation glücklich zu Ende, und die hochgespannte Feststimmung blieb erhalten.

Diese Stimmung nützte der Geschäftsführer des „Luftschiffbau-Zeppelin“, Alfred Colsmann, mit Energie und Geschick aus, eine Gründung durchzubringen, die sich ungeachtet mancher gerade durch sie herbeigeführter kritischer Lagen letzten Endes doch als lebensrettend für das Zeppelinwerk erweisen sollte: die Gründung der „Deutschen Luftschiffahrts-A.G.“, der „Delag“.

Eine solche Gesellschaft war zu einer Notwendigkeit geworden, um dem „Luftschiffbau-Zeppelin“ Aufträge zuzuführen. Denn die Militärverwaltung lehnte es ab, weitere Schiffe zu bestellen, und die Marine stand noch abwartend beiseite, weil die Leistungen der Schiffe ihr nicht genügten und weil der Staatssekretär des Marineamtes, Herr von Tirpitz, überhaupt nichts von Luftschiffen hielt.

Die „Delag“ sollte Passagierluftschiffe erwerben, mit denen zunächst Rundfahrten von einzelnen Städten aus, dann aber Verkehrsfahrten zwischen diesen Städten, die eine Luftschiffhalle zu bauen hatten, ausgeführt werden sollten. Wie stark der Glaube an die Möglichkeit eines solchen Verkehrs damals war, geht aus der Tatsache hervor, daß eine ganze Anzahl von Großstädten sich mit Kapital an der Gründung der „Delag“ beteiligten und daß unter den anfänglich siebenundzwanzig Aufsichtsräten der Gesellschaft sich die Oberbürgermeister fast aller größten Städte Deutschlands befanden. Heute wissen wir, daß ein Luftschiffverkehr über so kleine Strecken schon wirtschaftlich unmöglich ist, ganz abgesehen davon, daß die inzwischen entwickelten Flugzeuge, an die man damals überhaupt noch nicht ernstlich dachte, diesen Luftverkehr bestreiten.

Die Gründung, an der Städte, Banken und Privatleute sich beteiligten, erfolgte noch im Spätherbst 1909 mit einem Kapital von 3 Millionen Mark. Es wurde sofort ein von der Werft angebotenes Schiff von 19 300 Kubikmeter Inhalt mit drei Motoren von je 120 Pferdestärken in Auftrag gegeben, das Mitte Juni 1910 mit dem Namen „Deutschland" seine erste Probefahrt machte. Es erhielt seinen Heimathafen in der Stadt Düsseldorf, die dafür eine Halle auf der Golsheimer Heide erbaut hatte. Die Größe des Schiffs und seine Ausstattung mit drei Motoren schien seine Leistungsfähigkeit und Betriebssicherheit nach menschlichem Ermessen zu verbürgen.

So begann das Jahr 1910 anscheinend mit günstigen Aussichten. Aber es trug Unheil für die Zeppelinsache im Schoß. Im April kam die Nachricht, daß der *Z II* auf einer Übungsfahrt in der Nähe von Siegen gelandet und gleich darauf zerstört sei. Das Schiff hatte sich in stürmischem Wetter nicht halten lassen und eine Notlandung gemacht, bei der es durch eine Bö mehrfach hochgerissen und zerschlagen war. Man wollte der Führung des Schiffs die Schuld geben, doch die Militärverwaltung gab dem System die Schuld.

Die „Deutschland" sollte den schlechten Eindruck durch ihre Fahrten verwischen, aber schon auf einer der ersten Fahrten von Düsseldorf aus strandete sie im Teutoburger Wald, Ende Juni 1910.

Auch hier wurde das Stranden durch unterwegs aufkommendes schlechtes Wetter in Verbindung mit dem Versagen von Motoren verursacht. Das Luftschiff wurde in einer Böenfront hochgerissen, weil es nicht genügend Geschwindigkeit hatte, und wurde durch die dabei eintretenden Gasverluste, zu denen noch eine starke Regenbelastung kam, so schwer, daß es auch bei Abgabe allen verfügbaren Ballasts nicht in der Luft zu halten war. Es war ein großes Glück, daß es in die Bäume des Teutoburger Waldes fiel, sonst wäre die Strandung wahrscheinlich nicht ohne Menschenverluste abgelaufen.

Sofort wurde *LZ 6,* der die Fahrt nach Berlin ausgeführt hatte, der „Delag" zur Verfügung gestellt. Das Schiff war inzwischen um eine Abteilung verlängert worden und hatte einen dritten Motor bekommen, so daß es genügend Tragkraft und Kraftreserven zur Verfügung zu haben schien, um sichere Passagierfahrten bei Beobachtung der gebotenen Vorsicht auszuführen. In der Tat machte es eine ganze Reihe solcher Fahrten von Baden-Oos aus und fing an, das schwer erschütterte Vertrauen wiederherzustellen, als es Mitte Oktober 1910 in der Halle durch grobe Fahrlässigkeit eines Monteurs in Flammen aufging. Die Feuergefährlichkeit des Wasserstoffs wurde damit eindringlich vor Augen geführt.

Aber damit war die Serie der Unglücksfälle noch nicht erschöpft. Die „Delag" hatte nach dem Scheitern ihres ersten Schiffs ohne Zaudern alsbald ein zweites bestellt. Auch dieses wurde „Deutschland" genannt, als es im Frühjahr 1911 fertig geworden war. Es war ein Schwesterschiff der gescheiterten ersten „Deutschland" und sollte den unverminderten Stolz und die Hoffnung Deutschlands auf seine Zeppeline gleichsam schon durch die Namensgebung symbolisieren. Das Schiff machte auch erfreulicherweise mehr als dreißig gelungene Fahrten von Düsseldorf aus, wurde dann aber Mitte Mai beim Herausbringen aus der Halle gegen eine „Schutzwand“ gedrückt und so stark beschädigt, daß es abmontiert werden mußte. Hiermit war nun die durch die vorhergehenden Unfälle schon recht gespannt gewordene Lage vollends ganz kritisch geworden. Selbst der großzügige, von vornherein mit Rückschlägen und „Lehrgeld“ rechnende Aufsichtsrat der „Delag“ zauderte lange, ob er noch einmal den Mut zur Bestellung eines weiteren Schiffs fassen sollte. Wenn er es schließlich tat, so geschah das vornehmlich aus zwei Gründen: Erstens hatten die zum Teil technisch recht stark interessierten Herren sich sozusagen in das reizvolle Problem zu verbeißen angefangen und glaubten um so mehr den Kampf in Zeppelinschem Geiste fortsetzen zu sollen, als gerade recht große Fortschritte in bezug auf die Motoren gemacht worden waren und als man doch bereits allerlei gelernt hatte, was zur Vermeidung künftiger Katastrophen führen konnte. Zweitens aber, und das war ohne Zweifel die Hauptsache, trieb sie die Rücksicht auf die verehrte Person des alten Grafen, der gerade in dieser kritischen Zeit durch sein Verhalten an Achtung und Liebe, wenigstens in den urteilsfähigen Kreisen, eher gewonnen als verloren hatte, ihm etwas Freundliches zu tun und ihm in seinen inneren Nöten zu helfen. Denn es war damals sicherlich kaum anders, als der französische Luftschiffbauer Surcout es darstellte, wenn er schon nach dem Unglück im Teutoburger Wald schrieb: „Es gibt in Deutschland kaum mehr Freunde des Zeppelinschiffs, es gibt nur noch Freunde des Grafen Zeppelin selbst.“ Die Ruhe und vornehme Haltung, in der der Graf die Hiobsnachrichten von den Schlag auf Schlag kommenden Katastrophen entgegennahm, die großgesinnte Art, in der er sich jeder verletzenden Kritik der unglücklichen Luftschiffführer enthielt, in der er diese vielmehr zu trösten und wieder aufzurichten und in ihnen den Mut und die Hoffnung auf künftige bessere Leistungen zu entfachen versuchte und verstand – das hatte etwas Rührendes und Bezwingendes und mußte die Achtung und Verehrung vor ihm steigern. Man hielt also aus Liebe zu der Persönlichkeit an seiner Sache fest, vielleicht mit einigen Zweifeln, aber – mit Erfolg. Denn der kam nun durch das neue „Delag"-Schiff, die „Schwaben". Es ist wie die bedachtsame Fügung einer höheren Macht: Der „Partikularist" Zeppelin, der mit der „Deutschland" Schiffbruch erlitt, sollte mit seiner „Schwaben" das Spiel gewinnen!

Mit seinen Ideen, seinen Anforderungen an ein starres Luftschiff war der Graf Zeppelin seiner Zeit, ihren Kenntnissen und technischen Möglichkeiten weit vorausgeeilt. Daher waren Rückschläge nach den Erfolgen von 1906 und 1907 unvermeidlich. Sie setzten mit und nach dem Tag von Echterdingen ein, und es war die dem Grafen selbst wohlbewußte Aufgabe der folgenden Zeit, die bestehenden Mängel und Lücken auszugleichen. Der Optimismus, der alle Erfinder und Bahnbrecher beseelt, beseelen muß, verführte oft zu einer Unterschätzung der Schwierigkeiten und Gefahren, und man hat in jenen ersten trüben Jahren, wo man sich frisch und unternehmungslustig in den doch noch so rätselhaften Ozean der Luft wagte, öfter das Schicksal herausgefordert, als man ahnte, und es ist fast ein Wunder zu nennen, daß die Unfälle nicht noch zahlreicher und schwerer ausfielen, als es tatsächlich der Fall war.

Die genannten und später sich ereignenden Unfälle lassen sich fast alle auf drei Ursachen zurückführen: zu geringe Leistung des Schiffs, Unkenntnis der meteorologischen Vorgänge, Schwierigkeiten der Handhabung des Schiffs am Boden, insbesondere beim Ein- und Ausbringen.

Der Leistungssteigerung seiner Schiffe widmeten der Graf und seine Werft nunmehr alle Kräfte. Die Luftfahrt steht und fällt mit dem geeigneten Motor. Also mußte ein besserer, d. h. ein stärkerer und zugleich betriebssicherer Motor beschafft werden. Der bekannte Konstrukteur Wilhelm Maybach wurde vom Grafen gewonnen, und es entstand der Maybach-Zeppelin-Motor, der zuerst in einer einschlägigen Maschinenfabrik, später in einer Tochtergesellschaft des „Luftschiffbau-Zeppelin“, dem „Maybach-Motorenbau“, unter der technischen Leitung des Sohnes Karl Maybach, angefertigt wurde. Die Gewichte des Motors gingen von 26 Kilogramm je Pferdestärke im Jahr 1900 auf 4 Kilogramm im Jahr 1905, auf 3 Kilogramm im Jahr 1910, auf 2,5 Kilogramm im Jahr 1913 herunter. Gleichzeitig fiel der Betriebsmittelverbrauch von 500 auf 225 Gramm je Pferdestärkestunde. Die Geschwindigkeit des Schiffs konnte damit von 6 bis 7 Meter in der Sekunde im Jahr 1900 auf 11 Meter in der Sekunde im Jahr 1905, auf 16 Meter im Jahr 1910 und auf 20–21 Meter im Jahr 1911 gesteigert und die dynamische Hubkraft zur Überwindung eines durch Regen, Temperaturwechsel oder Gasverlust verursachten Übergewichts gegenüber dem Jahr 1905 fast vervierfacht werden. Eine ungeheure Erhöhung des Leistungsvermögens!

Gleichzeitig wurden die Getriebe, die Propeller

und sonstige Teile des Triebwerks in fortgesetzter Arbeit verbessert, wurde die Steuerung, zusammen mit den Stabilisierungsflächen zuerst und lange Zeit hindurch ein sehr wunder Punkt des Zeppelinschiffs, allmählich zu einer wirksamen und befriedigenden Anlage entwickelt, wurde die Form des ganzen Schiffs mehr und mehr in Einklang mit den sich nun ausbildenden aerodynamischen Erkenntnissen gebracht und in sich auf Grund der Fahrterfahrungen gefestigt usw. Diese Verbesserungen zogen sich über Jahre, über die Kriegszeiten und die Nachkriegsjahre hin, bis sie schließlich das Schiff zeitigten, das wir jetzt kennen und besitzen, das, allen Wettern und jeder Entfernung gewachsen, dem Geiste des Grafen schon früh vorgeschwebt hatte und das nur in der Form eines starren Luftschiffs zu vollenden war. Aber mit der „Schwaben" wurde schon im Jahr 1911 ein so guter Typ geschaffen, daß das Schiff die schon fast verloren erscheinende Sache zu retten vermochte.

Doch wir möchten annehmen, daß es der „Schwaben" vielleicht nicht gelungen wäre, dieses Ziel zu erreichen, wenn nicht eine „höhere Gewalt" ihr zu Hilfe gekommen wäre: das wunderbare Sommerwetter des Jahres 1911. Wir dürfen dieses, ohne jemandem damit seinen Lorbeer zu nehmen, um so unbedenklicher aussprechen, als wir selbst die Aufgabe übernommen hatten, die „Schwaben" zu führen.

Es fehlte, wie wir oben sagten, zu jener Zeit der Pionierfahrten außer an einer genügenden Leistungsfähigkeit des Schiffs in zweiter Linie auch an einer ausreichenden Kenntnis der meteorologischen Vorgänge, wie sie für eine sichere Durchführung solcher Fahrten erforderlich war. Die Organisation des Wetterdienstes war erst im Werden, und eine zutreffende Vorstellung von der Struktur und den Turbulenzerscheinungen des Luftkörpers und von den Bewegungstendenzen eines langgestreckten Luftschiffes innerhalb dieses wirbelnden Luftkörpers war überhaupt noch nicht vorhanden. Man mußte erst lernen. So kam es, daß die Schiffe so oft unversehens von einbrechenden Böen überrascht wurden und daß sie darin emporgerissen, ausgepumpt und niedergedrückt wurden. Aerologische Stationen, die außer den Bodenschichten auch die höheren Luftschichten durch Pilotballons erforschten, gab es so gut wie keine, und die „Delag" ging daran, sich für ihre Zwecke eine gewisse Organisation im aerologischen Wetterdienst in beschränktem Umfang einzurichten. Schrittweise wurde dieser Dienst dann ausgebaut, und schrittweise und vorsichtig gewann man Vertrautheit mit den vertikalen Strömungen im tückischen Luftmeer und lernte sie allmählich meistern oder meiden. Und da war dieses vom Wetterglück so außerordentlich begünstigte Jahr 1911, das drei Monate lang ein ununterbrochenes wunderbares Schönwetter fast ohne jeglichen Einbruch von Böenfronten aufwies, wie ein Geschenk des Himmels. Man war nicht täglich auf den Fahrten von Wetterkatastrophen bedroht. Man fuhr wochen- und monatelang in Ruhe und Sicherheit und begann das fremde Element allmählich zu begreifen und zu beherrschen. Die Elemente, die „das Gebild von Menschenhand hassen", können unter Umständen auch gnädig und freundlich gestimmt sein. Aber wehe dem, der die Pranke des Siegers darüber vergißt und unvorsichtig wird! Die Vorsicht war es, die man im „Schwaben"-Fahrbe-

LZ 25 (1914)

Erstes Schiff mit organisch an die Stabilisierungsflächen sich anschließenden Steuerflächen

trieb um so mehr üben lernte, je erfreulicher die Wiederherstellung des Vertrauens war, das man nicht wieder aufs Spiel setzen durfte. So kann Glück auch erzieherisch wirken, wenn man es in bescheidener Erkenntnis als solches nimmt und, vor der Götter Neid sich scheuend, nicht vermessen glaubt, mit des Geschickes elementaren Mächten spielen zu können.

Seltsamerweise war noch ein zweiter freundlicher Stern da, unter dessen günstigen Auspizien die „Schwaben" ihre Fahrten ausführen konnte: Die Fahrten gingen zumeist von der Halle in Baden-Oos aus. Das bedeutete den Fortfall oder doch eine starke Milderung einer steten Bedrohung:

Wir nannten als dritten Grund der Unfälle die mangelnde Übung in der Handhabung des Schiffs am Boden und besonders beim Ein- und Ausbringen. In Friedrichshafen war mehrfach beim Ausbringen eine Havarie eingetreten. In Düsseldorf wurde das Schiff beim Ausbringen gegen eine Schutzwand geworfen und schwer beschädigt. Wenn der Wind quer oder auch nur einige Strich schräg zur Hallenrichtung weht, ist es schwierig und gefährlich oder gar unmöglich, das Schiff herauszubringen. Deshalb hatte Graf Zeppelin eine schwimmende Halle auf dem Bodensee, die sich von selbst in die Windrichtung einstellte. Das Ideal auf Land ist eine Drehhalle, aber die war damals nicht zu haben. So mußte versucht werden, so gut es ging mit den festen Hallen fertig zu werden. Das ist nun auch gut möglich, wenn es sich um Probefahrten von der Werft aus oder um militärische Übungsfahrten handelt. Denn man kann die Fahrt verschieben, wenn der Wind ungünstig steht. Aber es ist kaum möglich, wenn es sich um Passagierfahrten handelt. Denn das Reisepublikum ist pünktlich zur Stelle und drängt auf Einhaltung des Fahrplans. So wird gewagt, was man eben noch für angängig erachtet, um das Schiff nicht als ungeeignet für einen fahrplanmäßigen Verkehr erscheinen zu lassen. Die Folge ist, daß gelegentlich einmal zu viel gewagt wird und daß eine Katastrophe wie an der Düsseldorfer Halle eintritt. Die stärkste Nervenbelastung für den Luftschiffführer ist diese Sorge, und wenn er, wie es die Regel war, in zwei bis drei Jahren mit seinen Nerven am Versagen war, so kam das nicht etwa von Fahrten in schwerem Wetter, sondern von den Tücken der Hallen her.

Und wie war es denn nun weiter, wenn ein Schiff, das von einer Fahrt zurückkam, nicht in die schützende Halle eingebracht werden konnte oder wenn es bei einer Notlandung auf freiem Felde liegen mußte? Bei Echterdingen, bei Weilburg hatte es sich in der Bö losgerissen, bei Bülzig war es von Hunderten von Soldaten mit Not zu halten gewesen. Sollte man das Schiff kurz oder lang gefesselt halten, sollte man es leicht abgewogen, ausgewogen oder schwer an den Seilen halten, sollte man es auf freiem Feld oder im Windschutz eines Waldes oder der Halle liegen lassen? Alle diese und ähnliche Fragen mußten geklärt werden. Der Graf Zeppelin beschäftigte sich angelegentlich mit ihnen und kannte ihre Schwierigkeiten, und wenn dann einmal in der Pionierzeit ein Unfall sich aus Mangel an Erfahrung ereignete, so stellte er sich mit seiner Autorität, die in der Verehrung und Liebe des Volkes ihre starken Stützen hatte, hinter den Pechvogel, mit einer väterlich-gütigen Autorität, die tröstete und aufrichtete. Wir haben es nie vergessen, wie er einmal nach dem Unglück an der „Schutzwand“ der Düsseldorfer Halle, als wir verzweifelt dem Werk den Todesstoß versetzt zu haben glaubten, herbeieilte und uns hob und gegen Selbstvorwürfe verteidigte, obgleich es doch sein Lebenswerk war, das gefährdet schien.

So waren die Probleme und Schwierigkeiten der Handhabung des Schiffs. Und was konnte nun die Halle in Baden-Oos dazu tun, sie zu beheben oder zu mildern? Es war folgendes: An dieser Halle gab es verhältnismäßig selten Querwind. Der Wind streicht fast immer in der Richtung des Schwarzwaldzuges, dem er folgt. So konnte man, zumal es ein ungewöhnlich schöner Sommer war, fast immer ohne Schwierigkeiten aus- und einfahren, und man kam selten in die Lage, vor Anker liegen zu müssen, und konnte, wenn es einmal doch nötig war, unter verhältnismäßig einfachen und günstigen Verhältnissen allmählich wertvolle Erfahrungen sammeln. –

Die „Schwaben“ wurde Mitte Juni 1911 fertig. Sie hatte eine einfache, wirksame Steueranlage am Heck und war etwas kürzer als die „Deutschland“, so daß sie recht wendig war. Vor allem aber hatte sie 3 Motoren von je 150 Pferdestärken. Damit kam sie auf 20 Meter/Sekunde Geschwindigkeit. Das war das Entscheidende, war damals eine Sensation.

In den Kreisen der Gegner des starren Systems in Berlin wollte man es zuerst nicht glauben. Die Meinungsverschiedenheiten zwischen den Anhängern der verschiedenen Systeme, mit denen man das Luftschiffproblem lösen wollte, hatten damals zu einer recht erheblichen Hitze in den Auseinandersetzungen geführt. Unter den Kampfrufen „Hie starres System!“ – „Hie unstarres System!“ standen sich zwei Parteien gegenüber, von deren feindseligen Gefühlen zueinander die Erbitterung der Parteien, die seinerzeit mit „Hie Welf!“ – „Hie Waiblingen!“ im mittelalterlichen Deutschland aufeinander losschlugen, nur eine ganz unzulängliche und schwache Vorstellung gibt. Wir müssen leider gestehen, daß wir in Friedrichshafen nicht die Zahmsten in diesem Streit waren, denn wir waren in Not und Bedrängnis, und die andern – die „Nichtswürdigen“! – erfreuten sich in jenen Tagen der größeren Sympathien und Förderung von seiten der Behörden. Der Erbauer des unstarren Luftschiffs, Herr von Parseval, hatte von dem starren Zeppelinschiff, mit Bezug auf dessen große Länge im Vergleich zum Durchmesser, als dem „fliegenden Bleistift“ gesprochen. Wir rächten uns, indem wir sein System, das nur durch inneren Überdruck die Form hielt, das „aufgeblasene System“ oder die „fliegende Wurst“ nannten. Die dazwischenliegende Konstruktion, das „halbstarre“ System der Militärverwaltung, kam natürlich, wie immer solche „feigen“ Kompromißlösungen, noch schlechter weg, und der leitende Ingenieur der Militärwerft beklagte sich einmal mit gutem Humor: „Wenn man nicht auf ‚starr‘ oder ‚unstarr‘ schwört, sondern dem ‚halbstarren System‘ zugeneigt ist, so ist man nicht etwa nur ein Dummkopf oder meinetwegen auch ein Idiot, sondern ein Schweinehund.“

Es herrschte deshalb stets etwas wie Gewitterstimmung, wenn Herren, die auf die anderen Systeme eingeschworen waren, einmal in den Kreis um den alten Grafen Zeppelin hineinschneiten, und es bedurfte oft der ganzen vorbildlichen Liebenswürdigkeit des vornehmen alten Herrn oder eines besonders guten Tropfens, die aus den Echterdinger Spenden noch im Keller lagen, um Öl auf die Wogen der erhitzten Gemüter zu gießen.

Es war deshalb eine mit Bosheit leicht gemischte Liebenswürdigkeit, als der Graf den Herrn von Parseval einlud, an einer Probefahrt der „Schwaben" teilzunehmen, um sich selbst von der hohen Geschwindigkeit des Schiffs zu überzeugen. Der Eingeladene kam sofort und, nehmen wir an, in der Erwartung und Absicht, als ein guter Mathematiker, der er war, die Zeppeliner wieder einmal als arithmetische Analphabeten zu entlarven. Sicherlich hatte Herr von Parseval innigste Freude an dem Fortschritt im Luftschiffbau, aber es entschlüpfte ihm doch nach der Fahrt das weniger gut klingende als gemeinte Wort: „Ja, da kann man nichts machen, das Schiff läuft 20 Metersekunden."

Ja, es lief 20–21 Meter/Sekunde und war damit endlich ein Luftfahrzeug, das praktische Verwendungsfähigkeit zu erhalten anfing. Es machte in den Jahren 1911 und 1912 im ganzen etwa 250 Fahrten, die ohne Unfall verliefen. Es bekam in den Jahren 1912 und 1913 Unterstützung durch die weiteren „Delag"-Schiffe „Viktoria Luise", „Hansa" und „Sachsen", die zum Teil noch etwas größer und maschinenstärker waren und den Glauben an die Luftschiffe wieder aufbauten. Die Heeresverwaltung erhielt schon im Herbst 1911 ein neues Schiff als Ersatz des bei Siegen zerstörten *Z II* und im Frühjahr 1912 einen *Z III*, im wesentlichen Schwesterschiffe der „Schwaben". Auch die Marineverwaltung zeigte

LZ 129 (1936) Luftschiff „Hindenburg“
mit idealer aerodynamischer Schiffsform

nach langem Zaudern endlich Interesse und bekam im Herbst 1912 den *L I,* ein Schiff von etwas größeren Ausmaßen als die Heeresluftschiffe. So erhielten damit die Zeppeline endlich diejenige militärische Verwendung, die ihrer Art und ihrem Leistungsvermögen, wie sich bald zeigen sollte, am besten entsprach. –

Der Kampf des alten Grafen für seine Ideen und sein Werk war damit für ihn selbst eigentlich zu Ende. Zwar gab es gelegentlich noch Rückschläge, Schwierigkeiten und Konflikte, aber deren Überwindung war nunmehr im wesentlichen Aufgabe seiner Techniker und Geschäftsführer. Eine ernstliche Bedrohung des Werkes war vorerst davon nicht zu befürchten, denn die Brauchbarkeit der Schiffe war erwiesen, und die erstaunlich rasch vor sich gehende Motorenentwicklung ließ eine schnelle weitere Steigerung der Leistungsfähigkeit der Luftschiffe erwarten. Die wirklich ernst zu nehmende Bedrohung kam dann später von den Flugzeugen her. Aber das fiel im wesentlichen erst in die Zeit, wo der Tod den alten Kämpfer bereits von allen Sorgen und Mühen befreit hatte. Er selbst durfte es noch im Krieg erleben, daß seine Schiffe, die mit einer Tragkraft von einigen hundert Kilogramm und einer Geschwindigkeit von 7 Meter in der Sekunde angefangen hatten, sich zu Riesen entwickelten, die 25 000–30 000 Kilogramm Nutzlast hoben und sie mit 31 bis 32 Meter in der Sekunde durch die Lüfte dahin- oder bis in eine Höhe von 5000 bis 6000 Metern emportrugen. Selbst er, der optimistische und phantasievolle Planer und Seher hätte wohl kaum von einer solchen Vollendung seines Werks zu träumen gewagt.

Als der Krieg ausbrach, stand der Graf Zeppelin im siebenundsiebzigsten Lebensjahr. Er hatte sich von seinem Luftschiffbau gerade eben ein wenig zurückzuziehen begonnen und sich wirklich, auf vieles Drängen und etwas widerwillig, darangemacht, an seinen „Erinnerungen" zu schreiben und im übrigen ein beschauliches Alter in würdiger Beschäftigung zu genießen. Er hatte in der Tat viel zu erzählen und vieles, an dem er Interesse nahm. Jetzt wachte er wieder auf zu vollster Lebendigkeit und zu dem leidenschaftlichen Begehren, sich für das Vaterland betätigen zu können. Er hatte gehofft, irgendwie und -wo mit einem Amt oder einer Aufgabe von der Reichsregierung betraut zu werden. Es geschah nicht, wohl weil man glaubte, daß der alte Herr schon genügend mit seinen Luftschiffen beschäftigt sei. Aber das war keineswegs der Fall! Vielmehr überließ er diese Sorgen größtenteils denen in seinem Werk, bei denen er alle Aufgaben in besten Händen wußte, und den Heeres- und Marinetechnikern, die ja doch ihre eigenen Ideen über die von den Luftschiffen zu erfüllenden Leistungen hatten. Er selbst wandte sich mit der ganzen Kraft seiner Seele allgemeinen politischen und strategischen Gedankengängen zu und dachte mehr an das Geschick ganz Deutschlands und an den möglichen Verlauf und Abschluß des Krieges als an seine Luftschiffe. Er wurde wieder ganz Soldat, was er im Innersten seines Wesens von jeher gewesen war, auch wenn er äußerlich eine Zeitlang in der Verkleidung eines Technikers gewandelt war, und er wurde Soldat von der größten Entschiedenheit eines auf das Ganze gehenden Strategen. Er steckte für sich seine Kriegsziele weit und konnte sich nur einen Ausgang des Ringens denken, bei dem England und Frankreich völlig zu Boden geworfen würden, um dann für Deutschland die Sicherungen festzulegen, die es seiner Meinung nach brauchte, um künftig vor Überfällen auf sein Leben und seine Freiheit geschützt zu sein. Andernfalls, auch schon bei einem unentschiedenen Ausgang des Ringens, sah er für früher oder später den unvermeidlichen Untergang der deutschen Nation voraus. Er war deshalb für rücksichtslosen und schärfsten Einsatz aller Kriegsmittel und meinte, darin sich mit dem englischen Admiral Sir John Fisher treffend, daß der rücksichtsloseste Einsatz zugleich der humanste sei.

Er wirkte und warb für seine Kriegszielideen in einem ausgedehnten Freundes- und Bekanntenkreis und kam darüber im Jahr 1916 in einen Briefwechsel und schließlich in einen Konflikt mit dem Reichskanzler von Bethmann Hollweg. Den Kernpunkt dieses Konfliktes bildete die Meinung des Grafen, daß der Kanzler den vollen Einsatz der Luftschiffe (und auch der U-Boote) gegen England verhindert habe. Dieses war nun zwar nicht ganz zutreffend, wohl aber war richtig, daß in einer früheren Periode zu Anfang des Krieges den Luftschiffangriffen auf England von anderer Seite aus gewisse Beschränkungen auferlegt worden waren, an denen der Kanzler unschuldig war. Ob nun die Ansicht des Grafen, daß man auch noch in der zweiten Hälfte des Jahres 1916 durch große Luftschiffgeschwaderangriffe in Verbindung mit einem uneingeschränkten U-Boot-Krieg England auf die Knie zwingen könnte und müßte, richtig war, möge dahingestellt sein. Vielleicht war die englische Abwehr gegen solche Angriffe inzwischen zu wirksam entwickelt worden. Aber eines darf gesagt werden:

Wenn man zu Beginn des Krieges mehr und leistungsfähigere Luftschiffe gehabt hätte, eine Voraussetzung, die leider infolge der den Luftschiffen wenig günstigen Flottenpolitik des Admirals von Tirpitz nicht gegeben war, so wäre diesen sehr wahrscheinlich eine für England sehr verhängnisvolle Rolle beschieden gewesen. Bezeichnend für die Energie und den unbeirrbar objektiven Blick des Grafen ist es übrigens, daß er zu gleicher Zeit, wo er sich für stärkere Verwendung der Luftschiffe einsetzte, auch Bombengroßflugzeugen das Wort redete und emsig den Bau erster Großflugzeuge in seinem Werk in Staaken bei Berlin betrieb.

Durch den Hinweis auf einen angeblichen Wunsch des Kaisers und auf eine unerwünschte Schwächung der Stellung des Kanzlers brachte man den Grafen Zeppelin dazu, seinen Standpunkt in einem Punkt ein wenig zu modifizieren und in eine entsprechende Veröffentlichung in der Presse einzuwilligen. Er tat es grollend und resigniert, im Bewußtsein, selbst dadurch in eine falsche Beleuchtung zu geraten, aber loyal und pflichtbewußt bis zum letzten Augenblick.

Im Sturm und Drang dieser Meinungskämpfe, die ihn am Schluß seines Wirkens noch einmal im tiefsten Innern seines für des deutschen Volkes Glück und Ehre heißschlagenden Herzens packten, klang sein kampf- und arbeitsvolles Leben aus. Er erkrankte nach einer Operation an Lungenentzündung. Am 8. März 1917 verstummte für immer seine mahnende Stimme. Der „Rest war Schweigen“.

„Da bricht ein edles Herz! – Schlaf sanft, du
liebster Freund!
Und Engelscharen mögen dich zur Ruhe singen!“

So würde ein Horatio auch hier gesagt haben, wenn er am Sterbebett gestanden hätte.

Dem Grafen Zeppelin blieb es erspart, den Niedergang Deutschlands zu erleben, wenn auch seine letzten Tage von schweren Sorgen und Ahnungen umdüstert waren.

Er durfte es noch erleben, daß sein Werk gerade zur Vollendung herangereift war, als die deutsche Not sie forderte und als noch eine kurze Spanne Zeit gegeben war, sich ihrer zu bedienen, bevor die Entwicklung der Kriegs- und Flugzeugtechnik über sie hinwegschritt. Was die Zeppeline im Krieg für die Marine und damit für das Ganze leisteten, ist den meisten vielleicht nicht genügend bekannt, er aber sah es noch.

Graf Zeppelin durfte es aber leider nicht mehr erleben, wie seine weiterwachsenden Schiffe die Ozeane im Verkehr überbrückten und zu Boten deutschen Auferstehungswillens wurden, und dieses im Dienste friedlichen menschlichen Kulturfortschritts. Und das gerade war der Gedanke, von dem er ausgegangen war.

Inhalt

Verzeichnis der Abbildungen

Inhalt

Verzeichnis der Abbildungen